职业教育国际邮轮乘务管理专业
国家级教学资源库系列配套教材

邮轮服务人员心理教程

李思晴 主编

化学工业出版社
·北京·

内容简介

本书是针对邮轮服务人员心理健康的专业用书。全书遵循邮轮服务人员的心理发展规律和特点，围绕邮轮服务人员常见的心理困扰，从心理健康概述、职业适应、职业认同与规划、自我意识、情绪管理、人际关系、爱情心理、挫折应对、应激与管理、异常心理、心理求助与助人等方面着手，融入党的二十大报告中推进健康中国建设、重视心理健康和精神卫生的要求，帮助邮轮服务人员正确对待职场问题、提升职场自信，引导其觉察自身潜力、创造和谐人际关系、积极应对挫折与压力。为了利学便教，本书配有教学资源库。

本书适合高等院校邮轮服务与管理及相关专业的师生使用，也可作为邮轮服务及相关人员的培训教材或自学读物。

图书在版编目（CIP）数据

邮轮服务人员心理教程/李思晴主编 . —北京：化学工业出版社，2023.2

ISBN 978-7-122-42614-7

Ⅰ.①邮⋯ Ⅱ.①李⋯ Ⅲ.①旅游船 - 旅游服务 - 商业心理学 - 高等职业教育 - 教材 Ⅳ.①F590.7

中国版本图书馆CIP数据核字（2022）第230371号

责任编辑：王　可　　　　　　　　　　文字编辑：陈立媛　陈小滔
责任校对：李　爽　　　　　　　　　　装帧设计：张　辉

出版发行：化学工业出版社（北京市东城区青年湖南街13号　邮政编码100011）
印　　刷：北京云浩印刷有限责任公司
装　　订：三河市振勇印装有限公司
787mm×1092mm　1/16　印张12¾　字数327千字　2023年8月北京第1版第1次印刷

购书咨询：010-64518888　　　　　　　售后服务：010-64518899
网　　址：http：//www.cip.com.cn
凡购买本书，如有缺损质量问题，本社销售中心负责调换。

定　　价：38.00元　　　　　　　　　　　　　　版权所有　违者必究

前言

　　本书为贯彻落实《教育部关于深化职业教育教学改革全面提高人才培养质量的若干意见》《职业院校教材管理办法》《高等学校课程思政建设指导纲要》的精神，紧扣高职课程标准编写。希望带领邮轮服务与管理专业的学生，从心理学视角认识心理与心理健康，正确对待职场问题，提高职场自信，引导其觉察自身潜力，创造和谐职场关系，合理看待职场竞争，积极应对挫折与压力。

　　本教材框架清晰、内容丰富，呈现方式灵活多样，资料数据新颖。本书编写遵循邮轮服务人员心理发展规律，分为四个模块、十一个章节：模块一是健康导论，主要介绍邮轮服务人员的心理健康概论、理念与维护等内容；模块二是职业适应与认同，主要介绍邮轮服务人员的职业适应、认同与规划等内容；模块三是心理发展与适应，主要介绍邮轮服务人员的自我意识、情绪管理、人际关系、爱情心理、挫折应对等内容；模块四是心理自助与助人，主要介绍邮轮服务人员的应激与管理、异常心理、心理求助与助人等内容。通过以上内容的学习，学生能筑好心灵防火墙，顺利进入职场，快速适应工作岗位，实现自我价值。

　　本教材秉承针对性、时代性、趣味性、体验性的编写原则，将理论教学与实践体验相结合，主要特色如下：

　　一是注重思政引领，促进学生多方面发展。党的二十大报告指出，人民健康是民族昌盛和国家强盛的重要标志，要重视心理健康和精神卫生。本教材根据相关文件纲领，结合教材内容，将课程思政内容落实在"培养'心'力量"环节，促进学生心理素质、思想道德素质、科学文化素质协调发展。

　　二是强化能力提升，激活学生心理动力。紧盯高素质技能型人才培养目标，在介绍必要心理健康基础理论知识的同时，通过大量的案例分析，实现概念的引入和理论的应用。充分考虑到教材受众的心理特点，各章节内容均结合邮轮服务人员的工作日常和生活实践，采用理论结合实践的模式，通过各章节的"回顾'心'历程""检验'心'本领""进发'心'能量""充盈'心'智慧"等环节，从学、悟、练、感四个方面，激活学生心理动力。

三是注重提升教材趣味性，增强学生阅读兴趣。本教材语言通俗易懂，分析由浅入深，分享的案例贴近邮轮服务人员的工作与生活。这不仅提升了教材的趣味性，增强了学生的阅读兴趣，同时引导学生拨开迷雾，找到心理的钥匙，探寻专属自己的应对方式。

四是创新教材呈现形式，满足学生探索需求。本教材配有教学资源库，同时，在教材中也插入了拓展资源的二维码，让知识一扫即得。这样既为教师教学提供了保障，也满足了学生的自学需求，构建了职前与职后、课内与课外、线上与线下相结合的教学途径。

本书由武汉交通职业学院李思晴担任主编，武汉交通职业学院程雅奇、邓剑虹担任副主编，北京首都航空有限公司王若雷担任主审。具体编写分工如下：李思晴编写第一章～第四章和第九章，程雅奇编写第五章、第七章和第十章，邓剑虹编写第六章、第八章和第十一章。李思晴负责全书的统稿。王若雷负责审读全书。

本教材为确保教材内容适应新时代人才培养的新要求，在编写过程中参考了大量国内外资料，广泛借鉴了专家、学者的研究成果。编写成员都有丰富的教学和实践工作经验，编写过程中还充分听取了企业人员的建议，针对行业企业用人要求进行广泛调研，在此表示由衷的感谢！由于编者水平有限，疏漏之处在所难免，敬请广大师生提出宝贵意见。

编　者

2022 年 7 月

目录

模块一

健康导论

第一章　邮轮服务人员心理健康概述

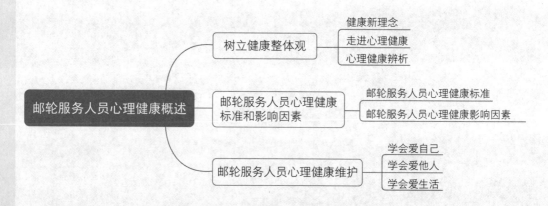 启航"心"征程

　　健康在人们的生活中占据着至关重要的地位，是每个人的力量源泉、幸福基石和成功保障，但也是人们最容易忽略的部分。现实中，很多人为生活劳碌奔波，承受着各种各样的压力，身体健康亮红灯，心灵也被束缚，幸福感越来越低。其实，人生就像一场奇幻旅行，沿途有数不尽的辛酸和苦辣，也有尝不够的甜蜜和喜悦，但这些都要以健康为前提。试想，如果我们的心灵蒙上一层灰，又怎能欣赏人生这幅美丽画卷？因此，关注健康，倾听来自身体和心理的声音，识别预警信号，及时改善身体、心理的状态，是邮轮服务人员必备的健康常识。从科学角度了解健康的深层奥义，从心理学角度认识其深层含义，可以帮助邮轮服务人员更好地关注健康，化解心结，去除束缚，体验幸福。

```
                                                    健康新理念
                                  树立健康整体观        走进心理健康
                                                    心理健康辨析

                                  邮轮服务人员心理健康      邮轮服务人员心理健康标准
邮轮服务人员心理健康概述            标准和影响因素          邮轮服务人员心理健康影响因素

                                                    学会爱自己
                                  邮轮服务人员心理健康维护   学会爱他人
                                                    学会爱生活
```

学习目标

　　1. 了解心理健康的标准及重要性。
　　2. 了解影响邮轮服务人员心理健康的因素以及调节心理状态的方法。

素质目标

　　提升邮轮服务人员心理健康素养。

第一节 树立健康整体观

健康是一个亘古至今不断引起人们讨论的话题。然而什么是健康，并不是每个人都能够正确理解的。20世纪前，人们认为身体没有病，不虚弱，就是健康。其实，这样的认识是不准确、不全面的。随着社会的发展、人们生活水平的提高、医学模式的转变等，人们的健康观念发生了巨大的转变，对健康的定义也不断丰富完善。

一、健康新理念

（一）健康的含义

每个人都是自己健康的第一责任人，对自身、家庭和社会都负有健康责任。幸福的生活、成功的事业、和谐的社会都与个人的健康状态息息相关。那么，健康是什么呢？不少人认为身体没有疾病或者身体没有缺陷便是健康的状态。然而，如果我们仔细思考一下就会发现这种理解比较片面。例如，患有心理疾病的人，每天郁郁寡欢、不思饮食，虽然没有任何躯体上的病变，但显然也并不处于健康的状态。世界卫生组织在1989年对健康的定义是：健康不仅是没有疾病，而且包括躯体健康、心理健康、社会适应良好和道德健康（图1-1）。此定义具有三个重要的特征：一是突破了"无病即健康"的狭隘、低层次的健康观；二是对健康的解释从"生物人"扩大到"社会人"的范围，把人的健康和社会交往与人际关系联系起来，同时也强调了社会、政治和经济对健康的影响；三是从个人健康扩大到群体健康，以及人类生存空间的健康。

图1-1　健康的定义

继四维健康观念之后，美利坚大学的国家健康中心提出了一个类似的健康定义，它认为健康是人适应环境后所达到的一种生命质量，个体只有在身体、情绪、智力、精神和社会各方面达到完美状态时才称得上真正的健康，也就是说，健康包含五个要素，如图1-2所示。

（1）身体健康。不仅包括无病，而且还包括体能充沛。

（2）情绪健康。情绪涉及我们对自己和他人的感受。情绪健康的主要标志是情绪稳定，即个体能够较好地应对日常生活中的人际关系和环境压力。

（3）智力健康。是指个体能够认识、理解客观事物，并具备运用知识、经验等解决问题的能力。

（4）精神健康。是指能够认识自己的

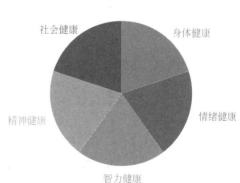

图1-2　健康五要素

潜力，应对正常生活压力以及关心尊重所有生命。

（5）社会健康。是指个体与他人及社会环境相互作用形成和谐的人际关系，并且能够扮演好自己的社会角色。

《中国公民健康素养——基本知识与技能（2015年版）》中也强调：健康不仅仅是没有疾病或不虚弱，而是身体、心理和社会适应的完好状态。可见，中西方对健康的理解是基本一致的，健康是一个整体的概念，每一个要素都是相互联系、相互影响的。只有每一个要素平衡地发展，人才能真正健康、幸福地生活。

（二）健康的标准

根据健康的定义与研究人员的深入研究，世界卫生组织提出衡量健康的十项标准，具体是：

（1）精力充沛，能从容不迫地应付日常生活和工作而不感到过分紧张与疲劳。

（2）处事乐观，态度积极，乐于承担任务，事无大小，不挑剔。

（3）善于休息，睡眠良好。

（4）应变能力强，能适应各种环境变化。

（5）对一般感冒和传染病有一定的抵抗力。

（6）体重适当，体态均匀，身体各部位比例协调。

（7）眼睛明亮，反应敏锐，眼睑不发炎。

（8）牙齿洁白、无缺损、无疼痛感，牙龈正常、无蛀牙、无出血现象。

（9）头发光洁，无头屑。

（10）肌肉丰满，肌肤有光泽、有弹性，走路轻松，有活力。

探究"心"奥秘

探索你的健康观

（1）每位同学思考一下你对健康的理解和感悟，并以"健康是 _____"为句式写三句话。

（2）以小组为单位进行讨论，并记录自己观点与他人观点之间的异同。

（3）每个小组选取一名代表汇报讨论结果，所有小组分享完后，总结出各小组观点的共同点并完整填写：

我们认为的健康是 _____。

二、走进心理健康

（一）心理与心理健康

1. 心理的定义

提到心理这个词，不少人会觉得它是神秘的、不可捉摸的。实际上，心理与我们的生活息息相关。心理是指生物对客观物质世界的主观反映，心理的表现形式叫作心理现象，它是丰富多彩又极其复杂的，包括感觉、知觉、想象、思维、记忆、需要、动机、意志及个性心理等。下面我们结合邮轮服务人员的日常工作场景来了解不同形式的心理现象。

当我们走上邮轮，会看到邮轮里的餐厅、走廊、大堂等，这是我们在用视觉来感知周围的事物；会听到同事的声音、闻到邮轮上的气味，这是我们在用听觉、嗅觉来感知客观世界。感觉是脑对直接作用于感觉器官的客观事物的个别部分或个别属性的主观反映，视觉、听觉、嗅觉、味觉、触觉、动觉、平衡觉等都属于感觉。知觉是脑对直接作用于感觉器官的客观事物的整体反映。事实上，我们在感受到事物个别属性的同时，往往也会把握它的整体特征，因此，感觉和知觉是难以分开的。经历了邮轮服务人员的培训，我们会知道自己真的离开了校园，走上了工作岗位，这是一个新的起点；知道了邮轮服务人员的工作制度和工作要求，这些"知道"就属于知觉。此外，为了更好地完成服务工作，我们还需要集中注意力，运用回忆、思维和想象等，更好地处理问题和提升能力。感觉、知觉、记忆、思维和想象都属于心理活动的认知过程。

在人们对客观事物有了一定认识之后，随之而来的就是态度，比如喜欢或者讨厌，这便是情感过程。情感过程是伴随认识而产生的，例如，同样是看到半杯水，有的人会觉得还有半杯水，生活挺美好的，而有的人会觉得只剩半杯水，生活好艰辛啊。

人们对客观事物不仅有认识，还会伴随相应的处理行为，为此，就要提出目标、制订计划，同时还要克服困难，碰到失败不轻言放弃，要坚持不懈地努力，这就是意志过程。

人的心理除了一般的共性之外，还有个性，这就是人心理的个体差异性。比如，有的人喜欢跳舞，有的人喜欢唱歌，有的人喜欢倾诉，这就是不同的兴趣。不同的气质、性格、能力，不同的需要、动机、价值观、世界观，构成了千姿百态的心理现象，也构成了大千世界中每一个不同的个体。

这些心理现象共同构成了一个多层次相关联的复杂系统，它包含心理过程与个性心理，如图 1-3 所示。

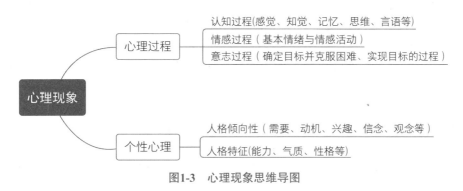

图1-3　心理现象思维导图

2. 心理健康的定义

了解了心理的定义后，如果让你来给心理健康下个定义，你会想到什么呢？你可能会想用许多正面的词来描述它。例如，心态积极阳光、心理调节能力强、精力充沛、充满能量等。正如大家所感知到的，心理健康是在智力正常发展的基础上，个性心理结构协调，能与外界环境相适应，行为及反应符合社会角色，从而使得人格完整、情绪乐观愉快的状态。心理健康的个体既能正确全面地评价自我、悦纳自我、善待自我，又能平等、尊重、友善地对待他人；既能适应周遭环境及人发生的变化，又能随着变化不断完善自己和保持自身独有特征；具有良好的自我调节能力，并在认知功能、意志行为和情绪体验等方面呈现一种积极的状态。总之，心理健康是一种由内而外、协调统一的良好状态。

（二）心理健康的标准

M1-1　心理健康的标准

心理健康以什么作为标准？这是一个复杂的问题。因为人的心理状态是一个动态变化的过程，它不像生物指标，如血压、体重、脉搏等可以通过仪器精准地检测。正是因为心理状态的特点，心理健康的标准也可谓是众说纷纭。

1946年第三届国际心理卫生大会提出心理健康的标准是：①身体、智力以及情感十分协调；②适应环境；③有幸福感；④在工作中能发挥自己的能力，过着有效率的生活。

著名心理学家马斯洛对心理健康的认识是：①有充分的自我安全感；②能充分了解自己，并能恰当地评价自己；③能与周围环境保持良好的接触；④生活的理想切合实际；⑤能保持自身人格的完整与和谐；⑥善于从经验中学习；⑦能保持适当和良好的人际关系；⑧能适度地表达和控制自己的情绪；⑨能在不违背团队要求的前提下，有限度地发挥个性；⑩能在不违背社会规范的前提下，适度满足个人的基本需求。

可以看出，虽然在提炼心理健康的标准时所关注的角度不同，但基本的理念是一样的。根据国内外学者对心理健康的界定，经过对理论和实践的探索，我们认为心理健康的标准可以包含以下几方面内容。

1. 智力正常

智力是人的各种能力的总和，包括观察能力、记忆能力、思维能力、想象能力和实际操作能力，它是保证人们进行学习、工作和生活的最基本的心理条件。

2. 正确认识自我、悦纳自我

心理健康的个体能够全面、准确地认识自我，并且积极地悦纳自我。他们能有意识地觉察自己、认识自己，能看到自己的优点和缺点，能感知自己的优势和劣势，并且能接纳和喜欢这样的自己，为能成为这样的"我"而感到高兴，并不苛求自己十全十美。同时，心理健康的个体能够感受到自己的价值，愿意相信自己的力量，能够依靠自己的智慧，不盲目地以他人的标准来衡量自己和做决定。

3. 情绪稳定、心境乐观

心理健康个体的情绪状态是相对稳定的，且宁静、愉悦、满意、乐观等积极情绪体验占主导地位。虽然避免不了因挫折和不幸产生的悲伤、焦虑、抑郁、愤怒等消极情绪体验，但当这些消极情绪来袭时，心理健康的个体能够有效地调整状态，合理地宣泄情绪。

4. 人际关系和谐

心理健康的个体有与人交往的意愿，既能真诚、友善、温暖地对待他人，又能站在对方的角度去理解、尊重、关心他人，有良好且稳定的人际关系。在人际关系中，他们能够保存真我，做到不卑不亢，也能被关系滋养，与他人分享快乐与哀愁。

5. 正视现实，有较好的社会适应能力

心理健康的个体能够正确地认识现实、面对现实，不逃避、不放弃，能处理好

-371076888

个人与社会的关系，积极主动地适应不同的环境变化，使自己的需要与社会协调统一，从而更好地利用积极资源，实现人生理想。

6. 有自我实现的需求

马斯洛认为，人的内部存在一种向一定方向成长的趋势或需要，这个方向一般可以概括为自我实现或心理的健康成长。自我实现者就是使自己成为自己理想的人，到达个人潜能的最高峰，也可以说是一个人对实现自身天生潜能的不断追求。这通常可以通过人的创造力的发挥程度和成就感的高低来衡量。一个心理健康的人会热爱生活、热爱事业，具有宽阔豁达的胸怀，能意识到自己对社会的责任，努力掌握知识与技能，挖掘和发展个人的能力。虽然每个人的聪明才智不尽相同，但自我实现者能尽其所为、力争取得一定的成就，进而创造人的价值。

三、心理健康辨析

心理健康是一个相对概念，从不健康到健康只是程度不同而已。在理解心理健康的含义以及心理健康的标准时，不少人也会产生疑惑和误区，比如，如果不完全符合心理健康的标准，是不是证明心理不健康？其实，心理健康是一种心理状态，且是相对的、变化的状态。只要个体的内心世界是平衡与稳定的，面对外部环境能以社会认可的方式去适应，符合常态与规律，处于良好的发展态势，即可视为心理健康。为此，我们也需要对心理健康做以下辨析。

1. 心理健康是一种相对变化的、动态的状态

心理健康与心理不健康之间没有绝对的分界线，它是一种不断发展变化的连续状态，并且具有层次性。例如，当一个人处在困境中时可能会感受到强烈的消极情绪，但并不代表他会一直如此。如果他能够比较好地调节自己的状态，面对并接受现实，逐渐从困境中走出来，那么他的心理状态依旧是健康的。由此可以看出，心理健康与否是一个动态的过程，不是一成不变的。

2. 心理健康是内部协调的体现

内部协调是指个体自我本身的身心状况、特性及其与周围的关系都达到一种和谐的状态。这主要表现为恰当的自我认知、积极的自我体验、合理的自我控制、不断的自我发展等方面。

3. 心理不健康不等于心理问题

《简明不列颠百科全书》对心理健康做如下界定：心理健康是指个体心理在本身及环境条件许可范围内所能达到的最佳功能状态，而不是绝对的十全十美的状态。也就是说，心理健康者并非绝无心理冲突或心理矛盾，也不是能够愉快地接受任何事物，而是在对待问题和处理矛盾的过程中更多地表现出一种主动、积极、乐观的适应倾向。判断一个人心理健康与否，应充分考虑其稳定性，不能简单地根据一时一事下结论。也就是说，一个人偶尔出现的一些偏离正常的心理活动或行为表现，有可能是其在应激状态下的应激表现，也可能是特定年龄阶段的成长表现，而并非意味着其一定是心理不健康，应视具体情况而定。

4. 心理健康不仅是现代人的一种需求，更是一种能力

随着现代社会的发展，人们对生活质量的追求不断提高，心理健康不仅作为一种现代观念存在，也作为一种现代能力日渐渗透到人们的生活中。人本主义心理学家卡尔·罗杰斯曾说过："美好的人生是一个过程，而非一种存在状态；它是一个方向而非目的地。"在生活中，一个心理健康的人能够享受人生的过程，更好地适应社会的发展和需要，更好地服务社会，充分发挥自身潜能，促进自我全面发展。

第二节　邮轮服务人员心理健康标准和影响因素

　　邮轮服务人员是为邮轮游客提供服务的工作人员。邮轮服务人员有独特的工作环境和工作特质，如欧美邮轮服务人员和亚洲邮轮服务人员的工作环境和工作特质不尽相同，因此，我们也要了解有关邮轮服务人员群体的心理健康知识。

一、邮轮服务人员心理健康标准

　　邮轮服务人员心理健康标准是衡量邮轮服务人员心理健康程度的尺度。明确邮轮服务人员心理健康的标准，不仅能够帮助了解心理健康状况，还能明确为实现心理健康而努力的方向。参照国内外学者的研究成果以及心理健康教育实践，可将邮轮服务人员心理健康标准归纳为以下几个方面。

（一）充分的安全感

　　安全感是对可能出现的对身体或心理的危险或风险的预感，以及个体在处事时的有力或无力感。它是人渴望稳定、安全的心理需求。心理健康的邮轮服务人员在日常的生活和工作中能够感到确定感和可控感，而不是惴惴不安、惶惶不可终日。

（二）有自知之明，能感受到自己的价值

　　心理健康的邮轮服务人员能感受到自己存在的价值，能全面、正确地认识自我，对自我的优缺点、目前所处的状态和环境、未来的发展方向有清醒的认识，并能客观评价自己，摆正自我的位置，有自信心、自尊心，并树立切合实际的生活目标和理想。相反，心理不健康的邮轮服务人员则容易在生活、工作中迷失自我，或表现得自卑自怨、自暴自弃、自我封闭，难以面对挫折或处理困境，心态易崩溃；或表现得自以为是、好高骛远、过分追求完美，难以平衡理想与现实的关系，心态易失衡。"人贵有自知之明"时刻提醒邮轮服务人员正确认识自己，这也是心理健康的重要条件。

（三）完整统一的人格

　　心理健康的邮轮服务人员有相对正确的信念体系和世界观、人生观，并以此为核心把动机、需要、态度、理想、目标和行为方式统一起来。如果邮轮服务人员的欲望与信念经常相背离，需要与良心相冲突，行为方式与态度不一致，一切以自我为中心，既缺乏同情心，又无责任感，那么他的心理必定是不健康的。

（四）情绪稳定，调控情绪能力较强

　　正如体温可作为生理上健康与否的标志之一，情绪也是人心理健康与否的标志之一。心理健康的邮轮服务人员能在工作中保持稳定、乐观的良好心境，对工作和生活充满热情和希望，善于从平凡的生活中寻找乐趣；在工作中，可能会有悲伤、烦躁、抑郁等消极情绪，但是一般不会延续较长时间；对于消极情绪，能够用适当的方式宣泄或表达，不将其带入工作中。心理不健康的邮轮服务人员则容易喜怒无

常，情绪起伏较大，难以调节、控制，影响工作和生活。

（五）人际关系和谐，有爱的能力

人际关系状况能体现和反映出人的心理健康状况。良好的人际关系是邮轮服务人员个性发展和职业发展的必要条件。心理健康的邮轮服务人员是乐于与人交往的，能够用尊重、体谅、宽容、友善等积极的态度与人相处，能较好地处理与上下级、游客、亲人、朋友、爱人之间的关系，善于从关系中汲取能量；在不违背社会标准的前提下，能保持自己的个性，既不过分阿谀奉承，又不过分寻求社会赞许，有个人独立的意见，有判断是非的标准。而心理不健康的邮轮服务人员容易在人际关系上受挫，导致内心封闭、人际回避。

（六）面对现实，有较好的社会适应能力

心理健康的邮轮服务人员能积极面对现实、正视现实，了解社会、接触社会，对社会现实能作出客观的认识和评价，并主动适应社会；当自己的需要和愿望与社会的要求不一致时，能调整自己，改变现状，努力使自己的思想行为与社会协调一致。而心理不健康的邮轮服务人员往往会回避社会现实，坐享其成或好高骛远。

（七）职业意识清晰，有目标有规划

职业意识是指人们对职业劳动的认识、评价、情感和态度等心理成分的综合。它在职业选择中，是起决定作用的心理因素。心理健康的邮轮服务人员有清晰的职业意识和明确的职业规划，热爱自己的事业，自觉承担起岗位所要求的责任与义务，做好本职工作，并力争取得一定的成就。而心理不健康的邮轮服务人员容易抱着"躺平""做一天和尚撞一天钟"的心态，认为努力也没用便自我放弃。

（八）心理特点与实际年龄相符

人的心理行为并不是一成不变的，在不同的年龄阶段其心理行为模式是不同的。具有与绝大多数同龄人相符合的行为特征的人，其心理是健康的。对于邮轮服务人员来说，这个职业可能会跨过人生的几个阶段，如青年时期、中年时期甚至是老年时期。如果邮轮服务人员随着年龄的增长依旧缺乏主见、依赖他人或者喜怒无常、爱吵爱闹，出现明显偏离年龄特征的心理行为，则可以认为其心理是不健康的。

二、邮轮服务人员心理健康影响因素

邮轮服务人员的工作场所是邮轮，长期在海上工作，相较于陆地工作人员，更容易产生各种消极情绪。如果这类情绪没有宣泄的出口，且长期缺乏正确引导，久而久之会形成比较严重的心理问题甚至心理疾病。影响邮轮服务人员心理健康的因素也是复杂多样的，既与个体自身的心理素质有关，也与外界组织环境有关，可具体归纳为工作环境、职业压力、职业发展、家庭及自身等五个方面。

（一）工作环境因素

1. 企业文化对邮轮服务人员心理健康的影响

邮轮公司是否关注邮轮服务人员的健康状态，对突发事件是否有完善的防控、处理措施，无疑会影响到邮轮服务人员的心理健康。

2. 组织氛围对邮轮服务人员心理健康的影响

邮轮服务人员在公平、友爱、团结的组织氛围中工作，更易维持心理健康的状态；而若经历组织霸凌，则会在一定程度上影响心理健康。2006 年国际劳工组织就指出，职场暴力、辱虐、性骚扰、冷落、漠视、团队排斥等行为已成为一种不容忽视、日益严重的职场伤害。但由于组织霸凌形式的多样性，组织霸凌的影响和伤害很容易被组织管理者忽视，使得受到霸凌伤害的员工得不到及时的帮助与指导，进而影响其心理、行为及绩效产出。

拓展"心"思维

刘骏飞在企业员工工作场所欺凌与职业倦怠关系的实证研究中，主要概括了组织霸凌行为 8 种典型类型，如表 1-1 所示：

表1-1　典型组织霸凌行为

1	上司经常对其质问、斥责甚至大吼大叫、咒骂，自己又不敢申辩
2	被同事们孤立，常被公司内散布的是非和谣言包围，甚至被人敌视
3	财产或工作成果会遭到破坏，有时会受到身体上的伤害
4	遭遇一些微妙的举止，诸如被沉默对待，其要求不被理睬，被人排除在会议之外
5	功劳被抢，抢功者觉得其只是一头工作勤奋的牛，根本不会在乎被"摘桃派"抢功
6	在工作上总是尽量避免接触那些工于心计、为拒绝工作而找借口、吝惜自己的时间而浪费别人时间的人，但是无论如何也躲不开
7	被踢皮球、被利用，或被当作替罪羊，上司或同事在寻求协助时会要求其去做某件有风险的事，但是事后风险都是受害人自己承担
8	尽了全力去满足上司的要求，但工作成果却得不到承认

3. 工作环境对邮轮服务人员心理健康的影响

邮轮服务人员长时间在邮轮上工作，邮轮的工作环境和生活环境与陆地有很大区别。邮轮的航线比较固定，工作和生活都在邮轮上，相对单调，且长期与家庭、社会分离，这样也容易造成邮轮服务人员情绪低沉、缺乏新鲜感。

（二）职业压力因素

1. 工作劳动强度大

国际邮轮客流量集中，邮轮在港口停泊时间也不固定，各方面都要接受检查，清洁保养等工作量非常大，这些都加大了邮轮服务人员的工作强度。另外，由于各种噪声、时差、无规律的工作等，邮轮服务人员睡眠质量不高，容易疲劳。

2. 工作对象复杂多变

邮轮上的客人来自各地，文化背景、价值观念、性格特征、生活习惯等方面都不完全一样，可能会导致服务过程中出现各种各样意想不到的情况。另外，工作过程中，邮轮服务人员与游客、上级、下级等之间会产生各种各样的人际关系，这也是其面临的考验之一。

3. 性心理受到影响

性压抑心理，是指人对自身性欲望的制约与控制，表现为在一段时期内控制发生性行为的频率，将注意力从性欲转移到其他事物上，因为种种原因而不能接近异性或不能发生性行为的一种心理与生理状态。邮轮公司不提倡乘务人员间建立男女朋友关系，也有少数邮轮公司明文禁止，因此，单身的邮轮服务人员在这方面既有渴望又需要克制，不利于心理健康。另外，对非单身的邮轮服务人员来说，长时期远离配偶，性需求难以得到满足，也容易出现性压抑心理。

（三）职业发展因素

1. 不同工作岗位对心理的影响

邮轮服务人员工作竞争激烈，不同工作岗位受到重视的程度不同，收入差距很大，晋升机会也不相同。例如，客房服务员工作强度大，收入和受重视程度相对较低，晋升途径相对不畅，不少客房服务员觉得工作累又没有价值，前途渺茫，心理状态不易调节；而餐厅、酒吧服务员则较受重视，收入也相对较高，容易感受到付出和收获的平衡，心理也较易调节。

2. 对职业未来的迷茫

不少邮轮服务人员秉持着"这个工作干不长""吃青春饭"的想法在邮轮上工作，没有明确的短期或长期规划。对于职业的发展、自身的职位晋升、职业的更换容易产生困扰，特别是在工作不是特别顺利的时候，这种迷茫感会更加强烈，他们不知该何去何从。

（四）家庭因素

1. 家庭教养方式和认可度影响邮轮服务人员的心理健康

父母的教养方式、对子女的认可程度等都会影响邮轮服务人员的心理健康。例如，有些家庭对子女期望较高，对孩子的教养方式过于严苛，邮轮服务的工作在家庭中得不到认可，邮轮服务人员的压力也相对较大。再如，有些父母的教养方式是专制型的，父母与子女缺乏沟通，这类邮轮服务人员在人际交往中容易表现得不自信，较难与上级建立良好的人际关系。

 拓展"心"思维

家庭教养方式

家庭教养方式可被分为四种类型：权威型、专制型、溺爱型以及忽视型。

权威型教养方式：父母对孩子有明确合理的要求，会为孩子设立一定的目标。当孩子有不合理的行为时，家长能够适当地限制并督促孩子努力达到目标。同时，父母并不缺乏温度，能够主动关心、关爱孩子，能够倾听孩子的诉说，晓之以理、动之以情，激励孩子自我成长。在这样的环境中成长，孩子也会慢慢养成自信、独立、合作、积极、乐观、善于交往等良好的性格品质。

专制型教养方式：父母会拿自己的标准来要求孩子，对孩子缺乏热情和关爱，更多的是要求孩子无条件服从。孩子做得不好，会被责骂，而做得好，也得不到及时的鼓励和表扬。在这样的环境中成长，孩子容易形成对抗、自卑、逃避、依赖等不良的性格特征。

溺爱型教养方式：父母对孩子充满了无尽的期望和爱，无条件满足孩子的要求，但很少做引导或对孩子提出要求。随着年龄的增长，这些孩子也容易变得任性、冲动、幼稚、做事没有恒心和毅力。

忽视型教养方式：父母既不表达对孩子的关心、关爱，也不对孩子提出要求和行为标准。这类孩子自控能力较差，对一切事物采取消极的态度，还容易出现其他的不良心理特征。

2. 家庭冲突影响邮轮服务人员的心理健康

对于已经成立家庭的邮轮服务人员来说，家庭的和谐、稳定能够帮助其维持较好的心理健康水平；反之则很可能对邮轮服务人员的心理健康产生消极影响。

（五）自身因素

人的心理健康状况是人与社会、自然环境交互作用的结果。外在环境对邮轮服务人员心理健康的影响只是提供了一种可能性，而这种可能性要转变为现实，最终还是要通过邮轮服务人员自身起作用。

1. 人格特质对邮轮服务人员心理健康的影响

M1-2　大五
人格量表

人格是一个具有丰富内涵的概念，它是构成一个人思想、情感及行为的特有模式，包含了一个人区别于他人的稳定而统一的心理品质。不同的人格特质会使邮轮服务人员产生不同的心理健康水平。其中，开放、外倾、宜人和严谨的人格特质对提高心理健康水平有一定的促进作用，而神经质的人格特质则容易导致心理健康水平低。

2. 应对方式对邮轮服务人员心理健康的影响

应对方式指的是面对应激时所采取的方法、策略和手段，是具有个人特色的，与个体的发展水平密切相关，人们对应对方式的选择直接影响应激反应的水平，继而对心理健康造成不同程度的影响。邮轮服务人员积极成熟的应对方式往往有助于问题的解决，而消极回避的应对方式则可能引发心理问题。

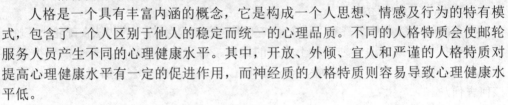

第三节　邮轮服务人员心理健康维护

心理健康的维护是邮轮服务人员需要掌握的知识，也是预防心理问题的最好办法。邮轮服务人员在工作、生活中，难免会出现心理失衡，产生心理问题，可能损害身心健康。

一、学会爱自己

心理健康要从爱自己开始。拥有健康的生活方式、积极的人格特质，掌握一定的心理健康知识，提高心理调节能力，这些都有利于提高个人心理健康水平。

（一）健康的生活方式

1. 健康睡眠

人一生之中，几乎三分之一的时间是在睡眠中度过的。睡眠是在生命过程中自然发生的，并与清醒状态不断交替，它与我们的心理和生理功能密切相关，也是维持人体健康不可或缺的关键环节。睡眠的作用包括消除疲劳，恢复体力；保护大脑，提高记忆；增强免疫力；促进生长发育和维持心理和躯体健康。可以说，睡眠对人的健康、生活、学习、工作都起着重要的作用。

健康的睡眠一般表现为入睡较快（＜ 30 分钟），且有充足的睡眠时间，在睡眠过程中不会频繁醒来，不被多梦困扰。成年人平均每天的睡眠时间为 7 ～ 8 小时，第二天醒来后感到精神饱满，没有嗜睡、乏力等现象。

对于邮轮服务人员来说，不少岗位是轮班制，这可能会打乱邮轮服务人员的节律，从而出现节律紊乱，表现为休息的时间睡不着，上班的时间却嗜睡。因此需要更加注意睡眠的保障，养成良好的睡眠习惯。避免在睡觉前做的事情有：躺在床上玩手机，饮酒，过量运动，吃夜宵。而在失眠时，可以做以下调整。

（1）规律作息　保持相对固定的睡觉时间和起床时间。

（2）运动　适量的运动可以增加睡眠驱动力，以有氧运动为宜，如散步、快走、慢跑；每天运动时间应在半小时以上。睡前避免过量运动。

（3）规律饮食　睡前不要喝酒，也不宜吃得过饱。

（4）改善睡眠环境　卧室温度以 20 ~ 23℃为宜，睡前拉好窗帘，关闭光源，减少光线和噪声对睡眠的影响。

（5）睡前进行放松训练　听轻松的音乐、洗热水澡等能帮助放松身心，更好入眠。

（6）寻求专业帮助　若尝试不同方法仍无法自我调节以改善睡眠，可咨询专业医生，必要时可服用助眠药物。

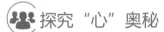 探究"心"奥秘

睡眠节律的评估

昼夜节律类型量表（CTI）包含两个分量表，灵活性/刚性分量表为前5个题项，得分越高表明个体昼夜节律的灵活性越强；困倦/活力分量表为后6个题项，得分越低表明睡眠需求越少，克服困倦的能力越强。这可以帮助了解自己是否能够适应轮班工作。

昼夜节律类型量表（CTI）

请你按照近一个月真实的睡眠情况进行填写。运用下列标度给每种情况选出最适合的数字，从每一行中选一个最符合你情况的数字，用"√"标示。

情况	几乎从不	很少	有时	通常	几乎总是
1. 我熬夜做事情时能像白天那样轻松自如	1	2	3	4	5
2. 如果有些任务必须深夜去做，我能像白天那样轻松将其完成	1	2	3	4	5
3. 我在深夜做事情时能像白天那样轻松愉快	1	2	3	4	5
4. 相比朝九晚五，我更喜欢在夜晚或其他时间段工作	1	2	3	4	5
5. 如果有很多事情要做，我能通宵把它做完而不会感到太疲倦	1	2	3	4	5
6. 总体而言，我比其他人需要更长的睡眠时间	1	2	3	4	5
7. 早上醒来后，昏睡感会持续很长一段时间才会消失	1	2	3	4	5
8. 如果在一个不合时宜的时间将我从睡梦中唤醒，我需要花很长时间才能进入清醒状态	1	2	3	4	5
9. 如果早上很早起床，一整天我都会感觉疲乏	1	2	3	4	5
10. 如果前一天很晚入睡，第二天早上我会比平时多睡一段时间	1	2	3	4	5
11. 早上需要闹钟或其他人才能将我唤醒	1	2	3	4	5

CTI 得分：＿＿＿＿＿＿＿

2. 适量运动

法国思想家伏尔泰提出"生命在于运动"，表明了运动对生命的重要性。但运动是一门学问，需要具体问题具体分析。中国的重要哲学思想"中庸之道"强调适量、张弛有度，运动也是如此，运动太少或过量都不利于身体健康。适量运动有益于我们保持脑力和体力协调，预防、消除疲劳，防止亚健康状态，延年益寿。

《中国居民膳食指南》提倡成人积极参加日常活动和运动，每周至少进行 5 天中等强度的身体活动，累计 150 分钟以上，平均每天主动身体活动达到相当于快步走 6000 步的步量。这类型的活动有：太极拳（40 ～ 60 分钟），快走或慢走（40 分钟），瑜伽（40 ～ 60 分钟），骑车（40 分钟），游泳（30 分钟），网球（30 分钟）。同时，尽量减少久坐时间，每小时起来动一动。邮轮服务人员可利用邮轮上的便利设施，如健身房、户外运动场等，选择自己喜欢的运动。

3. 合理膳食

近年来，随着人们生活水平的提高和物产的丰富，越来越多的人注意到了膳食的营养。每一种食物都有不同的营养特点，合理搭配才能够满足身体的能量所需，维持身体的健康状态。根据《中国居民膳食指南》，合理膳食应该做到：

（1）食物多样，谷类为主　食物多样是平衡膳食模式的基本原则。每天的膳食应包括谷薯类、蔬菜水果类、畜禽鱼蛋奶类、大豆坚果类等食物。在种类上，推荐每天摄入 12 种以上食物，每周 25 种以上。在分量上，每天摄入谷薯类食物 250 ～ 400g，其中全谷物和杂豆类 50 ～ 150g，薯类 50 ～ 100g。

（2）多吃蔬果、奶类及大豆　蔬菜水果是平衡膳食的重要组成部分。蔬菜的摄入推荐餐餐有蔬菜，保证每天摄入 300 ～ 500g 蔬菜，深色蔬菜应占 1/2。水果则应保证每天有 200 ～ 350g 的摄入量，且果汁不能替代鲜果。奶制品方面，奶制品可以有多种选择，摄入量应保证相当于液态奶 300g。可经常吃豆制品，适量吃坚果。

（3）适量吃鱼、禽、蛋、瘦肉　鱼、禽、蛋和瘦肉可以提供人体所需的优质蛋白、维生素等，但有些也含有较高的脂肪和胆固醇，因此在种类的选择和摄入量上应有所考量。在种类的选择上，优先选择鱼和禽，少吃肥肉、烟熏和腌制肉制品。在摄入量上，每周吃鱼 280 ～ 525g、畜禽肉 280 ～ 525g、蛋类 280 ～ 350g，平均每天摄入总量 120 ～ 200g。

（4）少盐少油，控糖限酒　盐、油及脂肪摄入过多，容易引发高血压、肥胖和心脑血管疾病，而糖过量摄入易导致龋齿和超重，因此，应当培养清淡饮食习惯，成人每天摄入的食盐不超过 6g，油控制在 25 ～ 30g，糖最好控制在 25g 以下。

每天补充足量的水，成年人建议每天 7 ～ 8 杯水（1500 ～ 1700mL），提倡饮用白开水和茶水。有饮酒习惯的，成年男性一天饮酒的酒精量建议不超过 25g，女性不超过 15g。

对于邮轮服务人员来说，在邮轮工作时，可选择的食品种类有限，因此，可以根据以上的合理膳食意见进行相应的调整，以保证健康需求。

（二）培养积极人格特质

人格是一个人的才智、情绪、愿望、价值观和习惯行为方式的有机整合，它赋予个人适应环境的独特模式，这种知、情、意、行的复杂组织是遗传和环境交互作用的结果。而积极人格特质是人固有的、实际的、潜在的、具有建设性的力量，是人的长处、优点和美德。积极心理学家塞利格曼和彼得森曾做过一项研究，他们通过共识命名法将人类历史上哲学家、宗教学家、思想家提到的优良品格进行汇总和归纳，最终归纳出6种核心美德和对应的24种性格优势。它们与个体的幸福生活紧密相连。人格具有可塑性，邮轮服务人员可以主动地、有意识地挖掘和培养积极人格特质，帮助自己成长成才。

 拓展"心"思维

24种积极人格特质

一、智慧和知识：知识获得和应用

（1）创造性：能够思考出新奇和有效的方式去做事情。

（2）好奇心：能够对所有正在发生的事情感兴趣，乐于探索和发现。

（3）热爱学习：喜欢学习，喜欢掌握新的技术、主题和知识。

（4）思想开放：能够全面透彻地思考问题，从各个方面检查问题；不急于得出结论；能够根据事实调整自己的思想；全面公平地衡量各种证据，能够变通。

（5）洞察力：能够为别人提供明智的参考意见；能够以多种方式看世界，认识自己和他人。

二、勇气：面对内、外部两种不同立场誓达目标的一致

（6）正直：以更加诚恳的方式说出事实，不加以掩饰和伪装，对自己的感觉和行为负责。

（7）勇敢：在威胁、挑战、困难或痛苦面前不退缩；即使有反对意见，也能直言不讳地说出正确的东西；表现出坚定不移的信念，即使不被人欢迎。

（8）坚韧：善始善终；即使存在艰难险阻，也要坚持完成自己的行动；享受任务完成时的愉悦感。

（9）活力：充满激情和力量地去追求生活目标；做事情不半途而废或心不在焉；把生活当作历险，充满生机和活力。

三、人道主义：善于处理与别人的关系

（10）善良：助人为乐、与人为善、关心照顾别人。

（11）爱：重视与他人之间的亲密关系，尤其是彼此之间能够分享和关照；能够亲近他人。

（12）社会智慧：能够感知别人和自己的意图与感受；知道在不同的社会场合应该怎样做；知道什么会使他人不悦。

四、正义：个体与集体或社会之间的理想互动

（13）公正：公正公平地对待每一个人；不让个人的情感影响他人所作出的决定；给每一个人公平的机会。

（14）领导力：鼓励团体中的每一个人把工作做好，同时促进良好的集体关系；组织集体活动并且观察活动的效果。

（15）公民精神：作为团队或小组中的一名成员，做好自己的工作；忠实于团队，跟团队的其他成员分享。

五、节制：防止过度

（16）宽恕：原谅那些曾经做错了事的人，重新给他们一次机会；不要打击报复。

（17）谦逊：不过分表现自己，不认为自己比所有人都强。

（18）审慎：慎重地作出选择；不做不适当的冒险，不说以后可能会后悔的话，不做以后可能会后悔的事。

（19）自我调节：调节自己的感受和行为；遵守纪律，控制自己的欲望和情绪。

六、超越：涉及一种信念和投入，致力于创造卓越的生活

（20）欣赏：能够在生活的所有领域，发现和欣赏卓越和富有技巧的表现。

（21）感恩：观察和感激生活中发生的每一件好事情；花时间去表达感恩之情。

（22）希望：期待未来最美好事情的发生，并努力去达成这一愿望；相信未来的美好是能够实现的。

（23）幽默：畅快地大笑，给别人带来欢乐；心中充满阳光，积极地去看待事情；制造一些笑话。

（24）灵性：对高级的目标和宇宙的意义有内在的信念；拥有对人生价值的信念，并以此来规划自己的行为，感受生命的愉悦。

培养"心"力量

鲁迅的幽默

鲁迅不太讲究穿着。他爱穿长袍，经常不修边幅，穿着一件长衫在灰尘中行走，有点像他笔下的孔乙己。鲁迅不爱理发，一忙起来数月不理。朋友开玩笑道："豫才，你的'地球'怎么还不削一削？多难看！"鲁迅一本正经地回答："噢！我掏腰包，你们好看！"

侄女周晔曾问他："你的鼻子为何比我爸爸（指周建人）矮一点，扁一点呢？"鲁迅笑答："我原来的鼻子和你爸爸的鼻子一样高，可是我住的环境比较黑暗，到处碰壁，所以额头、鼻子都碰矮了！"

大文豪萧伯纳见到鲁迅，夸道："中国的高尔基，而且比高尔基还漂亮。"听了这样的赞美，鲁迅一点儿没有谦让的意思，他调皮地说："我更老时，还会更漂亮！"

（三）掌握心理健康知识

了解心理健康的相关知识，能够帮助邮轮服务人员更好地觉察自己的心理状态，挖掘自己的心理潜能，理解自己的情绪情感体验，进而找到属于自己的方式来做相应的调整。同时，心理健康知识也会提供科学、有效的调节方式，能使其更好地维持心理健康状态。

（四）提高心理调节能力

学会自我调节，对自己有客观的评价，学会转移情绪，消除怨气。同时，还要学会自我激励，培养良好的心理应变能力和遭遇挫折的耐受力。

总之，邮轮服务人员自身的心理素质是至关重要的。因此，要加强处理各类消极情绪的能力，对各种问题能"拿得起，放得下"，有效调整和维持心理健康状态。

二、学会爱他人

一名心理健康的邮轮服务人员不仅能悦纳自我，同时也能处理好各种人际关系，能将心比心，感受和理解他人的情绪与感受，充满关爱，而非苛求、指责、敌对或回避。

（一）乐于与他人交往

心理健康的邮轮服务人员乐于与他人交往，并能与人保持和睦的关系。

1.保有良好的心态

人与人交往的过程中，若心理状态不佳，会形成隔膜和屏障，在一定程度上会阻碍人际关系的发展，从而影响工作和生活。因此，在生活、工作中应注重自身修养，既要克服人际交往中的自卑心理，又要克服趋利的心理，更要防止出现被称为"人际关系杀手"的冷漠和猜忌心理。

2.善于沟通

邮轮服务人员需要处理与上下级的关系、与游客的关系，同时也需要兼顾家庭关系、恋爱关系等。然而在忙碌的工作中，邮轮服务人员往往容易淡化心灵的沟通和交往，隔阂也会慢慢产生。积极主动地与人沟通，同时，用较为合适的方式来处理不同的人际关系，往往会拉近彼此的心理距离，甚至能化敌为友，化干戈为玉帛。

3.善于倾听

真正的倾听是能够听到对方的弦外之音。邮轮服务人员在不同的工作岗位上会面临不同的状况，而在沟通交流时，能够听到对方言语里所表达的想法、感受、需要，是邮轮服务人员有效地处理各类状况的基础，特别是当别人有意或无意做了伤害自己的事情时，多些倾听和理解，伤害或许会冰消雪融。

（二）有爱的能力

爱的能力是指和他人建立亲密关系的能力，它对人一生的发展有着重要的意义。爱的能力会引导一个人真正地爱自己、爱他人，能让人感受到爱的流动。爱不是简单的语言，爱是一种能力。

1.接受爱的能力

邮轮服务人员要有接受爱的能力，懂得爱是什么，具备健康的恋爱价值观。明确知道自己对另一半的需求是什么。在别人对自己表达爱意时，应该能及时准确地对爱的信息作出判断，坦然地作出选择。同时，也能勇敢追爱，用适当的方式表达自己的爱意。

2.拒绝爱的能力

对于自己不愿或觉得不值得接受的爱，邮轮服务人员应有拒绝的勇气和决心。在拒绝时，需要注意两个方面：一是在并不希望得到的爱情到来时，能够果断地说"不"；二是要掌握恰当的拒绝方式，虽然每个人都有拒绝爱的权利，但尊重每一份真挚的感情是对他人的尊重，也是对自己的尊重。

3.维持爱的能力

邮轮服务人员因工作性质特殊，经常与伴侣分隔两地，因此，对于邮轮服务人员来说，想要拥有持久的爱情必须培养发展爱的能力。首先在爱的关系中，双方都要相互关心、相互爱护。其次要学会理解和包容，能够充分地沟通。最后要注意的是，在一段关系中，需要保持忠诚、忠贞专一。

三、学会爱生活

（一）明晰职业规划，增强职业认同

我们对职业一词并不陌生，但不少邮轮服务人员对它的含义却并未理解透彻，认为只是个赚钱的途径。诚然，职业能让人取得经济报酬，但职业的选择也跟个人生活方式、经济状况、文化水平、行为模式、思想情操有关，是这些因素的综合反映，也是一个人的权利、义务、职责和社会地位的一般体现。

明晰的职业规划、明确的方向和目标、强烈的职业认同感，能帮助邮轮服务人员在职业的道路上走得更坚定有力，在工作中得到的不仅有报酬，还能感受到职业的魅力以及价值，从而激发邮轮服务人员的内驱力，更投入地、更愉悦地做好自己的本职工作。

（二）对生活充满希望，有意义感

希望是处于逆境或困境时支撑自己坚持美好理想的特定情绪。一名邮轮服务人员如果对未来充满希望，则能更有力量地应对生活中的不幸和压力，以灵活的方式来面对困境。只有把自己培养成充满理想和对未来充满希望的个体，才能增强自身应对生活不幸和压力的坚强意志。此外，意义感是积极心理学中的重要元素之一，生命意义感的确立关系到邮轮服务人员的身心健康发展，影响着邮轮服务人员的人格完善、自身价值的实现以及幸福感水平。希望的缺乏和生命意义感的丧失也是引发心理问题的重要因素。

培养"心"力量

喜看稻菽千重浪，最是风流袁隆平

中国青年报于 2020 年 11 月 3 日报道：在第三代杂交水稻双季亩产突破3000 斤的新闻发布会上，袁隆平表示：鼓起勇气，继续干下去，从"90 后"一直搞到"百零后"。

他说：我的工作是非常有意义的工作，我的身体还可以，脑瓜子还不糊涂，所以说，我还可以继续工作，继续做对人民、对社会、对国家有意义的工作。

袁隆平，是一位真正的耕耘者。当他还是一个乡村教师的时候，已经具有颠覆世界权威的胆识；当他名满天下的时候，却仍然只是专注于田畴，淡泊名利，一介农夫，播撒智慧，收获富足。他毕生的梦想，就是让所有的人远离饥饿。袁隆平院士是中国杂交水稻事业的开创者，是当代神农。50 多年来，他始终在农业科研第一线辛勤耕耘、不懈探索，为人类运用科技手段战胜饥饿带来绿色的希望和金色的收获。他的卓越成就，不仅为解决中国人民的温饱和保障国家粮食安全作出了贡献，更为社会进步和世界和平树立了丰碑。

【回顾"心"历程】

（1）健康不仅仅是没有疾病或不虚弱，而是身体、心理和社会适应的完好状态。它是一个整体概念，包括身体健康、心理健康、道德健康和社会适应良好。

（2）心理是指生物对客观物质世界的主观反应，心理的表现形式叫作心理现象，它包括心理过程和个性心理。

（3）心理健康是在智力正常发展的基础上，个性心理结构协调，能与外界环境相适应，行为及反应符合社会角色，从而使得人格完整、情绪乐观愉快的状态。

（4）邮轮服务人员的心理健康标准包括有充分的安全感；有自知之明，能感受到自己的价值；有完整统一的人格；情绪稳定，调控情绪能力较强；人际关系和谐，有爱的能力；面对现实，有较好的社会适应能力；职业意识清晰，有目标有规划；心理特点与实际年龄相符。

（5）影响邮轮服务人员心理健康的因素可归纳为工作环境、职业压力、职业发展、家庭及自身五个方面。

（6）邮轮服务人员可从爱自己、爱他人、爱生活三个方面入手，维持心理健康水平。

【检验"心"本领】

（1）（判断题）健康就是没有疾病或不虚弱。（　　　）

（2）（判断题）心理健康状态是一成不变的。（　　　）

（3）（填空题）心理过程包括（　　　）、（　　　）和（　　　）。

（4）（填空题）（　　　）、（　　　）、（　　　）和（　　　）的人格特质对提高心理健康水平有一定的促进作用，而（　　　）的人格特质则容易导致心理健康水平低。

（5）（填空题）睡前做下列事情会影响睡眠：（　　　）、（　　　）、（　　　）和（　　　）。

【迸发"心"能量】

滚雪球

活动目的：

成员之间相互熟悉。

活动时间：

30分钟。

活动准备：

成员按每组6～8人分组。

活动步骤：

（1）以滚雪球的方式自我介绍（连环自我介绍）。每人用一句话介绍自己，一句话中必须包括姓名、籍贯、个人性格、爱好。

（2）当有的成员一时记不起太多的信息时，全体成员可一起帮助他，充分体现团队合作的力量，直到最后一名成员介绍完毕。

（3）指导者让各小组到讲台，请每个小组推荐一个代表，把全组成员一一向班内其他小组成员介绍。

活动思考：

过程中是否有不顺的时候？小组成员是如何解决的？有什么感受？

【充盈 "心" 智慧】

［1］（美）理查德·格里格，菲利普·津巴多. 心理学与生活. 王垒等译. 北京：人民邮电出版社，2016.

［2］陈海贤. 幸福课：不完美人生的解答书. 南昌：江西人民出版社，2017.

［3］（美）莎朗·莎兹伯格. 一平方米的静心. 李芸玫译. 北京：北京时代华文书局，2018.

模块二
职业适应与认同

第二章　邮轮服务人员职业适应

启航"心"征程

人的一生都在不断地适应，适应不同的阶段、不同的角色、不同的环境。对于从业者而言，当从业者进入职业角色，能履行职业角色义务，享受职业角色权利，遵守职业角色规范，那也就从心理、生理、岗位、技能和人际五个方面完成了职业适应的环节。刚入职场的邮轮服务人员不仅要适应邮轮的工作环境，还要满足岗位的职业要求。若能顺利地完成职业适应过程，邮轮服务人员就能以较好的状态面对工作与生活。

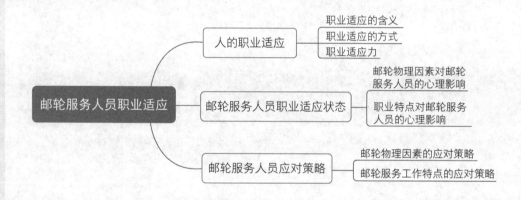

学习目标

1. 了解职业适应以及职业适应力。
2. 正确认识邮轮服务人员在职业适应中的影响因素。
3. 掌握职业适应的应对策略。

素质目标

正确认识职业生涯中的适应问题，做有职业幸福感的人。

第一节 人的职业适应

从事职业既可维持自己及家庭的物质生活，又可使自己的生活充实而有意义，达到自我实现和服务于社会的目的。然而，不管是初入职场的新人还是职场老手，不同的阶段都会面临不同的问题。在此过程中，良好的职业适应能够帮助个体更好地融入工作环境中，而不良的职业适应则容易打击个体从事某一职业的积极性。

一、职业适应的含义

适应是指生物的形态结构和生理机能与其赖以生存的一定环境条件相适应的现象。在心理学中，适应指的是一个人通过不断调整自身，使其个人需要能够在环境中得到满足的过程。塞维科斯认为职业适应指的是个体通过内在需求和外在机遇的双重刺激，在当前角色任务中，能够很好协调过去职位和自身愿望，达到适应（如成功、满足感和发展）的状态，包括从学习到工作、从工作到工作、从职业到职业。简单来说，职业适应是组织成员由初入职的不知所措逐渐熟能生巧的过程。

职业适应是个人社会化的一个重要过程，它受到劳动者自身素质、社会环境、劳动者自身期待等各个方面的影响。如果个体与职业都能够协调、平衡，就是适应良好的表现；如果个体与职业不能达到协调一致，则是职业适应不良。一般来说，面对职业适应不良有两种应对方式：一种是改变自己，一种是更换职业。例如，邮轮服务人员来到邮轮上工作，对职业的某些特质不适应，导致工作心不在焉。面对这种情况，有两种方式可以改变：一是面对现实，接纳现实，最终调整自己，在工作中寻找兴趣点，让自己能够逐步适应新的环境并享受工作所带来的愉悦；二是拒绝接受，改变现状，更换职业。事实上，也确实有不少邮轮服务人员在初次上船之后便改变了职业理想。但需要注意的是，很多时候，改变自己往往比改变环境、更换职业更为简单，因此，我们也有必要慎重考量自己的职业发展，做好职业决策和规划。

二、职业适应的方式

想象一下这样的场景：满怀欣喜上了邮轮之后，发现邮轮服务这个职业所做的工作跟自己所想的有一定差距，你会做些什么？是抱怨、暴躁、愤然离职？还是及时调整自己，尽快融入到职业中？在现实职场中，职业适应大致分为两种情况。

一种是消极的适应。例如，邮轮服务人员第一次上船，因为对邮轮上轮班制的工作方式不适应，工作中总是出错，慢慢变得越来越暴躁，不认真做好自己的本职工作，引发部门领导的不满，经常被训斥，再到后来，天天以泪洗面，只盼着船期结束，能早早回家。这种适应是人与职业的消极互动过程。在这个过程当中，邮轮服务人员认同、顺应了消极的因素，极少发挥或无法发挥自己的主观能动性去积极地适应职业，而最终导致情绪的低落甚至崩溃、绩效产出的下降。

另一种是积极的适应。例如，邮轮服务人员上船后，在工作中发现自己的英语口语不够流利，虽然能完成基本的对话，但是却不能深入、顺畅地交流，特别是有的时候跟别的国家带有口音的邮轮服务人员或乘客交流时会备感吃力。但是她没有自暴自弃，而是越挫越勇，积极与同事们交流，有时也会向他们请教一些地道的口语表达，在工作的闲暇，也不断练习，最终达到与邮轮上的同事、乘客沟通无障碍的状态。这种行为便是积极的适应，对职业的适应使得她在自身能力和职业能力上都得到了发展。

　　积极的适应是个体在客观环境中发挥自己的主观能动性，积极调整自己的不适应行为，使得自身得到发展，达到个人与职业的平衡状态。其实，每一种职业都存在对人有利的因素和不利于人发展的因素。积极的适应就是要结合自己和职业的实际情况，寻找自己立足于该职业的优势，并维持个人与职业相契合的积极状态。

三、职业适应力

　　职业适应与职业适应力有关，职业适应力指的是个体在工作任务及职业环境改变时进行自我调整的社会心理资源。

　　研究发现，职业适应力与人格特质的相关性较高。有较多研究关注主动性人格以及大五人格特质。主动性人格是个体不受情境阻力的制约，主动采取行动以改变其外部环境的倾向性。它代表了一种不受外部环境约束、主动寻求改变的行为倾向。主动性水平越高，个体职业适应力也越强。而在大五人格中，个体的外向性和尽责性越高，职业适应力越强，而神经质水平越高，职业适应力越弱。

 拓展"心"思维

大五人格模型

　　大五人格模型，归属于人格特质理论，是该领域中最具影响力的模型之一。它指出，人格可以划分成五个部分：外倾性、宜人性、尽责性、神经质以及开放性。

　　外倾性：指的是个体人际互动的强度与次数，包括极端内向和极端外向两端。它体现为个人对人际交往的享受程度、一定时间内人际交往次数以及在交往过程中获取愉悦的能力。高外倾性的人表现为热心、社会化、精力充沛等，低外倾性的人则表现为含蓄、安静、稳健等。

　　宜人性：指的是个体与人交往的过程中对他人所持有的态度。它体现出是否愿意合作、推动社会和谐的个体差异。高宜人性的人表现为愿意依赖他人、乐善好施，更具有利他主义和同理心；低宜人性的人则表现为缺乏同情心、抱有敌意、不愿与人合作。

　　尽责性：指的是个体自身所具有的控制力和自律程度。它体现为个人有较高的成就动机，渴望能较好地完成布置的任务，当面对问题时会表现出积极负责的应对方式。高尽责性的人表现为优秀的组织能力、较高的自制力、高效率等，低尽责性的人则表现为缺乏目标、懒惰、不可信等。

　　神经质：指的是个体调节情绪的能力以及其自身情绪的稳定性。它体现为抗压能力和情感调节能力的个体差异。这一维度得分高的人表现为情绪不稳定、易受波动、更容易感受到消极情绪；这一维度得分低的人则表现为情绪调适较好、不易出现消极情绪、平和稳定等。

　　开放性：指的是个体对已有经验所持有一种不断求新和勇于探索的态度。它有时用于判断个体具有多大程度的想象力和创造力。高开放性的人表现为思想独立、好奇心强、喜欢接受新想法等；低开放性的人则表现为墨守成规、按部就班，更趋于务实保守等。

　　事实上，职业适应并不是仅存在新入职的邮轮服务人员当中，因为职业生涯也是一个过程，会存在不同的转折，如晋升、更换部门、更换邮轮公司等，这些都会给邮轮服务人员提出新的要求和挑战，也推动着个体获得新的能力，从而顺利地进入新的阶段。因此，职业适应并不是一次性的，而是一个动态变化的过程。

第二节　邮轮服务人员职业适应状态

邮轮服务人员的职业环境相对特殊，海上风浪大，水文和气象环境复杂，然而邮轮的作业环境空间较为狭小，并常常伴有噪声、高温、颠簸、空气污染等不利因素，同时在邮轮上不能经常得到新鲜绿叶蔬菜和及时获得丰富的资讯，加之邮轮服务人员工作强度较大，工作时间较长且多不规律，使得不少新入职的邮轮服务人员难以适应，从而造成身心困扰。

 拓展"心"思维

邮轮服务人员职业适应的心路历程

2013 年 11 月至 2014 年 6 月，我们调查了 11 名中国籍邮轮服务人员。从工作的状态来说，这 11 名中国籍邮轮服务人员中的 6 人都已经历了第一个船期，由于有过在邮轮上工作的经历，这 6 名邮轮服务人员明显对邮轮工作、邮轮环境和国际邮轮文化较为适应。其余 5 人处于第一个船期，表示非常有压力。这 5 名邮轮服务人员中只有 2 人表示自己还能继续坚持，其余 3 人表示不太适应，希望第一个船期结束之后到岸上换个职业。总体来说，目前还愿意在邮轮上工作的 8 名邮轮服务人员，尤其是已经经历过第一个船期的邮轮服务人员，在适应国际邮轮这一新工作场所的过程中，都有如下的心理历程：刚刚登上邮轮工作时特别兴奋，工作一段时间之后心情特别沮丧，接着慢慢从国际邮轮文化环境和自己惯常文化环境的差异中恢复过来，并继续努力工作，能与同事用英语有效沟通，工作也慢慢得心应手，最后渐渐适应了国际邮轮的生活和工作。这些历程大致体现了跨文化适应的蜜月阶段、磨合阶段、调整阶段和稳定阶段。通过了解他们第一次船期的心理感受，发现他们在跨文化适应的最初阶段，适应水平最差。在这期间，邮轮服务人员的生活从陆地转到海上，他们随生活变动而产生的心理变化波动的频率最高。因此，负面情绪在邮轮服务人员工作的第一个月出现频率最高。

一、邮轮物理因素对邮轮服务人员的心理影响

（一）晕动病

当邮轮处于航行或停泊状态时，涌浪引起船体的剧烈颠簸、摇摆，使人体内耳迷路受到机械刺激，造成前庭平衡功能紊乱，导致以眩晕、出冷汗、恶心、呕吐为主要临床表现的病症，称为晕船病。晕船病、晕车病、晕机病统称为晕动病。晕动病是一种常见的疾病，虽然一般不会造成生命危险，但是身体的不适导致不能正常饮食、睡眠，会对仍需要坚持工作的邮轮服务人员造成极大的影响。

M2-1　晕动病

1.晕动病的发病机制

晕动病的发病机制目前众说纷纭，但是基本跟以下几个方面有关。

（1）前庭因素。当囊斑或毛细胞受到一定量的不正常运动刺激时，引起的神经冲动由前庭神经传至前庭神经核，再传至小脑和下丘脑，因而引起一系列以眩晕为主要症状的临床表现。当前庭受刺激后，将会影响网状结构，导致呕吐和血压下降，前庭神经核通过内侧纵束纤维至眼肌运动核，引起眼球震颤，小脑和下丘脑受神经冲动后引起全身肌肉张力改变。

（2）视觉因素。在大量的临床观察中发现晕动病与视觉刺激有一定的相关性。例如，在海上航行时，由于眼睛不断地凝视起伏的波浪，视线发生快速变更，容易引起晕船。

（3）精神因素。在缺乏睡眠、极度疲劳、心情郁闷、精神紧张时，人也更容易出现晕船的情况。部分有过晕船、晕车经历的人的潜意识里会留有焦虑情绪，以后再次回到类似的场景，如船中，即使船未动，也会因条件反射晕船。

（4）其他因素。除上述因素外，温度高、湿度高、通风不良、噪声大的环境中也极易引发晕动病。同时，不合口味的食物、呕吐物的气味对感觉器官的不良刺激也可诱发晕动症。

2. 晕动病的临床表现

晕动病可根据症状表现的严重程度分为轻、中、重三种。

轻度：主要临床表现为咽部不适，唾液分泌增加，吞咽动作频繁。伴有轻度的头晕、头痛、稍有恶心感、面色稍显苍白等症状。

中度：主要临床表现为厌食，剧烈头痛，恶心呕吐反复发作，吐后不适症状暂时减轻，面色苍白，出冷汗等。

重度：主要临床表现为严重的头晕、恶心、心慌，剧烈呕吐，甚至吐出胆汁或血性液体，四肢厥冷，反应迟钝，昏迷等。

3. 晕动病对邮轮服务人员职业适应带来的阻碍

对于刚刚从事邮轮服务工作的人来说，在船上出现晕动病，不但在身体上会感到不适，在心理上也会产生烦躁、焦虑、担忧等消极情绪。若带着症状工作，也较容易在工作中与人发生冲突，影响工作效率。若邮轮服务人员的晕动病症状较为严重、持续时间较长，对他们进入下一个船期也会产生不良影响。

培养"心"力量

邮轮服务人员美美的职业初体验

美美在大学里学的是英语专业，刚刚毕业就找到了一份邮轮服务员的工作。由于在入职前美美并没有对邮轮服务员这个职业进行客观而全面的了解，她认为从事邮轮服务员这个职业意味着高薪，免费周游世界，是个十分浪漫的工作。带着美好的愿望，美美开始了她的职业初体验。刚入职的美美虽然精神亢奋，充满好奇，但紧张而忙碌的工作还是让美美有些吃不消。然而，情况还未好转时，海上的环境又雪上加霜。邮轮在航行的第三天遇上大风浪，美美开始不停呕吐，头痛剧烈，四肢无力。由于身体不适，美美开始产生焦虑、不安和烦躁等消极情绪，甚至在工作中与乘客发生了争执，被乘客投诉。当美美被主管不由分说地狠狠批评一番后，她再也控制不住自己的情绪，躲在一间装满杂物的舱室里号啕大

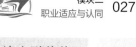

哭，这时被路过的同事萍姐发现。萍姐请美美来到自己的寝室，一边安慰美美，一边问明原因。原来美美刚入职，虽然在大学里学的是英语专业，但是对邮轮上同事和乘客带有口音的英语还不太适应，暂时没有交到新朋友，在新环境里常常感到孤独寂寞，加之晕船症状严重，身体难受，一想到在这种情况下还要持续工作10多个月，美美心里充满了焦虑，想辞职，又觉得对不起父母，进退两难。萍姐递上毛巾让美美擦干眼泪，又让美美服用了晕船药，并替美美请了病假，让美美早些休息。第二天美美一觉醒来，感觉自己的身体好多了。萍姐为美美端来一份香喷喷的面条并向美美分享了自己的经历，嘱咐美美及时调整好自己的状态，不要让自己太疲劳，遇上风浪时饮食尽量清淡些，常常保持良好的情绪，抗晕船的能力是可以提高的，而语言障碍，通过多听多说也是能够克服的。同时，萍姐告诉美美，如果遇到困难，随时可以找她帮忙。美美向萍姐道谢后，来到了甲板上，此时海上风和日丽，美美对着蔚蓝的大海，默默地对自己说："一切都会好起来的，我能行！"

（二）噪声污染

1. 噪声与噪声污染

声音是一种物理现象，是靠物体振动产生的。从物理学的角度来说，物体规则振动发出的声音称为乐音，不规则振动发出的声音称为噪声。从环境的角度来看，凡是在学习、工作、生活中产生的能给我们带来愉悦、舒畅等美好体验的声音都被称为乐音；而让我们感到心情烦躁、厌恶等不良体验的声音被称为噪声。在判断是否为噪声这个问题上，主观因素往往起着决定性作用。如一段旋律优美的音乐，对能够欣赏它的人来说就是乐音；对那些需要安静，正在休息、学习的人来说可能就是噪声。因此，从生理学的角度来理解，噪声是干扰人们休息、学习、生活的声音，即人们不需要的声音。当噪声对人和周围环境造成不良影响时，就形成了噪声污染。

邮轮的噪声污染区主要集中在靠近内燃机仓的区域，餐厅、酒吧等人员密集的公共场合。

2. 噪声污染的危害

邮轮上噪声污染对邮轮服务人员的危害主要有以下几个方面。

（1）干扰休息。邮轮服务人员的宿舍一般在邮轮比较靠下的位置，更容易使人感受到噪声，从而使人难以休息。

（2）损伤听力。长期暴露在噪声环境里，听力就会减弱，进而导致听力下降，听觉器官产生器质性损伤。强噪声的环境可导致耳部的各种不适症状，如耳鸣、耳部刺痛、听力损伤。如果噪声超过115分贝，还有可能造成耳聋。

（3）诱发多种疾病。长时间处在噪声环境当中，使人总处在紧张状态，导致心率加快、血压升高，甚至诱发胃肠溃疡和内分泌系统功能紊乱等疾病。相关研究发现，噪声是造成心血管疾病的危险因子之一，它会加速心脏衰老，增加心肌梗死发病率。医学专家经人体和动物实验证明，长期接触噪声可使体内肾上腺素分泌增加，从而使血压上升，在平均70分贝的噪声中长期生活的人，其心肌梗死发病率增加30%左右，特别是夜间噪声危害更大。

3. 噪声污染对邮轮服务人员职业适应带来的阻碍

邮轮上的噪声污染会影响邮轮服务人员的神经系统，使他们心情烦躁、易怒，不能集中精力学习和工作，并且容易引发工伤和事故。噪声长期作用于邮轮服务人员的中枢神经系统，会使大脑皮层的兴奋和抑制失调，条件反射异常，表现出心慌、记忆力减退、注意力不集中等症状，严重者可产生精神错乱。同时，当邮轮服务人员受到噪声干扰时，往往难以入眠，不易消除疲劳、恢复体力，进而引起头晕、头痛、全身乏力以及消极的情绪体验。

（三）传染病

传染病是一种能够在人与人之间或人与动物之间相互传播并广泛流行的疾病，经过各种途径传染给另一个人或物种的感染病。

邮轮在航行过程中往往搭载着来自世界各地的乘客。作为一个相对封闭的环境，一旦在邮轮上发现传染病患者，若邮轮服务人员不了解传染病的传播途径、症状以及危害性，在与传染病人接触时就不知道如何有效地保护自己，从而缩手缩脚，远离病人，担心自己被传染，产生焦虑、恐慌的心理。当这种心理状态在邮轮上蔓延开来时，不仅会影响到病人，也会影响到邮轮上各个岗位的工作人员，甚至产生群体性焦虑、恐慌。这无疑对邮轮服务人员的职业适应造成巨大的打击。

二、职业特点对邮轮服务人员的心理影响

邮轮被称为在海上移动的豪华酒店，在这个酒店里会有不同的部门，如餐厅部、客房部、宾客服务部、娱乐部等，每个部门承担着不同的使命，给宾客带来愉悦的感官体验。邮轮服务人员就是这些部门里的小小螺丝钉，处理着具体的事情。

（一）不同岗位带来的心理影响

邮轮的空间较大且绝大多数的豪华邮轮集住宿、餐饮、休闲、娱乐、文化、旅游于一体，邮轮服务人员的岗位也相对较多，比较常见的有餐厅服务员、客房服务员以及销售员。不同的岗位安排和岗位特点对邮轮服务人员带来的心理影响是不同的，因此，职业适应的难易也会有所差异。

1. 餐厅服务员

（1）餐厅服务员的岗位特点。邮轮为满足不同地域乘客对美食的要求，设置的餐厅数量和餐厅种类也较多，餐厅服务员也可根据不同的服务地点细分为主餐厅服务员、自助餐厅服务员、吧台服务员等。

餐厅服务员是邮轮餐饮服务工作的主体每一个乘客对食物的色、香、味都有自己的要求，对餐饮的等待时间和服务质量也有自己的判断。因此，餐厅服务员的服务要"快""准""热情"，即动作快以减少邮轮乘客的等待时间，准确理解乘客的意思，以及微笑友善地服务每一位乘客。

（2）餐厅服务员岗位的职业适应问题。邮轮上的餐厅服务员很多时候被认为是端盘子的工作，不少刚接触这个岗位的邮轮服务人员也会产生消极情绪和缺乏自我认同，从而影响其职业适应。

① 消极情绪。由于岗位特点，岗位的要求就是餐厅服务员要学会宽容与理解，要做好服务工作，就得先正其身，学会站在宾客的角度去思考问题。在高强度的工作中，服务员会在身体上感到疲累，心理上会感到压力或者一些负面情绪。餐厅服

务员每天都要与宾客打交道，而不同宾客的需求是不同的，很多情况下，宾客的情绪也会影响到服务员的情绪，他们会因为宾客的质疑而感到茫然无措。同时，餐厅服务员的饮食也不太规律，用餐时间一般在乘客用餐完毕后或用餐开始前，导致部分餐厅服务员饿着肚子工作，这样也会带来不快、厌烦的情绪体验。但是随着工作经验的积累，餐厅服务员也会逐渐认识到大部分困扰都是来源于自身的。学会情绪管理才是解决这一切困扰的重要方法。

② 缺乏自我认同。目前，不少人认为，服务员是一个吃青春饭的职业，服务员干的是伺候人的活，服务员的社会地位低，这种观念或多或少影响着餐厅服务员对从事这份工作的认知。因此，部分餐厅服务员虽然从事这份工作，但内心中对其并不认可，甚至认为自己所做的工作低人一等，得不到重视，也得不到家人和朋友的支持。若抱着这样的认知，在日后的工作中也很难找到价值感，缺乏自我认同，离职的可能性也较高。

2. 客房服务员

（1）客房服务员的岗位特点。客房是邮轮上基本的设施和重要的组成部分，也是邮轮乘客休息的必要场所。客房服务员一方面需要做好房型核对、客房清扫、客房整理、客房保养等基本工作，另一方面也要满足乘客求安全、求卫生、求舒适和求方便的需求。相较于餐厅服务员来说，客房服务员与乘客正面接触的机会比较少，与乘客之间产生的冲突也相对较少，但其工作重复性很强，比较单调。

（2）客房服务员岗位的职业适应问题。客房服务员是一个体力劳动和脑力劳动高度结合的岗位，在工作过程中容易感到倦怠、压抑，从而影响职业适应。

① 倦怠。客房服务员的工作比较繁杂，一般来说，两个人一起打扫房间更为合适，但由于人手不足，多半邮轮公司会采用一个人打扫的方式，这无形中加大了客房服务员的工作强度。同时，客房服务员的工作具有持续性、反复性的特点。长期从事高强度、重复性的工作容易让客房服务员产生倦怠感，从而降低服务质量。

② 压抑。邮轮客房是乘客在邮轮上的重要活动场所，客人会对客房环境及配套服务有所期待。同时，"让所有乘客满意"是邮轮公司一直都在追求的理想目标，这也要求客房服务员在对客服务中，尽量满足乘客的要求。因此，客房服务员会被严格要求，以免遭受投诉。这样的要求让客房服务员不能在任何时候表现出不悦、烦躁、郁闷的情绪，但若这些情绪没有适当的宣泄出口，就会让客房服务员感到异常压抑。

3. 销售员

（1）销售员的岗位特点。邮轮上有着各式各样的销售部门。销售是邮轮上的重要环节，销售员们不仅要对商品的性能、适合人群、价位了如指掌，而且也需要掌握一定的销售技巧，既能掌握乘客的心理变化，又能有效地运用语言艺术达到销售目的。因此，销售员的灵活性比较高，对与人沟通的能力也有较高要求。

（2）销售员岗位的职业适应问题。销售岗位更多倾向于重物质奖励、轻情绪关爱的管理模式。长期浸润在这种以物质来衡量工作质量的管理制度下，销售员们容易出现团体意识薄弱、个人主义色彩严重、归属感下降等情况，进而影响职业适应。

① 攀比。销售员的收入与其销售情况有很大关系。盲目攀比最直接的表现是喜欢将自己的收入与他人对比，总认为自己收入和付出不成正比，长此以往，也会失去对工作的热情。

② 吝啬。由于工作环境存在较强的竞争性，不少销售员也不愿帮助和提携新人，缺乏乐于助人的精神，抱着"多一事不如少一事""明知不对，少说为佳""事不关己高高挂起"的心理，不愿分享经验甚至排斥新人。不少刚入职的销售员感受不到团队的支持，缺乏归属感。

（二）不同航线带来的心理影响

1. 邮轮的主要航线类型

邮轮把世界变成能满足不同市场需求的一系列区域。邮轮公司为了满足不同乘客的兴趣和需求，制定了不同的航行。主要的类型有以下几种。

（1）北美航线　北美航线可以满足乘客游览文化和地理景点的需求，目前，它仍是全球最大的邮轮市场之一。其中，加勒比海地区凭借优良的港口资源、丰富的旅游资源、良好的气候条件等优势，一直是全球最为热门的邮轮旅游目的地之一。

（2）欧洲及地中海航线　地中海气候特征是夏季时间长，雨水稀少，阳光明媚，适宜度假。这条线路有丰富的旅游资源，包括历史景点、精致的城市景观和宜人的海滨风光。

（3）中美洲和南美洲航线　中美洲航线是墨西哥以南、哥伦比亚以北的狭长地带，而南美洲航线包括哥伦比亚、巴西、阿根廷等。

（4）太平洋航线　太平洋航线是最大、最深、边缘海岛屿最多的航线，南太平洋多小岛屿，澳大利亚、新西兰都是热门目的地。

（5）亚洲航线　亚洲航线是充满文化活力和地方风情的一支航线，中国香港既是东西方文化交融的都市，也是充满活力、独具风格的亚洲"邮轮之都"。

2. 不同航线的职业适应问题

（1）亚洲航线。亚洲航线的邮轮上多是亚洲面孔，相对来说在感觉上比较亲切。同时，由于亚洲航线航程不长，邮轮服务人员回家的机会比较多，能够较好地处理家庭关系。

但对想锻炼英语能力、与世界各地的人交流、一览异国风情的邮轮服务人员来说，亚洲航线可能并不是一个最佳的选择。

（2）欧美航线。欧美航线途经的地方更为广泛，乘务人员会接触更多国家和地区的乘客和员工，因此，首先能感受到的便是新奇感。欧美文化与亚洲文化差异较大，人文景观、建筑都有其独特的风格，再加上风土人情、行事作风的差异，对初次工作于欧美航线的邮轮服务人员来说会更有新鲜感。但欧美航线时间较长，文化差异明显，家中之事鞭长莫及，因此，相较于亚洲航线来说，欧美航线带给邮轮服务人员身心上的压力感会更强。

总的来说，职业适应需要遵循自然的周期，刚入职的邮轮服务人员一般会被分配一些重复、琐碎、简单的工作，而大部分邮轮服务人员都会对这些工作不满，无法从工作中获得愉快感，也很难对自己所从事的工作产生自豪感，从而感到工作是无意义的。加之来自邮轮本身的物理因素，岗位、航线等影响因素，不少邮轮服务人员会感受到现实和理想的差距，巨大的心理落差感也容易让他们对未来职业生涯产生迷茫，从而陷入低落、抑郁、焦虑的不良情绪中。

第三节　邮轮服务人员应对策略

一、邮轮物理因素的应对策略

（一）晕动病

1.晕动病的治疗

（1）一般处理措施。选择通风良好、安静、运动刺激小的场所，呈半卧位或平卧位，闭目休息。同时，因为晕动病是邮轮上比较常见的病症，大部分邮轮会准备防晕船的干姜水，晕船的邮轮服务人员可以自己取用。

（2）药物治疗。如果症状一直不缓解，就考虑用药。一般情况下，邮轮上会备有晕船药，可去邮轮上的医务室说明情况并进行治疗。

2.晕动病的预防

大多数人是可以通过锻炼来提高抗晕船能力的，比如拥有长期航海经历的渔民和船员，一般不容易晕船。有趣的是，人们对晕船的适应能力也是暂时获得的。如果长期离船工作，当再次回到邮轮上工作时，有的人仍会晕船。因此，有过晕船经历的邮轮服务人员，即使暂时离开邮轮，也需要在陆地上利用秋千、单双杠、滚轮等器械进行训练以保持对晕船的适应能力。

每次邮轮航行时邮轮服务人员也需要调整好自己的身心状态以提高抗晕船能力。在睡眠方面，应尽量保证充足的睡眠，防止过度疲劳；在饮食方面，尽量不要空腹工作，也要注意不要食用油腻不易消化的食物；在情绪调节方面，尽量调整好自己的情绪，保持良好的情绪状态。

（二）噪声污染

（1）加强自我防护。在有噪声的船舱环境中，邮轮服务人员可以佩戴耳塞或耳罩，加强防护。需要注意的是，有一些邮轮服务人员会选择戴上耳机听音乐来对抗噪声，这种做法并不恰当。因为在嘈杂的环境中，人会不自觉地加大音量，从而对听力造成进一步的损伤。

（2）定期检查听力。及时发现听力损伤，尽早治疗。

（三）传染病

1.邮轮上的应急措施

相较于陆地，邮轮上的卫生标准更为严格。以餐厅部门为例，一般每天都要清洁，每周大清洁一次。在邮轮停靠港口时，为了应对当地的防疫检查，还需要进一步的大扫除。因此，在应对传染病上，邮轮的管控是很谨慎的。邮轮服务人员也能相对安心。

同时，邮轮公司有自己的一套防疫计划。以发生频率相对较高的肠胃性流感（GI）为例，有应对消化道系统的传染疾病的应急措施，称为 Outbreak Prevention Plan（OPP），根据感染者数量，一般分为 OPP LV1、OPP LV2 和 OPP LV3 三个等级。OPP LV1 表示没什么人感染，但也要进行日常清洁；OPP LV2 表示 GI 病例数占乘客及船员总数的 0.5% 或者六小时以内出现六名患者，这个阶段会对患 GI 的乘客或员工进行限制，要求患者在房间内，不能出来走动，直到医生确认康复为止，邮轮进入深度清洁模式；OPP LV3 表示 GI 病例数占乘客数的 1.5% 或者船员数的 1%，此时，全船停止食物自助，24 小时不停消毒，对于已感染隔离在房间的乘客，由专人负责送餐。其他客人进入餐厅时，也会有专人负责给乘客挤洗手液，消毒过后，才能进去吃饭，夹取食物的夹子每 15 分钟更换一次。

邮轮暴发传染病会让邮轮公司甚至邮轮产业面临极大的负面影响和经济损失，因此，邮轮上有专门防疫计划，以保证邮轮乘客和员工的安全。

2. 加强防护意识

邮轮服务人员若发现自己有了疑似症状，需要第一时间上报并打卡签退，然后马上前往医务室。需要注意的是，千万不能隐瞒，一旦被发现或举报，会收到警告单。如果收到三张警告单，基本就会被开除。

二、邮轮服务工作特点的应对策略

（一）了解职业特色，树立正确择业观

1. 了解职业特色

不少邮轮服务人员在最开始选择这个职业时，多多少少会被其独特优势吸引，例如，可以坐邮轮周游世界，能与世界各地的人接触，丰富人生阅历，薪资可观，还有免费食宿和医疗保障等。诚然，这些优势是存在的，但是如果只看到了这些优势，而没有了解到邮轮服务人员工作的全貌，那么有可能就会深刻地体会到"理想很丰满，现实很骨感"这句话的含义了。

成为一名邮轮服务人员之前，可以通过多渠道了解职业信息。首先，在做决定前，可以通过网络论坛查找一些有关邮轮服务人员的信息，或是通过既有的人际圈了解具体工作情况。需要注意的是，在收集信息时，需要有自己的判断，不能盲目地轻信他人的观点和评价。其次，以开放与轻松的心态去不同的邮轮公司面试，如果有机会的话，在过程中可以主动向面试官提问自己所关心的问题，以核对前期信息搜寻的结果。最后，对收集到的信息进行筛选，可以将邮轮服务人员这一职业的优劣势一一列举出来，两相对比后最终作出自己的决定。

2. 树立正确择业观

每一个人都希望自己能够获得一份既能充分满足物质生活需求又能充分满足精神需求的工作，这是非常自然的想法。然而，面对现实，我们也必须认识到，择业观如果脱离实际情况，就有可能导致择业的失败，不断地转换不同的职业甚至最终对任何职业都提不起兴趣。因此，我们需要树立正确的择业观，以防范择业期望值过高或过低的倾向。

（1）切勿脱离现实需要。每一个职业都有利有弊，邮轮服务工作也是如此。想要实现在邮轮上环游世界的梦想，需要经过一个又一个与家人离别的船期；想要拿到优厚的薪水，需要做好一天又一天的工作；想要丰富人生的阅历，需要进行一次又一次的学习。

（2）切勿忽略自身能力。作为邮轮服务人员，不同的岗位可能会有不同的适应周期。工作相对轻松，薪资也不错的岗位当然是最佳的选择。但是职业适应是个体和组织相互适应的过程。如果眼睛只盯着"好岗位"，而对自己能否胜任、是否适合、能否有所发展都缺乏考虑，则更容易陷入两难的境地。

（3）切勿盲目消极择业。由于就业压力剧增，部分邮轮服务人员接受这个职业只是想先随便找份工作安顿下来，然后再慢慢挑，对职业本身没有深入的考虑和远大正确的抱负，表面上好像是学习了不少东西，但因为缺乏深入的思考和规划，没有一技之长，对自身今后的发展也非常不利。

（二）寻找自身优势，进行自我调适

在职业适应的过程中，特别是初期，面对陌生的环境、同伴、工作时，不少邮轮服务人员会感到不知所措：不知道怎么处理不同的情况，不知道如何处理与上下级的关系，不知道如何掌握工作的分寸等。这些处境容易让邮轮服务人员受挫，从而对自己失去信心。这时，我们需要积极地寻找自身的优势，重塑自信，快速地投入到工作当中。

当我们否定自己时，需要停下来，关注自己内心的状态，问问自己：我真的这么差劲吗？我真的什么事情都做不好吗？我真的不适合这个职业吗？当我们冷静下来之后，试着想一想以下的问题：我有没有一些优势？我是不是比较努力？我是不是也挺勤奋的？我是否愿意探索和尝试？也许在自我觉察中，会逐渐发现自己的优势，从而认可自己。

如果你感到迷茫，也可以找同伴聊聊，如一起工作的人、以前的同学、朋友等，听听他们对你的看法，也许能让你发现一个新的自己。给自己一个机会，重新审视自我，寻找属于自己的优势，有助于自我认同感的重新建立以及自身缺点的改正。

（三）加强情绪管理，实现自我成长

职业适应不良会让邮轮服务人员产生消极的情绪体验，完全逃避这些情绪并不是个好方式，因为情绪一直积攒而得不到宣泄，人也是会生病的。下面一些方式可以作为调节情绪、加强情绪管理的参考。

（1）自我转化法。有些时候，不良情绪是不易控制的。这时，可以采取迂回的办法，把自己的情感和注意力转移到自己感兴趣的活动中去。性格沉稳、内向的邮轮服务人员，可以选择看书、画画等方式；性格活泼、外向的邮轮服务人员，则可以选择听音乐、倾诉等方式。这样可以帮助他们转换工作中的不快情绪。

（2）适度宣泄法。给情绪找一个出口，把它宣泄出来。需要注意的是，宣泄时一定要注意场合、身份、气氛，注意适度，应是无破坏性的，更不应将情绪宣泄给乘客。比较常用的宣泄方式有运动、唱歌、跳舞等。

（3）自我慰藉法。自我慰藉法即自我安慰法。人不可能事事顺心如意，在工作中遇到困难和挫折，已尽主观努力仍无法改变时，可说服自己适当让步，不必苛求，以求得解脱。

（4）松弛练习法。又叫放松练习，是一种通过练习学会在心理上和躯体上放松的方法。放松练习可以帮助邮轮服务人员减轻或消除各种不良的身心反应，如焦虑、恐惧、紧张、心理冲突、入睡困难、血压增高、头疼等。

M2-2　放松
训练

（5）理性情绪法。人的信念会左右人的情绪，一般来说，人的不良情绪多来自不合理信念。要消除人的不良情绪，就要设法将人的不合理信念转化为合理信念。例如，有的邮轮服务人员在服务的过程中遇到挫折便怨天尤人，其原因在于他原本认为"我的工作应当是顺利的""我的工作应该会百分百让客人满意""过去我事事顺利，服务工作也应该做得十全十美"等。正是这些信念作怪，才导致或加剧了他

的不良情绪。如果将这些信念加以纠正，则不良情绪会被缓解甚至消除。

 探究"心"奥秘

职业信念合理性判断

两人一组对以下看法是否合理进行讨论，并互相分享各自的观点。

1. 选择了一个职业或者专业后，就绝不能回头。

2. 只要有兴趣或者有能力，就一定可以成功。

3. 我在工作中一定要得到所有人的认可和赞美，我要是出错那就是我实在太没用了。

4. 这个世界变化太快，计划自己的未来职业是不可能的事情。

5. 我无法从事和我专业、能力不相符的职业。

6. 男人和女人应该严格按照传统看法去选择工作。

7. 我一定要找到一个满足我所有职业需求的工作，我要准备得非常充分再开始找工作。

8. 我要找一个让我周围所有人都满意、称赞的工作。

9. 只有工作找得好才是成功，我才是有价值的。

10. 找到工作就万事大吉了，再也不用学习了。

提示：以上这些看法都是不合理的，其特点是过于绝对化、过分概括和糟糕至极。在讨论中你们是否也有这样的感受呢？接下来，再来思考一下，可以如何转换它们，尝试调整和改变你的认知。

（四）加快角色转变，持续学习充电

（1）加快角色转变。第一，一般来说邮轮服务人员入职后邮轮上会有入职培训，可以利用好这一段时间来正确认识自己的职业角色，明确自己目前的岗位职责、工作内容及未来发展规划。通过相关的培训资料以及和同事们的沟通，明晰岗位职责，梳理和分析职业发展规划，从而更好地认识当下职业角色，进而减轻刚入职的不适感。第二，邮轮服务人员在面对困难和问题时，不要马上寻求帮助，应留给自己一点时间尝试思考、分析是否可以通过某些方式来解决，确定能妥善解决的则可尝试解决，若成功，便是对自己能力的一种肯定，若失败，再寻求他人的帮助，共同解决问题。需要注意的是，对于拿不准的问题，即使成功解决了也可以向同伴或上级确认是否正确。通过这样的方式，邮轮服务人员能逐渐增强自己的主动性，将自己摆在主人翁的位置上，尽快完成角色转换，独立处理问题。第三，新入职的邮轮服务人员应积极与同事进行沟通，保持良好的情感联系。通过人际交往活动，构建同事间的社会支持网络，从而更好地融入职场生活。

（2）持续学习充电。在学习方面，学习是帮助人不断成长的原动力。学习的途径有很多，可以是看书学习、听书学习，也可以是通过同伴学习。因此，在学习方面，可以做以下尝试：一是，保持学习习惯。职业不适应一般会伴随着职业能力的缺乏，例如，在国际邮轮上工作，需要使用英语但英语能力不强，这无疑会让职业适应期变长。因此，我们需要抱有"活到老，学到老"的信念。二是，寻找学习榜

样。身边一起工作的同事也是学习的资源，通过观察同事们待人处事的方式，将我们认为好的方式记在脑子里，经过练习，最后在适当的时机尝试使用，从而提高自己处理问题的灵活性和多样性，进而更快地完成职业适应。

（五）挖掘外部资源，敢于提出诉求

（1）挖掘外部资源。新入职的邮轮服务人员除了需要挖掘自身资源，还需要注重外部的有利资源。挖掘企业的社会资源，可以帮助新入职员工更好适应职业生活。如邮轮服务人员应积极参与邮轮公司组织的活动或培训，利用公司提供的相关资源提升自己的职业适应能力。同时，邮轮公司也会配备 EAP（Employee Assistance Program）服务，即员工帮助计划，又称员工心理援助项目、全员心理管理技术。它是由专业人士对组织进行诊断、建议，对员工及其直系亲属提供专业指导、培训和咨询，用于帮助解决员工及其家庭成员的各种心理和行为问题。邮轮服务人员也可利用这个资源帮助自己更快完成职业适应。

（2）敢于提出诉求。对部分新入职的邮轮服务人员来说，表达自己的意见，合理地提出诉求是件困难的事情。但其实敢于提出诉求，让组织看到或听到新进员工的感受和想法也是帮助组织体系完善的方式，也有利于建立积极健康的人际关系。初入职场的邮轮服务人员职场压力的来源广泛，既包括外部环境对工作时间与工作强度的要求、难度远大于员工自身能力等；也包括新员工自身原有行为方式和价值观念与组织行为规范和文化价值存在冲突，导致的如角色冲突、对自身定位不清晰等；还涵盖人际关系因素，如与上下级之间的沟通障碍和同事之间的激烈竞争等。面对这些压力，新员工一方面可以通过提升自己的技能水平，积极调节自己的动力水平等方式改变当前处境；另一方面也可以适当地向团队及组织表达自己的合理诉求，寻求组织层面的帮助，如专业诊断与指导、相关的培训与咨询等。

【回顾"心"历程】

（1）职业适应是组织成员由初入职的不知所措逐渐熟能生巧的过程。

（2）职业适应大致分为两种情况：消极的适应和积极的适应。

（3）邮轮物理因素中晕动病、噪声污染以及传染病较容易对邮轮服务人员造成心理影响。

（4）不同的岗位以及不同的航线均会对邮轮服务人员造成心理影响。

（5）邮轮服务人员可以通过了解职业特色，树立正确择业观；寻找自身优势，进行自我调适；加强情绪管理，实现自我成长；加快角色转变，持续学习充电；挖掘外部资源，敢于提出诉求等方式来顺利度过职业适应期。

【检验"心"本领】

（1）（填空题）在大五人格中，个体的（　　　）和（　　　）越高，其职业适应力越强；而（　　　）水平越高，其职业适应力越弱。

（2）（判断题）职业适应是一次性的。（　　　）

（3）（填空题）客房服务员是一个体力劳动和脑力劳动高度结合的岗位，在工作过程中容易感到（　　　　）、（　　　　）。

（4）（填空题）邮轮的主要航线类型有（　　　　）、（　　　　）、（　　　　）、（　　　　）和（　　　　）。

（5）（判断题）邮轮服务人员进入职场后就可以停止学习了。（　　　　）

（6）（填空题）在树立正确择业观时，我们要注意三个切勿，它们是（　　　　）、（　　　　）和（　　　　）。

【迸发"心"能量】

携手向未来

活动目的：

积极应对职业适应问题。

活动时间：

30 分钟。

活动准备：

成员按每 6 ～ 8 人为一组分组。

活动步骤：

（1）成员以小组为单位交流各自在工作中的困惑，并在小组内互相讨论，共享技能、特长、应对方式等。

（2）每个小组派一名代表分享小组的讨论情况。

活动思考：

成员们是否有启发和收获？如果有，请把它们记下来，并且在工作中运用。

【充盈"心"智慧】

[1]　（法）一行禅师. 和繁重的工作一起修行:平和喜乐地成就事业. 向兆明译. 郑州：河南文艺出版社，2015.

[2]　（美）卡尔·纽波特. 深度工作. 宋伟译. 南昌：江西人民出版社，2017.

[3]　彭凯平. 活出心花怒放的人生. 北京：中信出版社，2020.

第三章 邮轮服务人员职业认同与规划

启航"心"征程

　　职场的舞台绚丽又灿烂，而从事某一职业的我们又是如何看待自己的职业呢？有些人十分认可自己职业的价值，愿意为职业的发展贡献自己的青春和力量，收获了尊敬和成就；有些人不认可自己职业的价值，在职业道路上走得委屈又艰难，既丢了时间又丢了快乐；还有不少人夹在前两者之间，且行且动摇，内心躁动，不得安处。邮轮服务员们，你们的职业认同如何？是否用心规划了自己的职业道路呢？不妨就让我们一起来寻找答案吧。

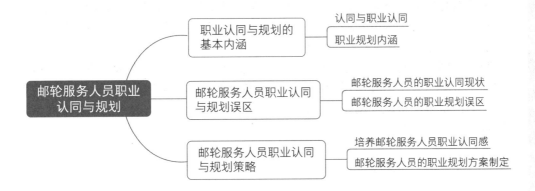

学习目标

　　1. 了解邮轮服务人员职业认同和职业规划现状。
　　2. 培养邮轮服务人员职业认同感。
　　3. 合理制定职业规划方案。

素质目标

　　保持良好的效能感与责任意识，做职业生力军。

第一节　职业认同与规划的基本内涵

一、认同与职业认同

（一）认同的含义

认同一词在汉语词典中被解释为：①认为与自己有共同之处而觉得亲切；②认可、承认的意思。心理学家弗洛伊德将认同解释为一种心理过程，他认为认同是个体与他人建立情感联系的一种形式。埃里克森则认为认同是在回答"我是谁""我的角色是什么"这些基本问题。社会心理学家米德强调认同是发展个体内心的力量，这种力量能够不由自主地将个体的行为向着某一个既定方向引导，从而保证个体的行为与个体的情感达到最大限度的统一。虽然心理学家们对认同的理解不尽相同，但都在强调认同是一种心理上的真实感受，它的建立是个体有意识对自我进行反思的结果，同时它也因受到具体环境的影响而存在不同的外在表现。

（二）职业认同的概念

事实上，认同一直都是心理学家和社会学家关注的焦点。社会心理学视角下认同理论的核心在于"个体对于其所属的社会类别或群体的意识"，它强调人是社会性的动物，需要在群体中寻找归属感，需要与环境及群体进行互动，以探索自己的角色身份，而职业认同正是这种探索本质在个体职业领域内的具体体现。

职业认同是与特定的职业特征联系在一起的、个体构建的、动态的认同过程。它体现了人对于某个职业的喜爱程度和从事某个职业的价值感，继而，它也影响着个体长时间从事某个职业的工作表现以及其职业发展状态。它对人的职业生涯有重要影响。

 拓展"心"思维

职业特征

英国社会心理学家塔吉菲尔和特纳认为职业特征由以下五个方面构成。

（1）明确的目的性。进行职业活动的目的即获得相应的报酬。

（2）严格的规范性。获得工作，融入社会，进入职业评价体系，与社会道德规范相衔接。

（3）鲜明的社会性。职业的价值在于通过个体的劳动，在交换与消费的生活环境中进行社会分工，进而形成复杂的社会联系。

（4）广泛的群体性。职业活动需要在一定规模下开展。

（5）较强的稳定性。在特定的历史环境和人文环境下形成某一职业，且这一职业在形成后对个体会产生长时间的影响。

（三）职业认同的作用

1.适应环境

职业认同能让我们充分地了解某一职业并进行相应的知识储备，能为我们的个人工作能力奠定坚实的基础，从而设立合理的职业目标，并根据环境变化及时作出调整，付诸行动，让我们更好地适应职场环境、提升绩效。

2. 把握机会

在工作中，高职业认同的个体能够更快地适应工作的变化，并在工作中展现出更强的积极性和主动性。因此，面对同样事件时，高职业认同的个体能更自信积极地调节情绪并应对问题，避免自我怀疑和对工作的质疑和倦怠，减少不切实际的幻想，更能在主动探索中，早一步觉察可能遇到的困难并提前行动，从而及时把握机会。

3. 积极工作

除了帮助人们更好实现客观成功，如提升绩效、升职等，职业认同对主观成功的作用也不可忽视。认同给予人们更多的意义感和使命感，是一种内在的激励和动力来源。相比追求奖励或远离惩罚的外部动机，这种能直接带来个人满足感的内部动机，往往更能起到推动和鼓励的作用。

二、职业规划内涵

（一）职业规划的含义

职业规划，也可称为职业生涯规划，是指个人结合自身情况以及眼前的制约因素，为自己实现职业目标而确定的行动方向、行动时间和行动方案。职业规划的制定一般是在充分探索自我需求的基础上，确定适合自己的职业方向、职业目标，并作出相应的计划。职业规划可以帮助个体避免就业的盲目性，降低从业失败的可能性，为个人走向职业成功提供有效的路径。

（二）职业规划的种类

职业规划按照时间长短来划分，可分为短期规划、中期规划以及长期规划。

1. 短期规划

短期规划一般是指两年以内的规划，主要是确定近期目标，规划近期需要完成的任务，如规划两年内需要掌握的业务知识和专业知识等。

2. 中期规划

中期规划一般是指 2 ～ 5 年内的职业目标和任务，例如，邮轮服务人员规划自己在本部门做前台经理、规划到别的部门做经理等。中期规划是最常用的一种职业生涯规划。

3. 长期规划

长期规划一般是 5 ～ 10 年的规划，主要是设定较为长远的目标，以及为实现此目标应采取的具体措施。例如，规划 30 岁时成为邮轮娱乐部的总监或 40 岁时到一家高级酒店担任副总经理等。

个人职业规划从短期到中期，再到长期，是需要一步步完成的。但在实际操作中，时间跨度太长的规划会因为个人、环境等多方面因素的变化而难以把控，时间跨度太短的规划又不具有太大的意义。因此，一般而言，人们会将个人职业规划的重点放在 2 ～ 5 年内的中期规划上，这样既能够根据实际情况设定当下的可行目标，又便于随时根据现实的反馈进行相应的调整。

M3-1　职业
生涯发展

拓展"心"思维 ···

舒伯的生涯发展理论

职业生涯是一个动态的过程，伴随着人的一生。著名职业生涯规划大师舒伯提出"生涯"的概念，认为人们的职业意识和要求早在童年时就逐渐地萌芽，随着年龄、教育和阅历等因素的变化，人们职业选择的心理也会发生相应的变化。职业发展如同人的身体和心理发展一样，可以分为5个连续的不同阶段，即成长期、探索期、建立期、维持期和衰退期，因此也形成了"成长—探索—建立—维持—衰退"的循环（表3-1）。

表3-1　循环发展任务表

阶段	年龄/岁	发展任务
成长期	0～14	形成发展自我的概念，养成对工作的正确态度，了解工作的意义
探索期	15～24	发展相关的技能使职业偏好逐渐具体化、特定化并根据职业偏好选择职业
建立期	25～44	在适当的职业领域稳定下来，巩固地位并力求晋升
维持期	45～64	维持既有成就与地位，更新知识与技能，创新
衰退期	≥65	减少在工作上的投入，安排退休生活，退休

···

（三）职业规划的意义

1. 发掘潜在优势，增强综合实力

一个人看不到未来，就把握不了现在。而一份行之有效的职业规划就像迷途中的灯塔一样，能帮助我们看见未来，找到差距，从而增加对现在的把握。具体可以体现在以下几个方面。

（1）有助于正确认识自身的个性特质、现有和潜在的资源优势，重新对自己的价值进行定位并使其持续增值。

（2）有助于对自己的综合优势与劣势进行对比分析。

（3）有助于确立明确的职业发展目标与职业理想。

（4）有助于评估个人目标与现实之间的差距。

（5）有助于确立与实际相结合的职业定位，搜索或发现新的或有潜力的职业机会。

（6）有助于学会运用科学的方法，采取可行的步骤与措施，不断增强职业竞争力，实现自己的职业目标与理想。

2. 明确发展目标，增加成功机会

不少邮轮服务人员并不太清楚自己的职业目标是什么，只是按部就班地生活和学习，并未认真地思考自己想要的究竟是什么，甚至根本就没有想过自己想要做什么。这样即使进入了职场，也会不知道应该做些什么，以后的发展怎么样。

生活有目标，人生才能不盲目；生活有追求，人生才能有动力。只有将个人未来的职业、工作岗位、担负的责任以及未来的发展道路进行全面的规划，确定自己未来的奋斗目标，职业生涯才会不迷茫，有方向。

3. 缩短适应期，提升竞争力

在非洲大草原的奥兰治河两岸生活着许多羚羊，动物学家们发现了一个有趣的现象：东岸的羚羊不仅奔跑的速度比西岸的羚羊快，而且繁殖能力也比西岸的强。动物学家通过研究发现，是因为东岸不仅生活着羚羊，在其附近还生活着一群狼，为了不被狼吃掉，羚羊不得不每天练习奔跑，使自己强健起来；而西岸的羚羊因为没有狼群的威胁，过着安逸的生活，结果奔跑能力不断降低，体质也不断下降了。优胜劣汰的自然法则，在非洲大草原上体现得淋漓尽致。

其实，以上的故事也反映了当今社会中普遍存在的竞争现象。不少邮轮服务人员抱着碰碰运气的心理，刚好"撞"到了这个职业，在没有完全了解这个职业之前就一股脑扎进去，结果没有及时调整好心态，现实和理想的落差让他们感叹用人单位不能"慧眼识英雄"，捶胸顿足地叹息自己"英雄无用武之地"。这部分邮轮服务人员没有看清现实职场中的残酷性，天真地认为只要有学识、耐心、口才等条件就能够找到自己心仪的、理想的工作。邮轮服务人员应该清楚地认识到，要在这场没有硝烟却激烈的竞争中脱颖而出，必须意识到职业规划的意义与重要性，从而做到未雨绸缪，提升应对竞争的能力。

4. 选定发展道路，降低成功成本

职业生涯规划的核心是制定自己的职业目标并选择职业发展路径。正确的职业发展路径能让人少走弯路，进而降低个人获得成功的挫折成本、机会成本和经济成本。科学的职业生涯规划是人生成功的开始，职业生涯将伴随我们的大半生，拥有成功的职业生涯规划才能实现自己的幸福人生。

总之，邮轮服务人员职业生涯规划是个人成长与实现梦想的需要，是适应残酷的职场竞争需要，也是在大环境下邮轮服务人员就业形势的需要。

培养"心"力量

女翻译张京的职业之路

张京，出生在浙江省杭州市的一个普通家庭，是家里独女。父母在宠爱她的同时也很重视对她的教育。为了开阔她的眼界，父母经常在节假日带她出去旅游，去国外的一些地方体会风土人情。在国外旅游的张京开始喜欢上了英语，回国之后她便开始学习简单的英语。她梦想成为一名英语翻译。张京很有自控能力，每天她都要看很多书，还要学习英语、背单词，在别的小朋友还在玩儿的时候，她就可以和别人进行简单的英语对话了。

张京不仅在英语学科上努力，其他文化课也都没有懈怠，成绩在班级名列前茅。在初中毕业之后，张京便以优异的成绩考进了杭州外国语学校。张京的优秀让她深受老师的喜欢，学校很多老师对她的评价都很高。后来，她被保送进了外交学院英语专业。

进入外交学院之后，张京依旧非常努力，她不断地提高自己，将所有的精力和时间都用在学习专业课上。空闲时间，她会收听一些国际新闻，同时，她也经常参加学校举办的英语比赛来锻炼自己。

2007 年，张京以优异的成绩从外交学院毕业，此时正值中国外交部对外招收各类语种的翻译，这对她来说是一次机会，她报名了。最终张京从一起报名的200 多人中脱颖而出，成功地进入外交部，成为外交部的翻译。成为翻译的张京依旧没有放松自己，她去了国外留学，获得了硕士学位，翻译能力更上一层楼。

　　初出茅庐的张京，在高手如云的外交部只能在一些小场合担任翻译。但她一步一个脚印，在这些场合积累经验，她的翻译能力越来越强，得到了外交部的认可。2013年，十二届全国人大一次会议举行了记者招待会，张京在这次会议上担任翻译，她因神情专注吸引了不少媒体摄影师的镜头。

　　人生需要规划，每一次转折也许都能给你一些微光，这些微光汇聚到一起，也许能让你的人生绽放光芒。张京的职业之路并不是简单的成功学，她将努力、踏实和智慧融入了职业生涯当中，她清楚自己的方向、能力和边界，最终走出了自己的道路。

第二节　邮轮服务人员职业认同与规划误区

一、邮轮服务人员的职业认同现状

　　一般来说，邮轮服务人员在工作初期感觉较好，新鲜的环境、新鲜的人、新鲜的体验，一切似乎都是新的开始。但随着时间的推移，邮轮上的工作不仅仅是新鲜的、愉悦的、有趣的，它还伴随着无聊、单调、挫败。当这些消极的体验一遍又一遍冲击积极体验时，不少邮轮服务人员就陷入了迷茫：这个职业是我喜欢的吗？这个职业还能有什么发展？这个职业在别人眼里是什么样的？

　　职业认同不仅受到邮轮服务人员自身性别、年龄、工作岗位、家庭情况的影响，也受到邮轮公司薪资待遇、组织氛围以及社会环境的制约，从而引发不同的职业体验。

（一）邮轮服务人员职业认同的影响因素

1. 个人因素

（1）性别。性别并不是单纯指生理上的男性和女性，很多时候性别代表着一种角色定位。例如，大多数人认为女性需要的是稳定的工作，女性要生儿育女，较多地参与家庭事务，而男性则需要出去打拼，要有较高的收入来承担家庭的日常开销，较少地参与家庭事务。因此，在邮轮服务的职业认同上，男性和女性也会有所差别。

（2）年龄。有研究发现，人的职业认同感会伴随年龄的增长呈现倒U型分布。随着年龄的增长，人们需要处理的心理问题也不相同，年轻人（＜25岁）更倾向于有丰富的体验，跳槽比较频繁，职业认同相对较低；青壮年人（26～46岁）更倾向于稳定的工作并处于事业的上升期，而且很多需要养家糊口，所以职业认同相对较高；而对于近50岁的人来说，邮轮上的工作毕竟需要体力，而且他们也想找一个陆地上的工作，离家人近，能相互照顾，因此职业认同有所下降。

（3）专业学习时间。邮轮服务人员上邮轮后一般会有相关的培训、业务类的学习、知识类的学习等，这些学习都能够帮助邮轮服务人员更全面、更立体地了解该职业的基本情况、晋升发展以及价值体现等。通过不断的学习，职业认同也会逐渐提升。一般来说，没有经过专业学习的邮轮服务人员职业认同较低，而随着专业学习时间的增多，职业认同也会逐渐提升。

（4）婚育状态。职业认同也受到婚育状态的影响。一般情况下，已婚的邮轮服务人员比未婚的邮轮服务人员职业认同要高，而已婚已育的邮轮服务人员的职业认同最高。

（5）自我效能感。自我效能感在职业认同中调节人的兴趣、目标、行为，影响人们对职业生涯的探索。在探索过程中，个人应对风格也十分重要，越是积极主动进行自我成长，越愿意更多了解自己，并进行职业知识储备。

2. 岗位因素

（1）岗位体验。不同岗位由于工作性质、工作对象以及工作强度的不同会给邮轮服务人员不同的工作体验，也会影响其职业认同。就工作对象而言，一般来说，较为年轻的邮轮服务人员更倾向于和人打交道的岗位。例如，在护幼中心的服务岗位，在工作中能与婴幼儿接触，婴幼儿的天真无邪、趣味童真能提高部分邮轮服务人员的工作乐趣；而洗衣员工、泳池清洁员更多接触的是物件，无法交流，他们会觉得工作单调、重复且无趣。

同时，不同岗位的工作职责和工作时间不同。一项调查发现，就工作满意度而言，免税店销售员＞酒吧服务员＞厨房员工＞前台服务员＞客房服务员＞餐厅服务员。究其原因，部分邮轮服务人员认为工作时间长、工作时间不规律，对于脑力和体力的消耗都很大，从而导致他们对工作的兴趣减弱，进而影响其职业认同。

（2）职位级别。一般而言，职位级别越高，职业认同越高。邮轮服务人员若在职位上有所晋升，一是本人对邮轮服务这个职业有一定的发展规划，这本身就对此职业有一定的认同度；二是在工作过程中，本人的价值得到了组织的肯定，这种来自组织的认同也会提升个人的职业认同。

（3）从业时间。一般而言，从业时间越长，职业认同越高。研究发现，不少从业者在刚入职场的 1 ~ 2 年，其职业态度变化会比较大，这一时期也较难出现高职业认同。而随着从业时间的增长，职业认同会逐渐上升。

（4）薪资待遇。一般而言，薪资待遇越高，职业认同也会越高。但如果薪资待遇达到了一定水平，邮轮服务人员也会开始追求精神上的满足，这个时候，薪资待遇和职业认同之间就不再是正比的关系。

3. 社会因素

人际关系与个体归属与爱的需要相关联，职场上和谐的人际关系有助于提高职业认同。职业本身的属性也会对职业认同感产生影响。职业社会地位、社会的理解和认同，都是支持人们积极工作下去的动力。社会尊重的需要被满足，认同感也会随之提升。例如，社会普遍认为老师是一个稳定的、体面的职业，那么成为老师的人也可能会有类似的职业认同。然而，邮轮旅游业在我国发展的时间并不长，不少人不知道邮轮服务人员具体做些什么，部分人认为邮轮服务人员不是"铁饭碗""工作稳定性差""就是个服务员"等，对邮轮服务这一职业存在偏见和排斥，社会认同不高。不少乘客也会带着这样的观念去看待或对待邮轮服务人员。这些社会因素会影响邮轮服务人员对自己职业的认同感。

（二）邮轮服务人员职业认同的程度

职业认同是一个过程，而不是静止的状态，它会随着时间、金钱、感情的投入而逐渐增强，也可以随着消极的体验、持续的挫败、价值的丧失而逐渐降低。

1. 职业认同迷失

邮轮服务人员对其所从事的职业没有或有非常低的职业认同，可认为是职业认同迷失。这类邮轮服务人员不能体会其职业的价值，认为从事本职业是在浪费时间，也不想继续从事本职业，离职倾向较高。

2. 职业认同延缓

职业认同延缓的邮轮服务人员相对较多，虽然他们的职业认同水平不高，但还没有到厌恶工作、逃避工作的程度。这部分邮轮服务人员如果能找准方向、找对方法，或被积极引导，对邮轮服务这一职业有全新的认识，其职业认同水平也会有所提升。

3. 职业认同达成

职业认同达成的邮轮服务人员能够感受到工作的价值感，也认为其职业具有发展潜力，有方向，有动力，能积极、主动地投入工作中，能较好地处理工作中所遇到的挫折或困境。

二、邮轮服务人员的职业规划误区

部分邮轮服务人员对职业规划的认识存在偏差，认为邮轮服务就是个简单的工作，并不涉及职业规划，因此，忽略了职业规划的重要性。下面四个方面是邮轮服务人员对职业规划认识常见的误区。

（一）缺乏对职业规划的严谨态度

在市场经济的大环境下，不少邮轮服务人员也会相对浮躁，加之没有明确的职业方向和目标，也很容易在工作的过程中产生迷茫，缺乏对自己职业生涯规划和发展的认真态度。有些邮轮服务人员只想要上邮轮开阔视野，满足好奇心，并没有真正考量自己的职业需求与职业发展，抱着"骑驴找马"的心态，没有真正地发挥职业规划的重要作用，也没有真正地将职业规划当作一门指导人生发展的科学来看待。

（二）否定职业规划的可行性和科学性

不少邮轮服务人员在提到职业规划时会嗤之以鼻，觉得计划赶不上变化，还不如跟着感觉走，走一步算一步，说不定碰到好运气或者遇到贵人，自然就能有好的发展。这是因为混淆了规划与计划以及规划与变化的关系。计划多为主观行为，没有统筹考虑客观因素，缺乏周密性和确定性，如每天的工作计划。而规划是个人把自己的优势、能力水平、个性倾向等主观因素与环境特点、制约因素等客观情况结合起来进行考量和统筹安排的行为。职业规划是可以随着自己的工作状态调整的，例如，有的邮轮服务人员一开始想要成为一名免税店销售员并在此部门发展，但在工作中发现自己更喜欢的是娱乐部的工作，在评估后调整自己的职业规划，让自己朝着娱乐部员工的方向发展。

（三）刚入职与职业规划没有关系

不少邮轮服务人员认为自己刚刚入职，新入职的 1～2 年时间只用埋头工作就行了，等到后期再去考虑自己的职业规划问题，因此往往到了想要转换岗位或者改变职业时才去了解相关信息，有种"临时抱佛脚"的感觉。这样其实并不利于职业能力的培养，不同岗位或职业所需要的技能是不同的，如果没有提前做好规划，在工作中有倾向性地学习和锻炼，在想要更换职业或调整岗位时很可能因能力不足而被婉拒。

（四）职业规划只有想成大事的人才需要

不少邮轮服务人员认为只有想成就大事业的人才需要制定职业规划，而自己只想安安稳稳地过过小日子，不需要制定职业规划。其实不然，著名心理学家马斯洛曾指出，人的需要是有层次的，在满足衣食住行和安全的需要后，人还有被尊重、被认可、拥有归属感以及实现人生价值的需要。"千里之行，始于足下。"想要取得职业上的成功，首先要找到适合自己的职业道路。当有了明确的方向，并为之不懈努力，才能获得成功。从这个意义上来说，职业规划对于每一个人都非常必要，并不是只有想成大事业的人才需要。

第三节　邮轮服务人员职业认同与规划策略

一、培养邮轮服务人员职业认同感

诚然，邮轮服务人员的职业认同受到内、外两方面因素的影响，但是内因是事物发展的关键原因，因此更重要的是注重调整自己的状态，提升职业认同。只有邮轮服务人员发自内心地喜欢这个职业，认同自己的工作，才能在日常工作中发挥出效能。

（一）树立正确的职业观

常言道："知之愈明，则行之愈笃。"职业观念的转变不会一蹴而就，不可能一朝一夕完成，邮轮服务人员要对职业有一个正确的认识和自我定位。要系统学习和掌握职业道德基本知识、基本规范，克服行业偏见，树立正确的职业观，充分认识到一个人的社会地位、社会荣誉，从根本上说，并不取决于自己所从事职业的好坏。只要努力为社会做贡献，都会得到社会的承认和尊重。

客观来说，服务工作本身与其他工作并无区别，也可以在服务他人的过程中寻找自身的价值。例如，邮轮乘客们真心的感谢、愉快的笑颜都会让邮轮服务人员感受到工作的价值。三百六十行，行行出状元。靠着自己的双手，真心地投入一份工作，自然能体会到工作的乐趣。树立正确的职业观，不仅能够调整职业心态，也是职业长远发展的基础。

探究"心"奥秘

测测你的职业成熟度

操作方法：下面有14种情况，请根据自身实际作出回答。每题有5个可选项，选A得5分，选B得4分，选C得3分，选D得2分，选E得1分。所得分数越高，职业生涯成熟度越高。

A. 完全同意　　B. 同意　　C. 基本同意　　D. 不同意　　E. 完全不同意

1. 我曾想要做些事情，让自己今天或明天发展得更好。

2. 我认真思考过我将来要做什么样的人。

3. 我为了将来的工作和生活做准备。

4. 日常生活中，我能作出相当合情理的决定。

5. 对于自己未来的发展，我能独立自主地做决定。

6. 目前我就读的专业是经过慎重选择的。

7. 我就读的专业与我将来的工作、进修方向是有关的。

8. 我了解自己的能力、专长和不足。

9. 我了解自己的个性、兴趣和重视的事物。

10. 我关心社会和时局的变迁，并考虑它对我目前及将来发展的影响。

11. 我会收集各种信息，以便做决定时参考。

12. 我能恰当地展示自己，让别人认识我。

13. 我已经计划好将来要发展的方向。

14. 学校等环境，我通常适应得很不错。

最终得分：_____

（二）积极寻找工作乐趣

无论什么工作，很多时候都是在做同一件事情，不断地重复工作很快就会消磨人的热情，使人感到枯燥、乏味，如果长时间做下去，会使人浑身疲惫。然而，也有人在做重复的工作时，能够全身心地沉浸其中，在每一次的重复中找到不同，快乐地忙碌着。这是因为当工作只有维持生计的功能时，人只是像机器一样重复地做着事情而没有感情的投入，自然会觉得工作累且没有滋味。相反，如果能够从工作中找到快乐，那么工作也是享受生活的过程，愉快而有冲劲。

对于邮轮服务人员来说，把工作做得尽善尽美固然是有些困难，但是能够通过自己的努力将工作做得更好，在工作质量不断提升的同时也会产生一种满足感。这种满足感会让人忘记工作的乏味和无聊，快乐也会油然而生。这样工作也不仅是工作，同时也是一件艺术品，而乘务人员则是创作这件艺术品的艺术家，工作的过程则是创作的过程。

（三）积极参加各项学习

对自己职业的一知半解，对自己岗位的业务生疏都可以通过参加各项学习和培训来解决。邮轮服务人员在培训的过程中，对职业有了全面的认识也更容易确立职业发展的目标和方向，对岗位有了全面的认识也更容易提高工作效率以应对高强度的工作，激发对岗位工作的积极性、主动性与创造性，在将来的工作实践中形成高度的职业认同感。

（四）积累积极心理资本

积极心理资本是个人维持高竞争力的关键，它深深影响着个人的职业发展，主要包括自我效能、希望、乐观、韧性四个方面。

1. 自我效能

自我效能是美国著名心理学家阿尔伯特·班杜拉提出的概念，它是指人们对自

身能否利用所拥有的技能去完成某项工作的自信程度。自我效能感高的人会在工作、学习中选择更有挑战的任务，确立较高的目标并坚持到底，也会付出较多努力，坚持更长时间，遇到挫折能很快克服。

自我效能与一个人的能力水平无关，也非受制于人格特质，而是可借由平日经验的累积，循序渐进地培养与促进。可以通过以下方法使它得以提升：通过反复练习与回馈，让自身在熟能生巧的原则下逐步提升自信；设立合理的目标并完成，在每次的积极成果回馈中让自己产生熟练驾驭感，对自己进行积极的强化；对事件进行合理的归因，将成功归结于自己的努力，就会产生成就感，而不要将失败全部归因于自己的能力，避免产生强烈的自我挫败感；个体学习或模仿他人，也可发现自己与成功者或楷模间的距离，以便强化个人对自我效能的信念。

M3-2 自我效能

探究"心"奥秘

一般自我效能感量表（GSES）

请仔细阅读下列内容，并根据自身情况选择最符合自己的选项，并在相应分数上画"√"。

项目	完全不正确	有点正确	多数正确	完全正确
1. 如果我尽力去做的话，我总是能够解决问题的	1	2	3	4
2. 即使别人反对我，我仍有办法取得我所要的	1	2	3	4
3. 对我来说，坚持理想和达成目标是轻而易举的	1	2	3	4
4. 我自信能有效地应对任何突如其来的事情	1	2	3	4
5. 以我的才智，我定能应对意料之外的情况	1	2	3	4
6. 如果我付出必要的努力，我一定能解决大多数的难题	1	2	3	4
7. 我能冷静地面对困难，因为我信赖自己处理问题的能力	1	2	3	4
8. 面对一个难题时，我通常能找到几个解决方法	1	2	3	4
9. 有麻烦的时候，我通常能想到一些应对的方法	1	2	3	4
10. 无论在我身上发生什么事，我都能应对自如	1	2	3	4

【说明】请将所有分数相加，然后除以10，如果分数高于2.5，说明自我效能感水平较高；如果低于2.5，说明需要采取措施来提升自我效能感。

2. 希望

希望是一种个人追求目标的积极状态，是个人追求成功的动力来源，也是达成目标的一种动机状态。在这种状态中，个体会设定能实现并具有挑战性的目标和期望，随后通过长期、稳定的行动策略来引导自己实现目标，随时观察自己的状态，不偏离行动的方向，在这个过程中，个体也具有强大的意志力。

3. 乐观

积极心理学之父马丁·塞利格曼在《学习乐观》中就提出乐观对于成功的重要性。"只有成功，才能快乐"，这是现代社会流行的信条。近年来，越来越多的积极心理学研究表明：事实并非如此。一个人越快乐，就越容易成功，而牺牲快乐去换取成功，反而大大降低了成功的概率。这是哈佛幸福课的首席助教肖恩提出的，他认为快乐可以重塑我们的大脑，使其变得更有创意、活力和效率，看到更多的可能性，从而使我们更容易成功。

4. 韧性

为什么有些人身处逆境却没有被打倒，反而成为有信心、有能力、各方面都发展良好的人？这是因为这些人身上具备"韧性"这个积极的心理特质。韧性被称为"复原力""心理弹性"，是人们面对生活压力和挫折的反弹能力。如果我们想发挥心理韧性潜能，就需要培养自己的积极韧性特质，如自尊自信、自我掌控感、自我效能感、良好的沟通能力和问题解决能力等。当我们面对逆境，比如择业不顺、面试受挫，甚至一毕业就失业的困境时，充分利用身边的人际关系资源，寻求父母、老师、同伴的情感支持，学会利用我们的社会支持系统克服困难，尽快走出困境。当我们越来越有韧性时，会逐渐挖掘出自己本不知道的优势与资源。

因此，要做到职业认同，不能仅有对自己是否适合、喜欢这份工作的结论，更需要个人对相关经验的不断探索和学习。邮轮服务人员可以通过充分了解自己和环境、积累专业知识、与有经验的同事积极互动、进行职业生涯规划等方式，主动培养自己的职业认同感。这样不仅能够帮助自己获得客观上的成功，更能让自己以积极的心态面对工作，更好地实现自我价值。

二、邮轮服务人员的职业规划方案制定

职业规划由三个部分组成，即认识自己、认识环境以及职业抉择。其联系如图3-1所示。

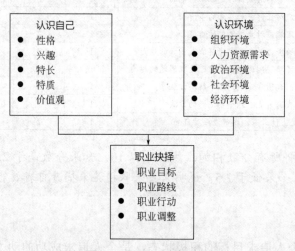

图3-1　职业规划的组成

邮轮服务人员在制定职业规划时，需要结合自己的实际情况和对职业环境的评估情况，做相应的职业抉择。

首先是职业目标的确立。职业目标是职业规划的核心，也是职业理想实现的起点。在制定职业目标时，邮轮服务人员可以使用SMART原则，即具体的（Specific）、可衡量的（Measurable）、可实现的（Attainable）、相关的（Relevant）、有时限的（Time-bound）。

（1）具体的。制定的目标必须是明确的。例如，有的邮轮服务人员制定的职业

目标是"成为一名好的邮轮服务人员"，这个目标太过抽象，而"我要成为餐饮部经理"才是比较具体的目标。

（2）可衡量的。既然目标是需要被达成的，那么目标也要能够被衡量。例如，邮轮服务人员想要晋升职级，英语是考核内容之一，对于英语的学习可以制定的目标如：每天看 20 个单词并在一个月内记住 600 个单词。

（3）可实现的。目标制定得太高难以激发动力，制定得太低则激不起人的斗志。因此，目标应制定得有挑战性且在自己能力范围内。

（4）相关的。实现最终目标的过程中会有分目标的达成，而这些分目标是需要与最终目标相关的。例如，对邮轮服务人员来说，英语水平与职业有直接的相关性，而统计学水平与职业发展的相关性就很低。

（5）有时限的。任何目标和计划都要有明确的完成期限。例如，工作 2 年后，从餐厅服务员晋升为餐厅领班。

其次是职业路线的选择。在职业生涯规划中，必须对发展路线作出抉择，以便及时调整自己的学习、工作，确保各种行动措施沿着预定的方向前进。一般而言会考虑以下问题：一是我想往哪一路线发展，二是我能往哪一路线发展。

再次是职业行动的安排。若人只有思想却没有行动，那么就无法将梦想照进现实。因此，当目标和路线确定之后，只有执行才能真正地朝目标前行。一般而言，职业生涯的行动方案涉及三个方面的融合，即子目标、行动措施和时间安排。职业生涯规划行动与措施都要与职业生涯目标紧密相关。因此，在与职业生涯目标对应的同时，行动与措施也需要与时间安排相匹配，即短期行动与措施、中期行动与措施以及长期行动与措施。其中短期行动与措施是最为具体的，可以年、月、周为规划单位，具有较强的操作性。

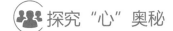 探究"心"奥秘

写出你的周行动方案

周行动方案以周目标为核心，并以每天的行动方案为单位来制定。请写下你的自己的下周目标，并制定属于自己的周行动方案。

时间	周目标（如学习、工作、技能等）
周一	
周二	
周三	
周四	
周五	
周六	
周日	

最后，邮轮服务人员需要对所制定的方案进行管理，做好评估和调整。职业生涯作为一个长期、动态的过程，每个阶段都面临不同的情况和任务，应关注的内容与问题也是不一样的（见表 3-2），每个阶段都有各自的特点、目标和规划重点，因

此每个阶段的规划也会有所不同。邮轮服务人员应分析各阶段实际情况，结合个人条件进行职业生涯规划，这样职业规划才能更具有针对性、具体性和明确性。

表3-2　职业生涯规划管理

阶段	阶段特点	任务	普遍特征	职业生涯规划及问题
早期 （20～30岁）	由学校走向社会，由学生变成雇员，由单身生活变成家庭生活	择业、择偶、择友	进取心强，学习能力强，适应能力强，有远大的职业抱负	积极应聘，进入理想的组织；步入职场后，重心发生转移，要从适应新环境开始，检查自己是否获得了理想的工作，过去的职业知识、技能经验、能力是否能满足新岗位的需要；确立自己的职业声望；稳固自己的地位
中期 （31～50岁）	健康水平逐渐下降，职业能力逐步提升，工作角色和家庭角色易出现冲突	发展、稳固、平衡	工作业绩突出，成为组织的业务骨干和中流砥柱，创造力强	出现职业生涯中期危机和职业高原现象；工作家庭产生冲突
后期 （51～60岁）	寻找接班人	培养、准备、退休	进取心、竞争力下降，优势尚存，体力、学习能力下降	生活重心向个人活动和家庭活动倾斜

职业生涯规划周期管理可以使用PDCA循环法（见图3-2）。PDCA管理理论可以用在质量管理体系中，宏观地看，其实它是一个很好的方法论，可以运用到职业生涯管理活动中。职业生涯规划的整个过程可以分为计划（Plan）、执行（Do）、检查（Check）与处理（Action）4个步骤。不同步骤间紧密相连，形成封闭的循环链条。当一个PDCA循环完成时，下一个PDCA循环又会开始，从而为职业生涯管理提供长期、持续的支持与反馈。

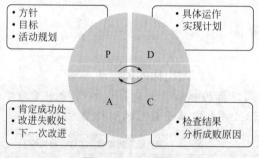

图3-2　PDCA模型

（1）计划（Plan）阶段。这一阶段的主要工作是查找存在的问题，通过分析，制定改进的目标，确定达到这些目标的相应措施和方案，选定管理项目和管理方法。具体步骤有：客观地评估现状；明确目标与要求；找出距离，分析问题，确定实现目标应关注的关键因素；根据上述问题，制定并调整措施；选定管理项目、管理方法。

（2）执行（Do）阶段。行动起来，按照计划阶段所制定的方案严格落实。在落实方案期间，要不断地进行分析总结，不仅要分析职业规划方案，还要分析社会需求、环境变化，确保职业规划的科学性、合理性。

（3）检查（Check）阶段。检查计划实施的结果与目标是否一致，主要是在计划执行过程之中或执行之后，检查执行情况，看是否符合计划的预期结果。对于检查，需要确定时间点和标准两个因素。

（4）处理（Action）阶段。这一阶段是在检验以往行动结果的基础上，纠正错误，调整方向。判断、检查是计划有问题还是执行有问题。如果计划有问题，则针对检查阶段未解决的问题，找出原因，调整后进入一个新的 PDCA 循环。如果执行有问题，就应该分析自己在时间、精力、金钱上的投入是否不足，方法上有没有问题。例如，判断自己制定的学习计划有没有成功，就要分析花在学习上的时间是否足够，参加专业的培训是否必要，资料是否充足，学习方法是否合理等。深入挖掘导致执行不成功的因素，找到原因后针对问题点加以改进，进入下一个 PDCA 循环，周而复始，使职业生涯有更好的发展。

【回顾"心"历程】

（1）职业认同是与特定的职业特征联系在一起的、个体构建的、动态的认同过程。

（2）职业规划是指个人结合自身情况以及眼前的制约因素，为自己实现职业目标而确定的行动方向、行动时间和行动方案。按照时间长短划分，职业规划可被分为短期规划、中期规划以及长期规划。

（3）邮轮服务人员的职业认同受到个人因素、岗位因素以及社会因素的影响。邮轮服务人员对职业规划认识常见的误区有：缺乏对职业规划的严谨态度，否定职业规划的可行性和科学性，刚入职与职业规划没有关系，职业规划只有想成大事的人才需要。

（4）职业认同可以通过树立正确的职业观、积极寻找工作乐趣、增强个人身体素质、积极参加各项学习以及积累积极心理资本来提升。

（5）邮轮服务人员需要制定具体的、可衡量的、可实现的、相关的、有时限的职业规划，促进自身的职业发展。

【检验"心"本领】

（1）（判断题）职业认同是固定不变的，一经形成就不会再改变。（　　　）

（2）（判断题）职业认同不受社会因素的影响。（　　　）

（3）（判断题）职位级别、从业时间、薪资待遇会影响邮轮服务人员的职业认同。（　　　）

（4）（判断题）职业规划是没有必要的，因为计划总是赶不上变化。（　　　）

（5）（填空题）邮轮服务人员在制定职业目标时，可采用 SMART 原则，它具体指的是（　　　）、（　　　）、（　　　）、（　　　）和（　　　）。

（6）职业生涯规划周期管理可以使用 PDCA 循环法，P、D、C、A 分别代表（　　　）、（　　　）、（　　　）和（　　　）。

【迸发"心"能量】

生涯畅游

活动目的：

帮助成员激发职业热情、兴趣和幻想。

活动时间：

40 分钟。

活动准备：

每位成员准备一张 A4 纸、一支笔。

活动步骤：

（1）闭上眼睛，想象你即将踏上一列开往未来的列车，这列列车将穿过时光隧道到达你理想的未来。现在列车到达的第一站是三年以后的某月某日上午某时。现在请你想象一下这个时候你在哪里，你在做什么，周围环境如何，你的心情怎么样。睁开眼睛，简单记录下来。

（2）再次闭上眼睛，现在列车到达的第二站是五年以后的某月某日上午某时。现在请你想象一下这个时候你在哪里，你在做什么，周围环境如何，你的心情怎么样。睁开眼睛，简单记录下来。

（3）最后一次闭上眼睛，现在列车到达的第三站是十年以后的某月某日上午某时。现在请你想象一下这个时候你在哪里，你在做什么，周围环境如何，你的心情怎么样。睁开眼睛，简单记录下来。

（4）个人冥想。

（5）每个人分享自己的感受。

（6）活动总结。

活动思考：

在想象的过程中是否都是一帆风顺的？你的职业跟你的生活联系起来了吗？

【充盈"心"智慧】

[1] 程社明. 你的船　你的海：职业生涯规划. 北京：新华出版社，2007.

[2] 张萌. 让你的时间更有价值. 北京：北京联合出版公司，2020.

[3] （美）理查德·尼尔森·鲍利斯. 你的降落伞是什么颜色. 李春雨，王鹏程，陈雁译. 北京：中国华侨出版社，2014.

模块三
心理发展与适应

第四章　邮轮服务人员自我意识

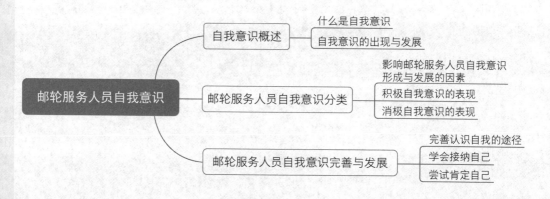 启航 "心" 征程

"我"这个话题并不陌生，从小我们就会用语言、文字来介绍自己。有的时候"我"是清晰的，"我"清楚自己的名字、性别、家庭关系、朋友关系等；可有的时候"我"又是模糊的，"我"不知道自己的界限、潜力、隐藏的性格等。为了弄明白"我"的样子，我们会比较和反思，会询问他人的评价，会尝试新的事物。当"我"越来越明确，越来越有力量，我们会信任自己并坚定地成为自己想要成为的样子；而当"我"越来越模糊，越来越微弱，我们会开始怀疑自己并希望依赖他人前行。邮轮服务人员会如何认识和评价自己呢？是否也有想要成为的理想自我？让我们带着这些疑问，开启对自我的探索吧。

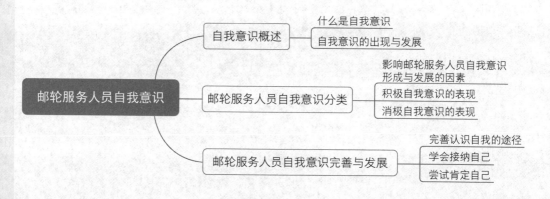

学习目标

1. 了解自我意识的定义、形成与发展。
2. 认识觉察自我的不同途径，提高对自己的接纳度。

素质目标

培养健康的自我认知、积极进取的心态，做社会主义核心价值观的积极践行者。

第一节　自我意识概述

我是谁？谁是我？我们似乎都会陷入这样的迷思。心理学中的"我"，指的是自我意识，它也是心理学研究中一个古老、热门的话题。

一、什么是自我意识

（一）自我意识的概念

自我意识是对自己存在状态的认知，即对自己的认识，具体包括认识自己的生理状况、心理特征以及自己与他人的关系。这种认识是个体通过观察、分析外部活动及情境、社会比较等途径获得的，是一个多维度、多层次的心理系统。

自我意识是心理学中的重要内容，它是人的意识发展的高级阶段和重要特征，具有目的性和能动性，对人格的形成和发展起着调节、监控和纠正的作用。

我们在日常生活和工作中对自己的评价，如"我觉得我挺努力的""我长得挺可爱的""我好像不太有安全感"等，都属于自我意识的范畴。

（二）自我意识的内容

在对自我意识的研究中，按照不同的分类方式，自我意识的内容可进行如下划分。

1. 知、情、意的自我意识

按照自我意识的结构要素，可从知、情、意三个层次将自我意识分为自我认知、自我体验和自我调节。

（1）自我认知。这是自我意识的认知成分，是个体对自己各方面的觉察、判断和评价，包括自我感觉、自我观察、自我印象、自我分析、自我评价等。自我认知解决"我是一个什么样的人"的问题，如"我的性格适合做邮轮服务人员吗""我的人缘好吗"等。

（2）自我体验。这是自我意识的情感成分。它在自我认知的基础上产生，是主观自我对客观自我产生的情绪体验，主要解决"能否悦纳自我""对自我是否满意"等问题。自我体验的内容十分丰富，比如日常能感受到的自尊心和自信心、成就感与失败感、自豪感与羞耻感等。

（3）自我调节。这是自我意识的意志成分。它主要表现为个体对自己的行为、活动和态度的调控。自我调节是自我意识中直接作用于个体行为的环节，它是一个人自我教育、自我发展的重要机制，是自我意识能动性的表现，主要解决"我应该做什么""我如何管理好我自己"等问题。例如，刚入职场，邮轮服务人员会对很多事物不熟悉，工作没有那么顺利，内心会产生波动，反思之后，发现自己这段时间其实也做到了一些以前没有做到的事情，而不熟悉的部分也在逐步熟悉之中，在肯定自己的变化之后，自信心重塑并决定继续用心学习，努力达到工作的要求。这种心理变化就是自我调节。

自我认知、自我体验、自我调节，这三种心理成分相互联系、相互制约，统一于个体的自我意识之中，共同作用于个体的思想和行为。

2. 生理、心理、社会的自我意识

按照自我意识的活动内容，可将其分为生理自我、社会自我和心理自我三个层面。

（1）生理自我。生理自我指个体对自己容貌、身材、性别等的认识以及对生理病痛、温饱、劳累疲乏的感受等，它是个体在与他人交往中通过学习而逐渐形成的。

（2）社会自我。社会自我是个体对自己在群体中的地位、作用以及自己与他人关系的认识、评价和体验。例如，有的邮轮服务人员觉得自己的英语口语较差，不能很好地沟通和交流，感觉自己在群体里是个"隐形人"，体验不到人与人之间友善的互动，就会感到孤独。

（3）心理自我。心理自我指个人对自己性格、气质、情绪、能力、知识、兴趣、爱好等的认识和体验。如果邮轮服务人员对自己的心理自我评价较低，比如认为自己脾气差、能力不足等，就会不断地否定自己，变得自卑、敏感。

自我意识的结构与活动内容结合起来可形成完整的体系，见表4-1。

表4-1　自我意识

内容	自我认知	自我体验	自我调节
生理自我	对自己的身体、外貌、年龄、仪表、健康状况、所有物等方面的认识	自豪感或自卑感	追求外表的完美、身体的健康、物质欲望的满足，维护家庭的利益等
社会自我	对自己在集体中的角色、名望、地位、经济条件等方面的认识	成就感或失败感	追求名誉、地位、威望，与他人竞争，争取得到他人的好感等
心理自我	对自己的智力、性格、气质、兴趣、信念、理想、爱好等个性特征的认识	自我实现感或自我缺失感	追求理性，注意行为符合社会规范，促进智慧与能力的发展

3. 现实、理想、投射的自我意识

按照自我的存在方式看，可将其分为现实自我、投射自我和理想自我。

现实自我是个体从自己的立场出发对自己当前实际状况的基本看法；投射自我是个人想象的自己在他人心目中的形象或他人对自己的基本看法；理想自我指个体想要达到的比较完美的形象。当理想自我符合个体的实际情况，且符合社会要求和期望时，它就能指导现实自我积极适应并作用于内外环境，促进自我意识的快速发展。相反，若理想自我和现实自我之间有较大差距，个体可能会苦于这种落差而对现实自我失望、批判，引起内心的混乱，甚至会引起严重的心理疾病。同理，如果现实自我和投射自我大体一致的话，那么个体的自我认同感就比较高，出现的心理问题也会较少；反之，个体则很可能感觉不到别人的理解和接纳，从而出现自我认同混乱，甚至导致人格障碍。

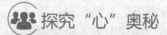

探究 "心" 奥秘

20个 "我"

　　成长过程当中，你可能会听到别人对你的评价，也可能会听到自己内在的声音，对自己多多少少有一些认识，下面请你花一点时间思考一下，快速在纸上写出20句"我是一个……的人"。请尽量选择一些能反映出你个人风格的语句，如：我是个开朗/犹豫的人。这可能要花一些时间和精力，但是认真填写之后，你会有更多的收获。

　　我是一个 _____ 的人。我是一个 _____ 的人。

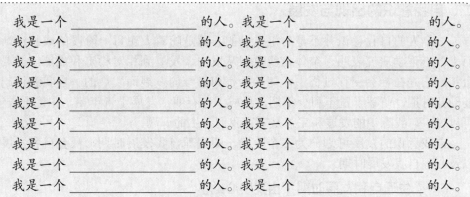

我是一个 _____ 的人。我是一个 _____ 的人。
我是一个 _____ 的人。我是一个 _____ 的人。
我是一个 _____ 的人。我是一个 _____ 的人。
我是一个 _____ 的人。我是一个 _____ 的人。
我是一个 _____ 的人。我是一个 _____ 的人。
我是一个 _____ 的人。我是一个 _____ 的人。
我是一个 _____ 的人。我是一个 _____ 的人。
我是一个 _____ 的人。我是一个 _____ 的人。
我是一个 _____ 的人。我是一个 _____ 的人。

评估一下自己的每一个描述是肯定的还是否定的。如，"我是一个悲观的人"表示否定，相反，"我是一个聪明的人"则表示肯定。肯定的描述加1分，否定的描述减1分，将所有的项目得分加起来，得到一个总分。

如果总分大于零，则表示你对目前的自己还比较满意；如果总分小于零，则表示你对目前的自己还不满意。

（三）自我意识的心理功能

1. 支配个体的行为

人是社会性动物，人的行为不仅仅受其所在的情境影响，也与个体对自己的认知有关。每个人心中都会描绘出自己的样子，在实践中也会不自觉地按照这些样子的特点来处事。例如，有积极自我意识的邮轮服务人员，其成就动机、学习投入、人际关系都明显优于那些自我意识消极的邮轮服务人员。

2. 决定个体的归因

归因是个体对自己或他人行为原因的分析。不同的个体可能有相同的行为经历，但每个个体对这种经历的归因却不大相同。不同的归因便取决于个体独特的自我意识。

例如，自我意识积极的邮轮服务人员会把工作失误归因于自身学习不够，经验不足，会不断鼓励自己，在今后的工作中更加努力；而自我意识消极的邮轮服务人员则会把这种经历归因于自己能力不行，不断否定自己，从而愈加消极。

3. 反映心理健康水平

自我意识是个体全部内心世界的总和，也是人格的核心部分，对个体的发展和塑造起着至关重要的作用。自我意识的发展程度集中反映了个体心理成熟程度和心理发展水平。

大量的心理学实验证明，个体长时间情绪体验消极、人际关系不协调、社会适应不良等主要是由自我意识不正确造成的。如果一个人看不到自己的优势，只看到自己的不足，认为自己什么都不如别人，就会丧失自信，从而失去朝气，缺乏积极性。但如果一个人只看到自己的优势，认为别人都比不上自己，就容易孤芳自赏，难以与人相处，甚至感到被孤立。因此，只有健全的自我意识才能正确认识、悦纳自己，合理分析自己与周围环境的关系，既能融入环境，又能保持自己的特质，维护自身心理健康。

二、自我意识的出现与发展

　　一个人的自我意识并不是与生俱来的，而是随着人生每一阶段的成长逐渐发展而来。心理学研究表明，个体自我意识从发生、发展到相对稳定和成熟，需要二十余年。它是在社会交往过程中，随着语言和思维的发展而发展的。自我意识起始于婴幼儿时期，萌芽于童年和少年期，形成于青春期，发展于青年期，完善于成年期。可以说，自我意识的发展和完善是贯穿我们一生的课题。

　　自我意识的发展可划分为三个阶段，即生理自我发展时期、社会自我发展时期以及心理自我发展时期。

（一）生理自我发展时期（自我中心期）

　　呱呱坠地的婴儿是我们生命的开始，然而在这生命的初期，人是没有自我意识的，只有一些简单的感觉、动作和本能的条件反射，如眨眼反射、抓握反射、吞咽反射等。这时，人还生活在主体与客体尚未分化的状态之中，认识不到自己的存在，分不清自己的身体与外界有什么区别。到了八个月左右的时候，婴儿的生理自我开始萌芽，这也是自我意识的最初形态，而后自我意识随着年龄逐步发展。一岁左右，儿童开始能够把自己的动作和动作对象区分开来；两岁左右，儿童逐渐学会用"我"来指代自己；三岁左右，儿童的自我意识呈现出了新的发展，主要表现为第一人称"我"的使用频率提高，许多事情都要求"自己来"，开始有了自立的要求。

　　总的来说，这一时期内，儿童的自我意识已经有了一定的发展，但其行为的中心仍然是自己，他们按照自己的想法去解释外部世界，并把自己的想法、情感投射到外界事物上。因此，这一时期的自我意识被认为生理自我意识，也有人称之为自我中心期，它是自我意识最原始的形态。

（二）社会自我发展时期（客观化时期）

　　这一时期是个体社会化最深入的时期，也是学习与获得社会自我的重要时期。儿童在家庭、幼儿园、学校、邻里中游戏、学习、劳动，通过模仿、认同、练习等方式，逐渐形成各种角色观念，他们开始意识到自己在人际关系和社会关系中的作用和地位。在青春期以前，个体的眼光是向外的，对外部丰富多彩的世界有着浓厚的兴趣。此时，他们不善于了解自己的心理，并不明白情绪是一种主观感觉，也不太善于用自己的视角去解释事物、认识社会。虽然青春期少年开始积极关注自己的内心世界，但自我意识服从于社会和他人，主要还是以别人的观点去评价事物、认识他人，对自己的认识也服从于权威或同伴的评价。例如，他们的口头禅可能是"我妈妈说""老师说""书上说"等。因此，这一时期自我意识的发展被称为社会自我发展阶段，也称为客观化时期。

（三）心理自我发展时期（主观化时期）

　　从青春期到成年的大约十年时间是心理自我发展时期，也是自我意识发展的关键期。其间自我意识经过分化、矛盾、统一，逐渐趋于成熟。此时个体的自我意识表现出四个方面的特点：一是倾向于用自己的观点来认识与评价事物，思想和行为都带有浓厚的个人色彩；二是会从自己所见到的人格和身体特征出发，强调相应事物的重要性，形成特有的价值体系以指导自己的言行；三是追求生活目标，出现与价值观相一致的理想自我；四是抽象思维能力大大提高，使自我意识能超越具体的情境，进入精神领域。青年世界观、人生观、价值观的形成是心理自我成熟的标志。

邮轮服务人员走上岗位后，会经过职场的洗礼，自我意识会出现一个打破再重塑的过程，内心也容易产生冲突、困惑和迷茫。对自己的关注增多，内心活动就复杂了起来，看待事情的角度也会更为丰富。值得注意的是，自我意识的形成和发展是一个动态的过程，而不是静止在某一个点上，我们可以通过社会比较、实践、自评和他评不断更新我们对自己的认知。

 拓展"心"思维

埃里克森的自我发展说

心理学家埃里克森提出：人自我意识的发展持续一生，但要经历不同的阶段，每一个阶段都有一个核心课题。每个阶段都不可逾越，但时间早晚因人而异。如果每个阶段的课题都能够顺利完成，就会产生积极的品质；相反，若不能顺利完成，就会产生消极的品质（见表4-2）。

表4-2　埃里克森的自我发展说

阶段	年龄/岁	心理—社会矛盾	顺利解决矛盾形成的品质	矛盾解决失败形成的品质
婴儿期	0～1.5	信任感—不信任感	对人信任，对外界有安全感	恐惧，对外界不信任
童年期	1.5～4	自主感—羞怯感	能按社会要求表现目的性行为，发展自主能力	缺乏信心，畏首畏尾，感到羞愧，怀疑自己的能力
学前期	4～6	自信感—内疚感	主动，表现出积极性和进取心	畏惧，退缩，产生内疚感和失败感
学龄期	6～12	勤奋感—自卑感	勤奋，掌握求学、做事、待人的基本能力	缺乏生活的基本能力，充满自卑和无价值感
青春期	12～18	自我统合—角色混乱	有明确的自我观念，达到自我内部与外部环境的协调	对自我与他人的角色混乱，充满不确定感
成年早期	18～30	亲密感—孤独感	建立友情和爱情，发展爱的能力	与社会疏离，孤独寂寞
壮年期	30～65	精力充沛—颓废迟滞	热爱家庭，关心社会，追求事业成功	只顾及自我，自我恣纵，缺乏社会责任
老年期	≥65	自我整合感—失望感	回顾一生，感到生活有意义，安享天年	悔恨旧事，消极失望

第二节　邮轮服务人员自我意识分类

一、影响邮轮服务人员自我意识形成与发展的因素

正如前面所提到的，自我意识并不是一蹴而就的，而是随着年龄，观察、参与社会等逐渐发展起来的。因此，对于邮轮服务人员而言，自我意识的形成与发展也有多方面的影响因素。

（一）生理因素

人们在现实生活中定义自己的时候，往往是通过与周围人的比较来完成的。比较往往从最直观的生理状态开始，例如，身高、长相、胖瘦等，成为形成自我意识中的一环。有的邮轮服务人员觉得自己长得不够漂亮，认为自己不会被人喜欢，进而出现消极的自我意识；相反，有的邮轮服务人员觉得自己挺可爱的，在外貌上也会更加自信，从而出现积极的自我意识。

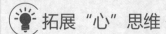

拓展"心"思维

你是否也有容貌焦虑？

容貌焦虑，是指在放大颜值作用的环境下，很多人对于自己的外貌不够自信。随着"无效化妆""无效穿搭"等概念的出现，现在的年轻人时常被不正确的心理暗示包围，并逐渐出现容貌焦虑。

2021年2月，中青校媒面向全国2063名在校大学生开展了关于相貌问题的问卷调查。结果显示，近六成的人存在一定程度的容貌焦虑。

那么究竟是什么促使这一怪异现象的形成呢？

我们一起来看看她们的故事。

橘子有些微胖，肉嘟嘟的脸颊很是可爱。可她童年时的遭遇，竟让这样一个可爱的女生几度抑郁。因为身材不够苗条，小学、初中、高中的班级里她都是被嘲笑的对象。"你的腿怎么这么粗啊""哈哈哈你快看她，这么胖还敢穿裙子"。这些冰冷、充满恶意的语言，像一把匕首刺在她的心尖。她冲回家，拿出剪刀，哭着将心爱的碎花裙剪成碎片。

YOYO每天照镜子的时间为2小时37分钟，她费这么大劲"装修"自己，仅仅为了发朋友圈获得点赞。有一次，用3小时化的妆容，让她在同学会上出尽了风头。可她回到家发现自己的双眼皮贴不知何时掉落。看到这幕，YOYO的表情逐渐失控，最后情绪崩溃。她告诉医生要开双眼皮、垫鼻子、填充下巴，但医生仔细端详着她的脸，说："你很漂亮，不需要整容，你只是不太自信。"

YOYO的这种心理状态并不罕见，从认知相符理论来看，这是认知失调的表现。所谓认知失调就是指受到环境的影响后，无数人会试图推翻自己已有的价值观，去接受新事物的到来，然而在这个过程中很容易出现认知分歧与矛盾。为了减轻这种矛盾，便会把原因归结于"我还不够漂亮"。

太阳很大，有人说好温暖，又有人说好刺眼。太阳都不能做到被人人喜欢，何况是我们人本身呢？

人是多面的，我们有缺陷，也有闪闪发光的特点。你不一定非要长成玫瑰，你乐意的话，也可以做茉莉、做雏菊、做向日葵……

我不想要做一个自我否定的怪物，我要做自己的艺术家。

（二）家庭环境

每一个人最早接触的环境就是家庭，所以家庭对个人自我意识的形成和发展有着非常重要的作用。一般而言，家庭氛围和睦、家庭教育方式倾向民主、亲子依恋建立良好等都会对个体的成长产生积极的作用，他们更加开放，对自我更加接纳，更加自尊和自信。相反，家庭氛围差、家庭成员间缺乏关爱、包容、照顾会对个体的自我意识产生消极的影响。

（三）学校环境

学校是个体另外一个主要的生活环境，人每一个成长与发展的重要阶段的大部分时间都是在学校度过的，老师、同学、校园氛围都会对个体的自我意识发展产生重要的影响。老师的授课态度与师生相处方式、学生群体之间的相互关系、学生自我的学业成绩评价都会影响一个人自我意识的形成与发展。例如，有的邮轮服务人员一碰到有关学习的问题就心烦，可能是由于在学校时，成绩总是达不到自己或老师满意的水平，从而在学习上给了自己负面的评价，产生了消极的自我意识。

（四）组织环境

个体进入工作岗位，在组合环境中接触的人、组织氛围也会对个体产生影响。例如，邮轮服务人员在工作中遇到不同的人，他们对自己的评价各不相同，这些不同的声音进入自己的评价体系当中，可能会对原有的自我意识进行修正。

（五）社会环境

每个人最终都要走向社会。社会文化在个体社会化过程中会产生重要的影响，极有可能会对自我意识的形成和发展产生影响。在同一个文化背景下生活的人们，可能会有共同的自我意识成分，例如，有研究发现西方人的自我意识更偏向个人化，而东方人的自我意识更具有集体性。

二、积极自我意识的表现

拥有积极自我意识的人会是怎样的？这样的个体不管自己的状况如何，不管自己的生活是否有诸多磨难，都能够勇敢地面对现实、接受现实并且迎接挑战。拥有积极自我意识的人也有可能会动摇，但是最终还是选择相信自己、肯定自己并且激励自己。

（一）有适当的自尊

自尊，是个人基于自我评价产生和形成的一种自重、自爱、自我尊重，并要求受到他人、集体和社会尊重的情感体验。有适当自尊的邮轮服务人员不会唯唯诺诺，也不会骄傲自满，它会鞭策人去追求和呈现一种良好的社会形象，从而更好地适应社会环境。

（二）有自己的价值

每一个人都是有价值的，拥有积极自我意识的邮轮服务人员会感受到这一点。他们能接受自己的优点和缺点、短处和长处，即使知道自己的缺点和短处，他们依旧能感觉到自己作为一个人存在的价值。

（三）有生命的意义

拥有积极自我意识的邮轮服务人员，在工作和生活中都有一双善于发现美的眼睛。他们对生命是好奇的，对生活充满期待，相信自己生命的意义。

培养"心"力量

华罗庚的故事

华罗庚少时家境贫寒，初中毕业后他曾入上海中华职业学校就读，但因学费问题，最终中途退学。读初中时，他的数学天赋便显现了出来，并被其数学老师发现，遂对他进行培养，这也坚定了华罗庚向数学方面发展的信心。

退学后的华罗庚依旧保持着对数学的热爱，用看店的闲暇时间在家中自学。18岁时，他不幸染上伤寒病，虽保住了性命但左腿却留下残疾。在逆境中，他顽强地与命运抗争，用"我要用健全的头脑代替不健全的双腿"这句话来表达自己的决心。经过几年的自学，华罗庚开始在杂志上投稿。一开始，他的稿件不断被拒，原因是他写的问题已被证实过，这反而增加了华罗庚的信心，因为这些问题都是他自己研究出来的，并未看过别人的解题方式。

通过不懈地努力，1930年，华罗庚在《科学》杂志上发表了一篇名为《苏家驹之代数的五次方程式解法不能成立之理由》的论文，被清华大学数学系主任熊庆来教授发现，并邀请他来清华大学做数学系助理员。

到清华工作，是华罗庚一生中的重要转折，他的数学生涯也真正地拉开序幕。从初中毕业生到大学教师，华罗庚只花了六年半的时间，这得益于华罗庚对自己的严格要求，每天要工作12小时以上才觉得安心。

1937年，华罗庚放弃了在英国的一切，回到祖国奉献青春。28岁的他在西南联合大学被聘为数学系教授。在这期间，华罗庚在非常艰苦的条件下，完成了《堆垒素数论》这部数学巨著。华罗庚对世界级数学大师、苏联的维诺格拉多夫的方法做了改进和简化，向世人展示了他在素数变数的三角和估计问题、华林-哥德巴赫问题上的超人才华，被誉为"中国数论之父"。

三、消极自我意识的表现

似乎每个人都非常清楚地知道没有人是完美的，可是自己却很难面对那个不完美的、不好的，甚至不堪的自己。于是，为了不让别人发现自己的不完美，我们不惜一切代价，竭尽所能伪装成人人喜欢的样子，变成大家都喜欢的"好人"，却时常感到失去自我。如果我们掩饰这些不完美，不接纳它们，就会对自己或他人提出诸多要求，时常对自己或他人感到不满，总是苛责自己或迁怒他人。

（一）过分追求完美

正值青年时期的邮轮服务人员激情饱满，活力四射，充满好奇，其中的大多数具有较强的上进心和自我控制能力，希望通过自己的努力来实现自身的价值，达到自己的理想状态。但并非所有的自我控制都是积极的，有的邮轮服务人员对自己的要求非常高，自我控制能力太强，过分地追求完美，想让所有的事情都尽善尽美，但因为标准定得太高了，所以在实际工作中遭遇理想与现实的落差。这样的邮轮服务人员容易对自己产生怀疑、否定等消极体验，甚至自暴自弃，直接"躺平"，变得平庸且缺乏动力。

（二）自卑

自卑指的是个体因自我认知偏差而形成的自我轻视和自我否定的情绪体验。自卑的邮轮服务人员习惯从消极的方面思考问题，对世界抱有悲观的看法，遇到事情首先想到最坏的结果，容易产生"我不行""会失败""做不来"等自我认知，潜移默化地形成消极的自我暗示，不能以平常心看待自己的缺点和不足，自信心流失，阻碍积极的行动。

（三）从众

从众是在群体的影响和压力下，个体放弃自己的意见而采取与大多数人相一致的行为。有些邮轮服务人员，尤其是刚入职的邮轮服务人员，为了求得小团体的认同，避免被孤立，就放弃主见，缺乏分析，不做独立思考。他们不顾是非曲直地一概服从多数，随大流走，害怕承担自己所做决定的后果，渐渐抹杀了自己独立思考的能力，变得过分依赖别人。

（四）过度的自我接受

过度的自我接受是对自己的肯定评价远远超出自己的实际状态，表现为用放大镜看自己的长处，很少认识到自己的缺点；用显微镜看他人的短处，很少看到他人的长处。这样的邮轮服务人员通常会以自己的情绪变化为中心来支配自己的行为，全然不顾他人的感受，通常表现出自视甚高、轻视他人和嫉妒等心理，从而在人际关系上难以有较好的发展。

第三节　邮轮服务人员自我意识完善与发展

每个人都像一个万花筒，都有自己缤纷的色彩。自我意识完善的人能够看到自己的魅力，接受自己的不堪，感受到自己生命的色彩，也能承受生命中的失意与不甘。如果邮轮服务人员想要成为一个真正能欣赏自己的人，就需要不停地探索真我，并学会悦纳自我。

一、完善认识自我的途径

（一）乔韩窗口理论

乔韩窗口理论是美国心理学家乔瑟夫·勒夫和哈里·英格拉姆提出的关于自我认识的理论，它认为人对自己的认识是一个不断探索的过程。每个人的自我都能被分为四个象限：公开的自我，也就是透明、真实的自我，这部分为自己和他人所了解；盲目的自我，是他人看得很清楚，自己却不了解的部分；秘密的自我，是自己了解但他人不了解的部分；未知的自我，是他人和自己都不了解的潜在部分，可以通过一些契机被激发出来。在探索自我的过程中，我们可以通过与他人分享秘密的自我来观察自己并基于他人的反馈来减少盲目的自我，这样我们对自己的了解会更加全面且客观。

M4-1　积极
自我介绍

（二）认识自我的三条途径

1.比较法——从"我"与他人的关系中认识自我

社会比较是认识自我的重要途径之一。我们对自己的诸多评价来自与他人的比较，如是否富有、是否美丽、是否优秀等。有自知之明的人能在与别人的关系中得到启示，获得足够的经验，然后按照自己的需要去规划属于自己的道路。在进行比较时要结合自身的情况，考量比较的标准和对象，才能对自己有更加立体的、多层次的认识。因此，我们需要注意的是：

（1）现实表现与未来的结果。跟别人比较的应该是行动后的结果，而不是行动前的条件。比如，有的邮轮服务人员认为自己的各方面能力不如别人，从一开始就把自己放置在不重要的位置上，这样的想法会影响到日常的工作和生活。其实，邮轮服务人员应该将进入邮轮工作后的工作能力、学习能力、人际交往能力等作为比较条件，而不是将上邮轮前的既定事实作为比较条件。只有这样才能更客观地认识自己，才能感受到自己能力的发展。

（2）相对标准和绝对标准。跟他人比较应该选择相对标准而不是绝对标准，应该选择可变的标准而不是不可变的标准。比如，邮轮服务人员的出身是很难改变的，如果以此作为比较标准，就没有实际比较的意义；而是要结合自己的实际情况，来发掘那些可以变化的部分。

（3）比较对象的多元化。观察是多角度的，比较也是多层次的，它可以有上行比较、下行比较以及平行比较。在工作中，邮轮服务人员可以跟优秀的人比较以发现自己的不足，取长补短；也可与不如自己的人比较以发现自己的优势，扬长避短；还可以与跟自己差不多的人比较以观察自己的全貌，找到定位。在比较的过程中，我们也会有不同的情绪体验，对自己的认识也会有所改变，但最重要的是，在比较之后设定的目标会更具有可行性和激励性，让我们更有动力。

2. 经验法——从"我"与事的关系中认识自我

实践是检验真理的唯一标准，对自我的检验也是如此。邮轮服务人员是否具备良好的待人接物能力，是否具备良好的随机应变能力都是需要在处理具体事务中检验出来的。因此，我们也可以细心观察，耐心检验，发掘不同的自我状态。

3. 反省法——从"我"与己的关系中认识自我

古人云："吾日三省吾身。"通过自我观察来认识自己，看似容易，实则困难。邮轮服务人员大概可以从以下三个方面来认识自我：

（1）自己眼中的"我"，即个人实际观察到的客观的我，包括身体、容貌、性别、年龄、职业、气质、能力等。

（2）别人眼中的"我"，即与别人交往时，由别人对自己的态度、情感反应而觉知的"我"。不同关系的人对"我"的反应和评价不同，因而别人眼中的"我"是个人从多数人对自己的反应中归纳出的统觉。

（3）自己心中的"我"，即自己对自己的期许，也就是理想的"我"。我们还可以从实际的"我"、别人眼中的"我"、别人心中的"我"等多个"我"来全面认识自己。

我们在认识自己的时候，可以将以上三种方式联系起来，不要仅仅选择一种。当你特别在意他人的评价时，可以从学习和工作的实践中检验自己到底是不是这样。当你一直为达不到自己所定的目标而闷闷不乐，认为自己水平不高时，不妨与身边的人比一下，或许他们目前还没有你做得出色，这样你会重新找到自己的定位。

二、学会接纳自己

一个不接纳自己的人，习惯用放大镜看自己的缺点，用缩小镜看自己的优点，想象着自己有多差劲，自责、否定成了生活的基调，不敢相信自己的能力和选择，不敢展现自己的特色与魅力，不敢承担自己的责任和义务，将自己禁锢在一个地方，上满枷锁，幸福也会渐行渐远。想要有所改变，我们需要学会接纳自己。接纳自己就是对自己的接受、肯定、认同和欣赏。它包含两个层面的含义：一是能确认和悦纳自己身体、能力和性格等方面的正面价值，不因自身的优点、特长和成就而骄傲；二是能够欣然正视和接受自己现实的一切，不因存在的某种缺点、失误而自卑。那么我们该如何去做呢？

（一）停止不断地否定、苛责和逃避

"我还不够完美！""我为什么不能像我室友一样口语流利？""再这样我一定会被赶下邮轮的！"从现在开始，不论自认为做了多少不合适的事情，请停止对自己的挑剔和责备。同时，试着宽容些，允许自己犯错误，但在犯错后首先要作出补偿，以弥补错误造成的损失，并保证"不二过"。例如，"不论做错了什么，我都选择从中吸取教训""我选择从中吸取教训，而不是不断地责备自己"。

当然，在这期间，我们可能会产生负性情绪，不要去抑制、否认或掩饰它，更不要因为这些情绪的产生而对自己加以责备。不论感受到的是沮丧、愤怒、焦虑还是敌视的情绪，都试着坦然地承认、接纳和消化，时刻在心中谨记："不论我产生什么样的负性情绪，我都选择积极地正视、关注和体验它，我将从中了解自己的思想和问题，并寻求解决方案。"

（二）认识并接纳自己的优缺点

对于大多数邮轮服务人员而言，列举自己的缺点似乎比列举自己的优点简单很多。因为大部分的人已经非常习惯去寻找自己的缺点，比较少关注自己的优点。那么，现在你可以尝试着换个角度来看看自己，如果依旧找不到自己的优点，不妨找同事、家人帮忙，甚至可以使用心理测试来了解自己的突出优势。在找到自己的优势之后，有些邮轮服务人员并不能坦然接受，甚至感到虚假，"这真的是我吗？我有这么好吗？"这时，可以选择每天抽时间默念它们并感受它们，一段时间后，就会发现自己不仅能坦然接受自己的优点，而且还会发现越来越多的优点。

另外，我们也需要认识到自己的劣势。每个人的智能发展都会呈现不均衡的特点，我们不仅要注重自己的优势，也要了解自己的劣势。面对自己的劣势需要保持平常心，不要过多苛责，注意自身发展中的短板效应。我们要合理利用自身存在的短板，在接纳的基础上，尽自己最大的努力将其弥补。

（三）尝试着无条件地接纳自己

很多人从小就受到种种价值条件的限制或者严格的管束，致使他们认为只有具备某种条件，如美丽的外表、优异的成绩、过人的家世等，才能获得被自己和他人接纳的资格。因此，不少邮轮服务人员也会给自己设下各种各样的前提条件，一旦自己不满足这些条件，就对自己失去信心，认为自己是没有价值的。殊不知，每个人都是自己的一个小世界，都有自己存在的价值，而不是通过附加条件才能实现。

接纳自己是一个漫长的过程，且不一定随时都会有愉悦感，因为人在面对真实

自己的时候是可能有痛苦的，但这也是真实的体验。具体来说，接纳自己需要经历以下几个阶段：一是坦然正视真实的、客观的自我，仅仅是正视，不做任何好或者坏的评价。把自己想象成一棵树，去观察这棵树的形态，感受它的高度、大小、粗细等，但不要去评价它。二是在正视真实自我的基础上，再审视自己还可以做得更好的地方，甚至不怕来一场自我批评，但之后就要将各种不满转化为对自己的合理寄望。就像承认你的内心确实嫌弃那棵树的叶子不够繁茂、树干不够粗壮，同时将这种感受转化为你对这棵树的寄望，期待它能有所变化，它会逐渐长高长大。三是不妨采取一系列的行动，即在真实自我的基础上，按照自己喜欢的样子，一步一步去塑造期待中的自己，就像给那棵树浇水、施肥，促使它成长为你所期待的样子。四是可以接纳自我本来的样子，也可以接纳对自己的寄望，同时也能认识到这些变化并不是一个短暂、快速的过程，其中很可能也会出现有所退步或原地徘徊的情况，但这就是我们能够最终成为我们自己的、真实的过程。

三、尝试肯定自己

接纳自己会让我们放下一些执念，不再与自己作对，而当我们积极评价自己、尝试肯定自己的时候，就会给自己赋能，使自己充满朝气和动力。

（一）积极地看待自己

中国历史上的著名诗人李白一生中经历的坎坷不可谓不多，但一句"天生我材必有用"，诠释了诗人宠辱不惊、处变不乱的良好心态。对于邮轮服务人员来说，只有积极地看待自己，才能在工作和生活中保持良好的自我感觉，并在遇到困难时从容应对。

（二）从积极的方面解释事件

在工作和生活中发生的任何事件，既可以从积极的角度看，又可以从消极的角度看。思考问题的角度不同，对自我的感受和认识也就有所不同。

事实上，任何事件的产生都会有不同的归因，遇到不顺的事情时，有的邮轮服务人员更喜欢将原因归结于自己的核心价值上，如"我简直太没用了""我真是太差劲了""我就这样，再努力也是白搭"等，这样的归因不仅没有办法帮你解决任何问题，还会让你对自己越来越失望。因此，遇到挫折时，我们可以先平复情绪，然后考虑这件事发生的原因和过程，尤其要做到的是"对事不对人"。试想一下，你最近受到了一次很大的打击，对这次打击你可以有两种看法：一是我这个人真是百无一用，糟糕透了；二是人生不可能事事如意，这次打击是考验我意志品质的机会，我会吸取教训，从头再来。显然，第二种想法更有利于维持人对自己的良好感觉，让人重拾信心。

（三）以积极的行动维护和证明自己

人们会以行动来维护和证明自己，尽力维护自己的尊严。同样是保持自我感觉的良好，人们的行为却会朝着两个方向发展：积极行为或消极行为。积极行为是直接证明自我的行为，而消极行为则是避免直接证明自我的行为。

有的邮轮服务人员在培训测试前不认真复习，这样即使没有考好，也可以解释为自己并没有做好准备；有些则习惯性地把工作拖到截止时间前的最后一刻，这样即使没有做好也是因为时间太少了；有些则把工作中的挫折归因为"我的身体不好，我比其他人的身体都不好"。这种有意无意地为自己的成功设置障碍的情形被称为自我妨碍，是一种消极的自我保护行为。自我妨碍虽然给我们带来了一些心理安慰，让人坚信自己是有能力的，但是它会使成功的可能性减小。这样的行为虽然能够提供屏障来保护邮轮服务人员的自尊，但不能提供真实的帮助来让人越来越有力量。

更好的行为策略是用积极的行为展现积极的自我。例如，用刻苦学习证明自己是一个勤奋向上的人，用勇于挑战证明自己是一个坚定自信的人，用大胆尝试证明自己是一个敢于创新的人。真正能够肯定自己、悦纳自己的人不是自我封闭的，而是敞开心扉的，是对体验的不设防，对自己的不设限。这些人不仅愿意展现自己的魅力，肯定自己的特点，也能够结交更多的朋友，建立和谐的人际关系。邮轮服务人员应通过不同的方式锻炼自己，寻找真实的自我，接纳保持真实的自我，有效地欣赏和发展自己，最终成为自己想要成为的人。

探究"心"奥秘

自我和谐量表（SCCS）

SCCS 它能反映出自我与经验之间的关系，包含了对能力和情感的自我评价、自我一致性、无助感等。

下面是一些个人对自己的陈述，填答时，请理解每句话的意思，然后选填一个数字（1代表完全不符合你的情况，2代表比较不符合你的情况，3代表不确定，4代表比较符合你的情况，5代表完全符合你的情况），以代表该句话与你现在对自己的看法相符合的程度。每个人对自己的看法都有独特性，因此答案是没有对错的，你只要如实回答即可。

（1）我周围的人往往觉得我对自己的看法有些矛盾。（ ）

（2）有时我会对自己在某方面的表现不满意。（ ）

（3）每当遇到困难时，我总是首先分析造成困难的原因。（ ）

（4）我很难恰当表达我对别人的情感。（ ）

（5）我对很多事情都有自己的观点，但我并不要求别人也与我一样。（ ）

（6）我一旦形成对事物的看法，就不会再改变。（ ）

（7）我经常对自己的行为不满意。（ ）

（8）尽管有时要做一些自己不愿意做的事，但我基本上是按自己的意愿办事的。（ ）

（9）一件事，好就是好，不好就是不好，没什么可含糊的。（ ）

（10）如果我在某件事上不顺利，我往往会怀疑自己的能力。（ ）

（11）我至少有几个知心朋友。（ ）

（12）我觉得我所做的很多事情都是不该做的。（ ）

（13）不论别人怎么说，我的观点绝不改变。（ ）

（14）别人常常会误解我对他们的好意。（ ）

（15）很多情况下我不得不对自己的能力表示怀疑。（ ）

（16）我的朋友中有些是与我截然不同的人，但这并不影响我们的关系。（　　）

（17）与朋友交往过多容易暴露自己的隐私。（　　）

（18）我很了解自己对周围人的情感。（　　）

（19）我觉得自己目前的处境与我的要求相距太远。（　　）

（20）我很少去想自己所做的事是否应该。（　　）

（21）我所遇到的很多问题都无法自己解决。（　　）

（22）我很清楚自己是什么样的人。（　　）

（23）我能自如地表达我所要表达的意思。（　　）

（24）如果有足够的认识我也可以改变自己的观点。（　　）

（25）我很少考虑自己是一个怎样的人。（　　）

（26）把心里话告诉别人不仅得不到帮助，还可能招致麻烦。（　　）

【评分说明】各分量表的得分为包含的项目分直接相加，三个分量表包含的项目为：

（1）我与经验的不和谐：1、4、7、10、12、14、15、17、19、21、23。

（2）自我的灵活性：2、3、5、8、11、16、18、22、24。

（3）自我的刻板性：6、9、13、20、25、26。

将自我的灵活性反向计分（本量表的计分为选择1、2、3、4、5中的一个。如果本来是选了4的，那么就应该转换为2分，选择1的则转换为5分，以此类推，然后再统计该项目的总分），最后与其他两个部分的分数相加，得分越高自我和谐度越低。测试结果低于74分为低分组，75~102分为中间组，103分以上为高分组。

【回顾"心"历程】

（1）自我意识是对自己存在状态的认知，即对自己的认识，具体包括认识自己的生理状况、心理特征以及自己与他人的关系。它是多维度、多层次的心理系统。

（2）影响邮轮服务人员自我意识的因素包括：生理因素、家庭环境、学校环境、组织环境以及社会环境。

（3）积极的自我意识会让人有适当的自尊、自己的价值、生命的意义，而消极的自我意识会让人过分追求完美、自卑、从众、过分接受自己。

（4）邮轮服务人员完善认识自我的理论有乔韩窗口理论，途径有比较法、经验法和反省法。

（5）邮轮服务人员接纳自己的方式有：停止不断地否定、苛责和逃避，认识并接纳自己的优缺点，尝试着无条件地接纳自己。

（6）邮轮服务人员可以通过积极地看待自己、从积极方面解释事情以及以积极行动维护和证明自己来肯定自己。

【检验"心"本领】

（1）（填空题）按照自我意识的结构划分，可将其分为（　　　　）、（　　　　）和（　　　　）。

（2）（填空题）按照自我意识的内容划分，可将其分为（　　　　）、（　　　　）和（　　　　）。

（3）（填空题）自我意识的发展可分为三个阶段，具体包括（　　　　）、（　　　　）和（　　　　）。

（4）（填空题）乔韩窗口理论将自我分为四个象限，它们是（　　　　）、（　　　　）、（　　　　）和（　　　　）。

（5）（填空题）在认识自我的过程中，社会比较是多层次的，它包括（　　　　）、（　　　　）和（　　　　）。

（6）（问答题）通过全面的自我探索和分析，你认为的你是怎样的？

（7）（问答题）结合工作，邮轮服务人员可以如何接纳自己、肯定自己？

【迸发"心"能量】

优势大转盘

活动目的：

让小组成员认识和了解自己的优势；通过活动，让每个成员都能悦纳自己，培养自尊心和自信心；学会用自己的美德和优势生活。

活动材料：

优势卡片，每位邮轮服务人员准备 1 张卡片、1 支笔。

活动过程：

先向同学们分享一个小故事：一位老人在湖边垂钓，旁边坐着一个愁眉不展的男青年。

老人问："你为何这样垂头丧气？"

"唉，我是个穷光蛋，一无所有，哪里开心得起来？"青年人非常郁闷地答道。

"那这样吧，我出 20 万元买走你的自信心。"老人想了想说道。

"没有那点自信心我就什么也做不了了，不卖！"男青年头摇得像拨浪鼓。

"那我出 20 万元买你的智慧，你可愿意？"老人继续出价。

"一个空空的头脑什么也做不了。"男青年想都没想一口拒绝。

"那我出 30 万元买走你的外貌。"老人望着青年人的面容说道。

"没有了外貌活着还有什么意思？不卖。"青年人答道。

"这样吧，我最后再出 30 万元买你的勇气，如何？"老人笑嘻嘻地询问道。

"我可不想成为一个一蹶不振的人。"青年人愤愤地欲转身离去。

老人忙挽留他并缓缓地说道："你看，我分别用 20 万元买你的自信心、20 万元买你的智慧，30 万元买你的外貌，30 万元买你的勇气，这些一共是 100 万元，你都没有同意卖，年轻人，你拥有 100 万元的财富，还能说自己是穷光蛋吗？"

男青年恍然大悟，他明白了自己并不是一无所有，只是没有看到自己的优势，每天只知道怨天尤人，以至于懈于奋斗，错失了很多成功的好时机。

每个人都有自己的优势和长处，请大家在"我的优势卡片"上写出 3 种"我认为我最大的优势"。写完后，请大家在小组内交流分享，然后随机请几位同学在大家面前分享。

分享完自己的优势后，请大家再来寻找其他同学的优势，搜索越细致，表达越准确，效果越明显，所以要求写具体的优势而不是套话。小组讨论后，请小组长将填好的优势卡片交给下一位同学，直到卡片回到主人手里为止。

我的优势卡片	
我认为我最大的优势是	别人认为我最大的优势是

【充盈"心"智慧】

[1]　（美）马丁·塞利格曼. 认识自己，接纳自己. 任俊译. 沈阳：万卷出版公司，2010.

[2]　（美）马丁·塞利格曼. 活出最乐观的自己. 洪兰译. 沈阳：万卷出版公司，2010.

[3]　陈海贤. 了不起的我. 北京：台海出版社，2019.

[4]　张德芬. 活出全新的自己. 长沙：湖南文艺出版社，2012.

第五章　邮轮服务人员情绪管理

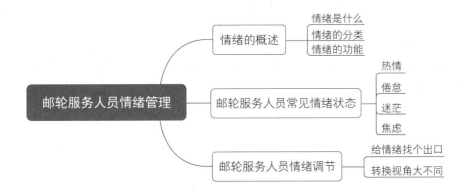 启航"心"征程

　　过去的几个月，你的感受如何？你的大部分情绪体验是什么？研究表明，我们的情绪对生活中的一切都很重要。情绪会影响我们的注意力、记忆力、创造力，还影响我们日常所做的决定、我们的人际关系，以及身心健康等。在这一章中，我们将带领你去识别和管理自己的情绪，从而帮助自己和他人在丰富多彩的生活中感受更多的幸福。

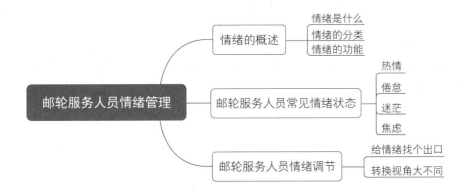

学习目标

　　1. 认识情绪、情绪的分类以及功能，了解邮轮服务人员常见的情绪状态。
　　2. 掌握邮轮服务人员调节情绪的方法。

素质目标

　　培养积极乐观的生活态度，养成理性平和的心态。

第一节　情绪的概述

一、情绪是什么

　　情绪是与个体愿望和需要密切相关的一系列内心体验和行为反应。当愿望或需要得到满足时，个体会产生积极的情绪体验；当愿望或需要不能满足时，则易引发消极情绪体验。例如，小李是一名在邮轮工作了多年的邮轮服务人员，这些年来他在工作中兢兢业业，也一直在学习各项技能，当得知自己有可能得到晋升时，小李非常开心，充满期待。他回顾自己这些年的工作成就，整理好个人简历，盼望着晋升面试的到来。可让小李没想到的是，自己期待已久的岗位却被一位素不相识、空降而来的人占据了，这让小李感到非常失落、无奈。

　　当某种情绪被唤醒时，个体会体验到该情绪带来的主观感受，不同的情绪会有不同的主观体验。其次，在不同情绪状态下，个体会展现出不同的外部表现，如欢喜时手舞足蹈，愤怒时咬牙切齿，悲伤时痛哭流涕，快乐时满面春风。研究发现，人类对七种常见情绪——恐惧、厌恶、高兴、惊奇、轻蔑、生气、悲伤的表达具有跨文化一致性，这可能是我们在自然进化中遗留的与生俱来的能力。最后，当情绪被唤醒时，我们不仅能体验到这种情绪，且能通过外部表现展现出来，还会伴随相应的生理唤醒，即情绪引发的生理反应。不同的情绪所激活的生理反应是不同的，如当个体愉快时，往往心跳节律正常；而当其感到紧张时，可能会感到心率和呼吸变快、嘴唇发干、肌肉紧张甚至发抖。

二、情绪的分类

　　按情绪给人带来的不同体验，可将其分为积极情绪和消极情绪。

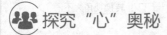

探究"心"奥秘

正性负性情绪量表（PANAS）

　　这是一个由20个描述不同情感、情绪的词组成的量表，请阅读每个词语，并根据自己最近2周的实际情况，在相应分数上画"√"。

问题	几乎没有	比较少	中等程度	比较多	极其多
1. 感兴趣的	1	2	3	4	5
2. 心烦的	1	2	3	4	5
3. 精神活力高的	1	2	3	4	5
4. 心神不宁的	1	2	3	4	5
5. 劲头足的	1	2	3	4	5
6. 内疚的	1	2	3	4	5
7. 恐惧的	1	2	3	4	5
8. 有敌意的	1	2	3	4	5
9. 热情的	1	2	3	4	5
10. 自豪的	1	2	3	4	5
11. 易怒的	1	2	3	4	5
12. 警觉性高的	1	2	3	4	5

续表

问题	几乎没有	比较少	中等程度	比较多	极其多
13. 害羞的	1	2	3	4	5
14. 备受鼓舞的	1	2	3	4	5
15. 紧张的	1	2	3	4	5
16. 意志坚定的	1	2	3	4	5
17. 注意力集中的	1	2	3	4	5
18. 坐立不安的	1	2	3	4	5
19. 有活力的	1	2	3	4	5
20. 害怕的	1	2	3	4	5

【计分方式】

正性情绪条目：1、3、5、9、10、12、14、16、17、19，将选项得分相加，即正性情绪分。分数高表示个体精力旺盛，有全神贯注和快乐的情绪状态；分数低表示淡漠。

负性情绪条目：2、4、6、7、8、11、13、15、18、20，将选项得分相加，即负性情绪分。分数高表示个体主观有困惑、痛苦的情绪状态；分数低表示镇定。

需要提醒的是，本结果仅作为自我评估参考。当你对分数有任何疑惑时，请及时向专业人士咨询。

（一）积极情绪

1. 快乐

快乐是一种精神上的愉悦和心灵上的满足，是由内而外感受到的一种非常舒服的情绪体验。快乐是人的本能情绪，它既易于获得，也容易消逝，想要保持快乐的情绪需要一些科学方法，如养成良好的作息习惯，保持身体健康，拥有健康的身体是获得快乐的前提；进行适当的运动，运动能促进体内"快乐激素"，如多巴胺、内啡肽的分泌，且有利于身体健康；另外，明确的个人目标、良好的人际关系、积极的工作态度等都是获得快乐的有效途径。

2. 感恩

感恩是指对别人所给的恩惠表示感激，是在得到他人帮助后感受到幸运的一种情绪体验。常怀感恩之心，不仅有利于自身幸福感的提高，也易于与他人建立和谐的人际关系。古人曰"滴水之恩当涌泉相报"，时刻牢记对自己有过帮助的人，心怀感恩之情，在适当的时候力所能及地去回报对方，使双方从心理上都产生被支持的力量感。从社会心理学角度看，彼此之间的互相帮助是一种亲社会行为，体现人际交往中的互惠互利原则。

3. 满足

满足是指当自己的需要、愿望或要求得到满足或实现时，个体产生的一种满意的情感体验。所谓"知足常乐"，懂得满足的人往往更易获得快乐。然而满足并不意味着鼓励个体安于现状、不思进取。我们应在能改变的事情上充分努力，在不能改变的事情上懂得满足，在生活中适当做减法，享受当下。

4. 兴趣

兴趣是在社会实践中形成和发展起来的，是指个体在从事某种活动时的一种积极的心理倾向。我们常说"兴趣是最好的老师"，在心理学中，兴趣对人的心理行为具有重要作用，它能激发个体动机，激活个体思维，且有利于帮助个体维持长时间的注意力，是人在进行学习工作活动时一项非常重要的品质。人的兴趣各种各样，按照倾向性，可将兴趣分为直接兴趣和间接兴趣。直接兴趣即对从事的活动本身有兴趣，如一些邮轮服务人员对其工作本身有极大的兴趣，能从工作中获得快乐和满足。间接兴趣是指活动本身并不引起我们的兴趣，而活动产生的结果却是我们的兴趣所在，如一些邮轮服务人员对学习英语并无兴趣，但想到学好英语有助于工作，便对英语学习表现出兴趣。寻找直接兴趣可以丰富我们的生活，但也要注重间接兴趣的培养，两者有机结合、互相促进。

5. 幽默

幽默是指以一种出人意料、令人欢乐却又回味深长的表现方式来应对问题，它不仅可以使个体从尴尬中解脱，化烦恼为欢畅，变痛苦为愉快，而且还可以化干戈为玉帛，平息个体的激动情绪。幽默的主要特点是自嘲、风趣、机智。幽默能给人带来欢乐，有利于身体健康，且能改善人际关系，促进创造力的发展。幽默引起的愉悦能放松肌肉、改善呼吸、促进血液循环、减少压力荷尔蒙的分泌、增强免疫能力。具有幽默感的人往往能在短期内缩短人际交往的距离，赢得对方的好感和信赖。同时，幽默可以提供给个体一个放松、融洽的氛围，当个体的紧张和焦虑得到缓解时，思维会更加活跃，从而有利于创造力的发挥。

（二）消极情绪

1. 抑郁

抑郁是指个体心感忧愁、苦闷却无法诉说。抑郁情绪不同于抑郁症，它和喜怒哀乐一样，是人在某种特定情境下的正常情绪表现，如在学习工作中遇到不顺心的事，我们会感到不愉快、闷闷不乐，这便是抑郁情绪的表现。但随着时间推移或合理的自我调适，这种情绪会逐渐消退。邮轮服务人员长期生活在海上，居住空间狭小，远离家人和朋友，常感孤独寂寞，无人倾诉，产生抑郁情绪在所难免。因此，掌握科学的情绪调节办法十分重要。

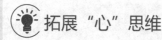

拓展"心"思维

抑郁情绪和抑郁症有什么不同

项目	抑郁情绪	抑郁症
本质	人类共有的正常情绪体验	一种精神疾病
起因	一般由挫折、伤害引起	可能和环境有关，也可能和脑功能或基因有关
持续时间	较短暂，来得快也去得快	持续2周以上，且一天内大部分时间都被抑郁情绪占据
影响范围	不影响社会功能，不伴有其他明显躯体不适	严重影响社会功能，还可能出现睡眠紊乱、食欲下降、身体疼痛等非特性躯体不适症状，但医学检查无器质性病变
自杀动机	无	严重时会引发自杀

2. 焦虑

焦虑是指对自己或未来担忧而产生的一种复杂的情绪体验，包含烦躁、紧张、不安、着急等。焦虑情绪是人在面对危急或难以预测事件时产生的正常情绪体验，如即将入职的邮轮服务人员，工作环境和工作内容对他们而言都是陌生的，且远离一直生活的陆地，长期漂泊于海上，与亲人朋友长期分离，往往容易产生焦虑情绪。适当的焦虑有利于激发个体潜能，帮助个体面对挑战，更好地完成任务；而过度的焦虑则会影响工作效率，甚至危害身体健康。

值得注意的是，以上所说的焦虑情绪都是与现实威胁相关的，属于现实性焦虑，当现实威胁消失时，其引发的焦虑情绪也随之消失。而病理性焦虑则往往不伴有具体原因，或个体认为的原因与其焦虑情绪强度明显不相称，病理性焦虑通常无明显依据地害怕灾难发生或大祸临头，且伴有明显的自主神经功能紊乱，如感到胸闷、心悸，甚至无法呼吸等，同时往往会有社会功能的受损。

M5-1　适当焦虑未尝不是一件好事

探究"心"奥秘

焦虑自评量表（SAS）

请你仔细阅读每一题，并根据自己最近 1 周的实际情况，在相应分数上画"√"。

问题	偶尔	有时	经常	总是如此
1. 我觉得比平时容易紧张和着急	1	2	3	4
2. 我无缘无故地感到害怕	1	2	3	4
3. 我容易心里烦乱或觉得惊恐	1	2	3	4
4. 我觉得我可能将要发疯	1	2	3	4
5. 我觉得一切都很好，也不会发生什么不幸	4	3	2	1
6. 我手脚发抖打战	1	2	3	4
7. 我因为头痛、颈痛和背痛而苦恼	1	2	3	4
8. 我容易感觉衰弱和疲乏	1	2	3	4
9. 我觉得心平气和，并且容易安静坐着	4	3	2	1
10. 我觉得心跳得快	1	2	3	4
11. 我因为一阵阵头晕而苦恼	1	2	3	4
12. 我有过晕倒的经历，或觉得要晕倒似的	1	2	3	4
13. 我呼气吸气都感到很容易	4	3	2	1
14. 我手脚麻木和刺痛	1	2	3	4
15. 我因胃痛和消化不良而苦恼	1	2	3	4
16. 我常常要小便	1	2	3	4
17. 我的手常常是干燥温暖的	4	3	2	1
18. 我脸红发热	1	2	3	4
19. 我容易入睡并且一夜睡得很好	4	3	2	1
20. 我做噩梦	1	2	3	4

【计分方式】

将所有项目得分相加后，乘以 1.25，取整数部分。

低于 50 分：正常。

50～59 分：轻度焦虑。

60～69 分：中度焦虑。

69 分以上：重度焦虑。

需要提醒的是，本结果仅作为自我评估参考。当你对分数有任何疑惑时，请及时向专业人士咨询。

3. 紧张

紧张是指个体对外界事物的反应增强，表现为心理和身体方面高度准备的状态，如感到不安、心跳加速、手脚出汗甚至发抖。一个人若长期处于高强度紧张状态，会有损身心健康，那么怎么消除紧张情绪呢？一个简单有效的办法就是——接纳自己的紧张，不与其对抗。心理学上有个名词叫"精神交互作用"，意指当我们将注意力集中于某种感觉时，这种感觉会变强，于是又进一步加强了我们对它的注意，注意和感觉相互作用，互相推进，形成恶性循环。大多数个体在紧张时，往往极度想克服这种情绪，并不断暗示自己"不要紧张"，殊不知这反而加重了紧张情绪。顺其自然、不过度关注、不过度对抗，是缓解紧张的有效手段。

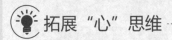 拓展"心"思维

面试中紧张情绪的调节

我们每位同学开启邮轮服务工作之前，接受邮轮公司的面试是必不可少的一步，如何缓解面试中过度的紧张呢？也许你可以尝试以下方法：

（1）面试紧张是普遍存在的，在面试中有两种人：一种是紧张的，一种是假装不紧张的。况且适度的紧张是有助于潜能发挥的，也许它能帮助你在面试中获得意想不到的惊喜。如果在面试过程中，紧张导致你思维短路、语无伦次，你可以尝试停下来，礼貌地向面试官道歉，并表示由于自己太在意这个面试，所以当下有些紧张。这往往能获得面试官的理解，并得到他的鼓励。

（2）机会都是留给有准备的人的。在面试前，你需要做足准备，包括你的简历、你预想到的面试问题等。需要注意的是，良好的形象——如合适的妆容、得体的服装等也是必需的，它能有效帮助我们缓解紧张、增添自信。

（3）巧用"具身认知"。具身认知理论强调生理体验和心理状态之间有着密切的联系，如一个人在开心时会微笑，而当他微笑时，也会感到开心。这是因为我们大脑里的神经元回路并不总能分清真假，当我们做一些与某种情绪相关联的行为时，大脑有时会相信我们真的有这种情绪。因此，我们可以尝试通过放慢语速，放松自己的面部表情、肢体动作等来缓解紧张情绪。

4. 愤怒

愤怒是指当个体安全或利益受到威胁时所产生的一种紧张、敌对、能量很强且具有破坏性的情绪。人在愤怒状态下，往往会伴随明显的生理反应，如脸色发红、心跳加速、呼吸变快、身体出汗、双肩发紧等。研究显示，持续愤怒10分钟所消耗的能量，相当于进行一次3000米左右的赛跑。不受控制的愤怒不仅有损身体健康，还会对人际关系、事业发展造成消极影响。及时识别愤怒并作出应对，对每个人来说都非常重要，如迅速离开当前情境、进行深呼吸、向朋友或家人倾诉等。

5. 恐惧

恐惧是指当个体面临某种危险却又可能无力摆脱时，而产生的一种强烈的害怕、压抑情绪。与愤怒相似，当人们感到恐惧时，往往也会伴随一系列的生理唤起，如心跳加速、呼吸短促、脸色苍白、四肢无力等。恐惧是人的本能反应，在一定程度

上，它能帮助我们聚集能量，成功脱离危险；但如果过度恐惧则会造成意识狭窄，使个体对当前情境失去正确合理分析的能力，从而导致错误行为，且长时间处于恐惧情绪下，会对身体健康造成严重影响，导致躯体疾病。研究发现，如果个体有意识地提高对事物的认知能力，掌握事物变化的客观规律，培养乐观的人生态度和坚强的意志力，在身陷险境时，更能够有效战胜恐惧等不良情绪，从而冷静机智应对问题。

培养"心"力量

"传染病不是绝症，当前我们最需要的，是消除恐惧。"

——人民英雄张定宇

2020年8月11日，武汉市金银潭医院院长张定宇被授予"人民英雄"国家荣誉称号。

2018年张定宇被确诊患上了运动神经元病，也就是人们常说的"渐冻症"。这种罕见病的患者最后可能会因呼吸衰竭而失去生命。作为湖北省唯一一家传染病定点医院的院长，新冠疫情暴发期间，金银潭医院以超常规的方式高速运转。张定宇迈着病痛的双腿，日夜奋战在抗击疫情的最前线，在抗击新冠疫情的战役中，张定宇率领的金银潭医院医疗团队为患者建起了一道生命屏障。

三、情绪的功能

（一）信号功能

情绪的信号功能是指个体通过表情等外部表现，将自己的思想或意图传达给对方，同时也通过他人的表情来判断对方的态度和倾向，这是一种非言语性交际，是言语交流的重要补充。在许多社交场合，情绪的信号作用甚至比语言更为快速和有效，如点头表示认可、摇头表示反对、微笑表示友好等。正确识别情绪所代表的信号，在人际交往中具有重要意义。值得注意的是，不同文化中情绪信号的内涵可能有所不同，如竖起大拇指，在我们看来常意味着赞赏和夸奖，而在中东一些国家，这却是一种侮辱性手势。邮轮服务人员往往需要接触来自不同国家、不同文化背景的乘客，了解他们的文化，正确领会他们常用的情绪信号，是高效工作一项不可或缺的技能。

（二）组织功能

情绪的组织功能是指在个体面对任务时，情绪可影响其对事物的知觉选择，如维持注意，或将注意重新分配到更重要的任务上。不同的情绪对任务具有不同的组织功能。当我们处在积极情绪状态时，往往更倾向于关注事物美好的一面，态度友好且乐于接纳，因而对任务的完成具有促进、协调作用。如邮轮服务人员在得到主管认可和表扬后，心情愉悦、对工作充满动力，从而以更加积极饱满的态度投入当下工作中。而当个体处在消极情绪状态时，更容易注意到事物消极的一面，往往用悲观、懈怠的态度来看待问题，因而对任务的完成起着干扰、破坏作用。如因邮轮工作需要长时间离岸，邮轮服务人员因无法见到家人和朋友而产生思念、低落的情绪，可能会影响个体工作效率，引发职业倦怠等。

（三）动机功能

情绪是动机系统的一个基本成分，是个体动机的源泉之一，它能激发人的动力，提高活动效率。研究发现情绪唤醒水平会影响个体学习工作的效率，但并不是情绪唤醒水平越高，学习工作效率就越高，各种活动都存在一个最佳的情绪唤醒水平，情绪唤醒不足或太强，都会导致效率降低。例如，对于中等难度的任务，中等水平的情绪唤醒最有利于它的顺利完成；对于较简单的任务，需要高水平的情绪唤醒才能有较高的工作效率；相反，对于困难的任务，较低的情绪唤醒水平是最优的。了解了情绪的动机作用，我们也可将其运用在工作中。英语的学习对于每一位邮轮服务人员来说都是十分重要的，可根据自身情况制定一个中等难度的学习计划，然后保持中等水平的情绪唤醒，以高效的方式完成学习计划。

（四）适应功能

情绪的适应功能是指当个体在面对新的环境或刺激时，情绪能帮助个体调节自身与环境间的关系，促进个体作出适应性反应，是个体生存适应和谋求发展的重要手段。如人在遇到危险时，因害怕而大声呼救，以便有路过者来帮助自己脱离险境。个体通过情绪唤起的生理反应，激活能量，使之处于与环境或刺激相适应的活动状态，从而更好地完成任务。例如，邮轮服务人员在刚开始工作时，可能因环境或要求的变化，常感焦虑不安，当体会到这种情绪时，就可主动调整，积极适应新的环境、新的刺激，这便是情绪的适应功能。

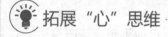 拓展 "心" 思维

情商

情商即情绪智力，简称 EQ，是指人的情绪品质，以及对社会的适应能力。它是一个同智商（IQ）相对应的概念。"情商之父"丹尼尔·戈尔曼曾强调，高智商的人可能在职业生涯中一事无成，但高情商的人肯定会表现非凡。幸运的是，不像智商难以改变，情商可通过后天努力得到提高。

情商一般包括以下五个方面：

（1）自我了解：是一个人情商的核心，即能时刻觉察到自己情绪的出现、变化，以及情绪带来的内心体验。

（2）自我管理：能高效合理调控自己的情绪，并使其以适当的方式表现出来。

（3）自我激励：能有效调动和控制自己的情绪，使之帮助自己达到目标。

（4）他人情绪识别：能通过捕捉他人的情绪信号，了解他的态度或需求，从而实现顺利沟通。

（5）人际关系处理：能有效调控自己和他人的情绪反应。

第二节　邮轮服务人员常见情绪状态

一、热情

"太棒了，我终于面试成功拿到合同了！马上我就要一边赚钱，一边环游世界了！"这是大多数邮轮服务人员在即将入职时的心情，他们对这份工作充满期待。

的确如此，相对于陆地乘务，邮轮服务一般能拿到较高的薪资，而且在船上吃住行都免费，除了偶尔上岸进行一些个人消费，基本没有其他支出，它可以让人在短时间内积累一定的财富。而且在邮轮这个多元化的工作环境中，初出茅庐的毕业生能迅速提升自己的综合能力素质，如英语水平、待人接物能力等，还可以去世界各地领略不同地域的风土人情，开阔思维和眼界。

当他们拿着合同，带着满心憧憬登上邮轮，开启自己人生的职业征程时，往往也动力十足。大多数新入职的邮轮服务人员都非常热爱自己的工作，激情满怀且热情主动。这种积极的情绪会提高他们快速适应工作的能力，也会帮助他们在工作时表现得更为出色。

二、倦怠

随着新入职的新鲜感逐渐消退，许多邮轮服务人员会面临工作中的一个重要挑战——工作倦怠，即因工作压力而身心俱疲。邮轮工作薪资高，但同样需要高强度的脑力和体力付出。为保证 24 小时全方位服务，邮轮服务人员一般实行轮班制，航海日工作时长约 10 小时；到港日会稍微轻松，但也不低于 8 小时；如果上岸游览，就要面临回来后连轴转工作到深夜的境地。而且在合同期内，邮轮服务人员休息时间非常有限。邮轮公司为提高游客体验，往往要求需要面客的部门，如餐厅部和客房部，只要在工作岗位或客用公共区域都要保持微笑。长时间的情绪劳动也是导致情绪枯竭，进而产生工作倦怠的重要原因之一。

再者，单调的工作、生活和严格的管理，也是导致邮轮服务人员工作倦怠的因素。国际邮轮公司通常对员工采用严格的管理模式，他们的工作、休息、用餐等几乎所有活动都被严格规定时间，尤其是上下班务必准时。邮轮公司也对乘务人员的仪容仪表有严格的要求，比如，每天需穿戴干净整齐的工装，工装需熨烫平整，不可有掉扣开线的情况；皮鞋要干净、无破损，且需擦亮；男士不能留长发，女士头发需盘起，刘海不可遮住眼眉等。

 拓展 "心" 思维

直面倦怠

在我们的工作中，出现倦怠是正常的，且它总是不经意就出现了。那么，我们在面临工作倦怠时，要怎么办呢？

1. 打破消极的恶性循环，尝试换个角度看待问题

如果总是去关注那些引起我们消极情绪的事物，我们可能会更消极。因此，尝试主动调整自己，将注意力从负性事件上移开，转而去发现工作中的积极因素，如

自己的进步、同事的关心、领导的认可等。

2. 调整对工作的期望值

过高或过低的期望值，都不利于动机的激发。新入职员工往往对工作期望值过高，制定的目标计划很难达到，这很容易打击人的积极性，使个体产生习得性无助。调整对工作的期待，制定合理可行的计划目标，并控制好付出与收获之间的平衡。

3. 保持合理的饮食和健康的作息

合理的营养是维持身体各项机能、保证人体生命活动必不可少的要素。通常国际邮轮提供给乘务人员的餐食以西餐为主，肉类、生食居多，需要一定的时间去适应。24 小时的轮班制可能无法让乘务人员规律作息，但至少要保证自己在休息时间内得到充足的睡眠，充足的睡眠不但能消除疲劳、恢复体力，还能够保护大脑，使个体精力充沛，思维敏捷，从而提高工作效率。

三、迷茫

随着工作的推进，一些邮轮服务人员开始逐渐发现自己的不足，迷茫感也随之萌发。国际邮轮对服务品质很看重，因此对乘务人员的要求很高，新员工往往很难全面达到标准，频繁的不达标会让他们产生强烈的挫败感，进而认为自己技不如人，感到未来一片迷茫。

一些工作多年的邮轮服务人员则会抱怨自己在这份工作上付出了时间、青春和大把的精力，别人也许只用一个合同期的时间便得到晋升，自己却依然只是个服务员，每天对人点头哈腰，感觉低人一等。

四、焦虑

焦虑是邮轮服务人员在工作时最常出现的一种情绪困扰。许多新晋乘务人员通过刻苦的英语训练和面试官层层筛选，终于如愿获得这份工作后，发现它和自己理想中的样子并不一样。曾经以为的高收入，需要和绩效挂钩；曾经憧憬的环游世界，也只是匆忙上岸给自己放放风，再匆忙回到船上继续工作；曾经的收获浪漫爱情的幻想，也被单调的交际圈和繁忙的工作所打破。加之高强度的工作、复杂的人际关系、狭小的生活空间，某些部门的工作人员可能还面临空气污染、噪声的问题，于是，他们开始怀疑当初的职业选择，出现职业焦虑。

而对于已从事邮轮工作多年的乘务人员来说，虽然他们可能已经在职位上得到晋升，但工作和生活环境依然如初，这种职业的特殊性导致他们中的不少人逐渐对这份职业丧失兴趣，并想要离开这个职业。但当他们试图离开时，却发现自己在其他工作上没有经验积累，陷入欲罢不得、欲干不愿的职业矛盾焦虑中。

M5-2　改变让你焦虑的生活方式

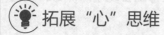

缓解焦虑小妙招

第十四届中国健康传播大会发布的 2019 年《中国职场女性心理健康绿皮书》显示，约 85% 的职场女性在过去一年中曾出现焦虑或抑郁的症状。当今职场女性承载着来自家庭、工作以及自身要求的高压力，焦虑已是非常普遍的现象。那么，在她们面临职业焦虑时，要怎么办呢？以下4点也许能起到缓解作用。

1. 向亲近的人倾诉

把烦恼忧愁说出来，是让自己心情舒畅的前提。当感到焦虑时，请找一个自己信任的人，把自己的困扰和担忧告诉他，也许他可以给你一些有效的建议，或许他的回应会让你得到一些启发。哪怕他什么回应都没有，有个人静静地听你诉说，也是缓解焦虑非常有效的办法。

2. 制定可以达到的工作目标

大多数职场焦虑来源于没有一个明确的目标，或是给自己制定了一个高不可及的目标。制定切实可行的目标是缓解部分职场焦虑的重要手段。

3. 保证充足的睡眠

良好的睡眠是个体身心得到充分休息的必要条件，而能否休息好会直接与工作效率和工作心态挂钩。缺乏睡眠不仅让人疲惫不堪，还会影响工作表现，甚至引发焦虑情绪。

4. 给自己放个假

休息的时候，不妨给自己放个假，出去走走看看。亲近自然是缓解焦虑的一个有效手段。

第三节　邮轮服务人员情绪调节

一、给情绪找个出口

生活中有的人认为展现情绪，尤其是展现负面情绪是弱者的表现，一个强大、成功的人应该是客观理性的，不应当有负面情绪，就算有，也要压制住。然而，过分压抑情绪不但会使负面情绪加重，长期如此，还会造成身体方面的疾病。感知自己的情绪，接纳它，在合适的时候进行合理宣泄，是处理不良情绪、使之得到缓解的最直接且有效的手段。

1. 哭泣

研究认为，眼泪中含有大量与压力等不良情绪有关的物质，适当的哭泣可帮助个体释放这些不良物质，促进新陈代谢，从而维持机体的心理平衡。哭泣是一种有效的心理保护措施，在感到悲伤、委屈时，找一个安全的地方，给自己一定的时间尽情哭泣，可以有效缓解不良情绪。而在想哭的时候忍住不哭，反而可能影响某些有害物质的释放，从而影响身心健康。所以，无论男女老少，在想哭的时候，尽情去哭吧。

2. 倾诉

"人生不如意十有八九"，当遇到不如意时，不要自己憋着，要感受你的情绪并接受它，然后通过适当的方式将它表达出来。例如，找到你信任的家人或朋友，通过面对面、打电话或网络形式，将心中苦闷向他们倾诉，把自己内心的不良情绪统统释放出来。需要注意的是，有效的倾诉是平静地把真实体验告诉对方，而不是破坏性的宣泄。

3. 运动

众所周知，体育运动能有效帮助我们预防疾病和保持身体健康，现代医学研究还发现，它能帮助人们改善情绪，对抗抑郁，提升幸福感。适当强度的运动可以使大脑分泌一种叫内啡肽的神经递质，它可帮助个体有效缓解疼痛、放松心情，增强愉悦感和满足感。同时，运动还能有效减少某些引发焦虑或紧张的荷尔蒙分泌，如肾上腺素和皮质醇等。因此，在情绪不好时，去尝试进行一些自己擅长或喜欢的体育运动，让身体和心情都得到舒展和放松。

拓展"心"思维

运动小贴士

你知道吗？一天中最佳的运动时间既不是早上，也不是晚上，而是15:00 ～ 17:00 间。这是有机体一天中的体力最高点。

同时，不同强度的运动最佳时间也不同。如高强度运动适合在饭后 2 小时后进行，中等强度运动适合在饭后 1 小时后，而轻度运动则适合在饭后半小时后。

4. 借物宣泄

当产生愤怒等能量较强、破坏性较大的情绪时，宣泄是必要的，但要注意的是，要避免如肆意谩骂、乱砸物品等破坏性宣泄。我们可以通过把不良情绪发泄到物品上，如前往专门的情绪宣泄室，尽情踢打、喊叫，抑或是扔枕头、捶沙发等。这样，情绪既得到了一定的宣泄，也不会对自己和他人造成伤害。再者，我们还可以将自己的情绪通过艺术创作等方式表达出来，如绘画、写诗、进行手工创作等。

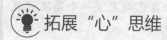

辛弃疾的故事

南宋将领、词人辛弃疾，一生力主抗金，以恢复中原为志，然而却命途多舛，壮志难酬。他将自己的满腔激情和对国家、民族的关切、忧虑寄寓于诗词中，谴责执政者的屈辱求和、倾诉壮志难酬的悲愤，也抒写力图恢复国家统一的爱国热情。其词艺术风格多样，风格豪迈却不失细腻柔美，题材广阔且善用典故。辛弃疾有"词中之龙"之称，与苏轼合称"苏辛"，与李清照合称"济南二安"。

二、转换视角大不同

（一）不可不知的情绪 ABC 理论

两个探险家在荒漠中不慎迷失了方向，在体力即将耗尽时，他们发现了一个装有半瓶水的水瓶。其中一个探险家非常开心，说："我们太幸运了，这儿有半瓶水！"而他的同伴却倍显失落："唉，只剩半瓶水了。"

同样的落难情境，同样遇到半瓶水，为什么两位探险家会产生不同的情绪呢？

著名心理学家阿尔伯特·埃利斯强调，一个人的情绪和行为并非直接由外部事件本身引起，而是通过个体对事件的评价和解释造成。这便是情绪 ABC 理论。在情绪 ABC 理论中，A 代表诱发事件（Activating Events）；B 代表信念（Beliefs），即个体对这一事件的看法、解释和评价；C 代表在这一事件发生后，个体的情绪反应和行为结果（Consequences）。一般情况下，人们倾向于认为外部诱发事件 A 直接引发了个体的情绪和行为反应 C，即 A → C。但埃利斯强调，A 不会直接引起 C，至多只能算引起 C 的间接反应，真正引起情绪和行为反应的是人们对诱发事件所持的信念、看法和解释，即 A → B → C。比如，一位参加邮轮服务人员面试的同学，在落选（A）后变得消沉抑郁、终日闷闷不乐（C）。从情绪 ABC 理论来看，落选的确是件让人失落的事情，但这位同学自我否定的态度（B）才是造成他消沉、苦闷的根源。在他看来，之所以落选，是因为自己能力太差，虽然已经付出全力，但依然是个失败者。同样的事情如果发生在另一个人身上，也许不会产生这样的情绪，因为另一个人可能对这件事情有着不同的看法——"这次的失败让我汲取了一定的经验教训，清楚地知道自己哪方面还存在不足，还好知道得早，回去赶紧补救！"

埃利斯将信念分为合理信念和不合理信念。合理信念是指那些能引起人们对事物适当的情绪和行为反应的看法、解释和评价。不合理信念是指那些导致个体产生不良情绪和行为的看法、解释和评价。他认为不合理的信念往往具备以下特征：

1. 糟糕至极

糟糕至极是一种对事物后果预期非常糟糕甚至灾难性的非理性观念。比如，"如果我没能得到提拔，那我就完了"。糟糕至极的信念往往容易导致个体陷入极端负性情绪且难以自拔。

2. 绝对化要求

绝对化要求是指个体以自己的意愿为出发点，认为某一事件必定发生或绝对不会发生的信念。它通常和"必须""应该"等这类绝对化的词联系在一起。比如，"我必须获得成功，我才是个有价值的人""你应该对我好"等。绝对化信念往往导致事与愿违，而当结果与其对事物的绝对化要求相悖时，他们往往难以接受和适应，并陷入痛苦的情绪困扰中。

3. 过分概括化

过分概括化是指一种以偏概全的思维方式，往往单凭某一件事或某几件事来评价自身或他人的整体价值。比如，"我连这么简单的考试都没通过，我真是一无是处！"过分概括化思维常常导致自罪自责、自卑自弃等不良情绪后果。

（二）学会乐观看世界

1. 用心体会当下

为试探在忙碌的生活中，有多少人愿意停下脚步欣赏优美的古典音乐，世界顶级小提琴家乔舒亚·贝尔进行了一场事先无任何宣传的地铁站演奏。他用价值数百万美元的小提琴在地铁站独自演奏了 45 分钟，曲目从他的奥斯卡得奖名作《红色小提琴》到难度极高的《恰空》。然而，在这个地铁站最繁忙的 45 分钟里，成百上千人从他面前路过，却只有 7 个人真正停下来听他演奏。除了得到的数十美元，没

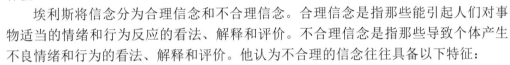

有任何掌声、赞美。而就在几天前，他在波士顿的演奏会票价高达上百美元，却座无虚席。

现代人生活节奏越来越快，尤其是匆忙的上班族，也许他们听到了优美的琴声，却无暇顾及。可能他得赶着去参加一个重要的早会，可能他必须赶紧把孩子送去学校，然后在自己迟到前最后一分钟冲进公司顺利打卡。如果不告诉他们今天错过的是乔舒亚·贝尔的演奏，也许他们永远都不会感到遗憾。日常生活中也会存在很多未被告知的珍贵事件，我们却无意间忽略、抛弃甚至糟蹋，等醒悟过来发现它的美好时，却已为时过晚。

 拓展"心"思维

专注于当下

从前，有一位年轻和尚一心求道，苦修参禅多年，却一直没有开悟。

一天，年轻和尚问师父："您得道前在做什么？"师父答："砍柴、挑水、做饭。"年轻和尚又问："那您得道后在做什么？"师父答："砍柴、挑水、做饭。"

年轻和尚不解："那有什么区别呢？"师父说："得道前，砍柴时想着挑水，挑水时想着做饭，做饭时想着砍柴。得道后，砍柴就是砍柴，挑水就是挑水，做饭就是做饭。"

2. 记录生活的美好

研究发现，将愉快的体验或事件记录下来，能强化这种感受，提升幸福感。

你可以尝试在接下来的一个星期，每晚睡前花几分钟时间回顾下今天有什么愉快的事情发生，它可以是一件很重要的事，比如"求婚成功了""拿到心仪公司的录用通知"；也可以是一个很小的细节，比如"室友夸我风趣、幽默""食堂出了一款新菜"。不用记录很多，挑选 3 件你最想记录下来的即可。

然后在每个事项下面注明它发生的原因，比如，"通过了心仪公司的面试"——"在找工作的这段日子里，我有明确的目标企业和详细的备战计划，每天我都按时完成计划单上的事项。我把自我介绍和面试可能涉及的问题，都精心准备并熟记于心，面对考官时，我沉着冷静，把控好了时间，获得了面试官的肯定。"

刚开始进行的时候，可能会感到有些困难，毕竟万事开头难，但只要坚持下去，一定会获得收获——你的情绪会更好，幸福感也随之提升，你会爱上这个练习！

3. 主动去爱

著名心理学家西格蒙德·弗洛伊德曾说，精神健康的人，总是努力地工作及爱人，只要能做到这两件事，其他的事就没有什么困难。然而，爱是一种能力，并不是每个人都具备，它需要我们后天的培养。幸运的是，只要你愿意，这种能力便可以通过努力习得。

那么，我们该如何去爱人呢？心理学家艾瑞克·弗洛姆给了我们答案——给予。一个人的富有并不仅仅体现在他拥有多少，重要的是他能付出和给予多少，将生命中的欢乐、知识、幽默甚至悲伤，在关心、负责、尊重和理解的基础上分享给他人，这便是爱。

拓展"心"思维

面对抑郁和焦虑的小办法

当你受到抑郁情绪干扰时，可采用以下办法缓解：

（1）坚持规律的睡眠和健康的饮食。

（2）积极参加户外活动，尤其是以往感兴趣的活动。

（3）主动和家人、朋友联系。

（4）拒绝"借酒消愁"，过量饮酒可能会加重抑郁情绪。

（5）向邮轮 EAP 工作人员寻求专业帮助。

值得注意的是，抑郁情绪往往事出有因且时间有限，当你发现并无特别原因却常感抑郁，且这种情绪体验严重影响日常生活工作，还伴有一些躯体症状时，可能就是患有抑郁症。这时，请务必向专业人士寻求专业帮助。

当你感到自己或他人正在受到焦虑侵蚀时，可以尝试用以下方法缓解：

（1）停止对焦虑事件的想象，焦虑来源于我们对未来的担忧，当想象停止，焦虑也将随即减弱。

（2）听音乐，舒缓的音乐有助于帮助我们缓解焦虑情绪。

（3）全身心投入当下，做好每天该做的每一件事。

（4）合理宣泄，通过运动、娱乐、和朋友倾诉等方式进行情绪宣泄。

（5）向邮轮 EAP 机构等专业人员寻求帮助。

【回顾"心"历程】

（1）情绪是与个体愿望和需要密切相关的一系列内心体验和行为反应。当愿望或需要得到满足时，个体会产生积极的情绪体验；当愿望或需要不能得到满足时，则易引发消极情绪体验。

（2）情绪具有信号功能、组织功能、动机功能、适应功能。

（3）积极、倦怠、自卑和焦虑是邮轮服务人员常见的情绪状态。

（4）当邮轮服务人员受到情绪困扰时，调节的方法很多，如通过哭泣、倾诉、运动或借物宣泄，也可以识别自己不合理的信念，然后换个视角看世界，可以在体会当下、记录生活美好、爱自己也爱他人中，收获稳定积极的情绪。

【检验"心"本领】

（1）（简答题）既然消极情绪具有破坏作用，积极情绪可以给我们带来更好的体验，那么是不是应该抵制所有的消极情绪呢？

（2）（简答题）你会怎么应对面试紧张呢？

（3）（简答题）学习完本章，你更倾向于选择哪种方式调节自己的不良情绪？

【迸发"心"能量】

分享快乐

活动目的：

通过分享各自的快乐以及快乐的方法，将快乐情绪传递，同时也互相学习彼此的快乐之道。

活动准备：

6～8 人为一组，小组成员围圈坐，并选取 1 位记录员、1 位计时员。

活动步骤：

（1）以小组为单位，成员依次以"我最近一次感到快乐是……，如果说我做了什么而获得了这份快乐，我想可能是……"为内容，进行分享。

（2）每位同学可进行 2～3 分钟的描述，时间快到时，计时员予以提醒。

（3）记录员对所有组员的发言进行简要记录。

（4）分享结束后，每小组推选 1 位代表分享活动感受。

【充盈"心"智慧】

[1]　曾杰.情绪自控力.南昌：江西人民出版社，2017.

[2]　李宏夫.情绪自救.北京：中国人民大学出版社，2020.

[3]　（美）盖伊·温奇.情绪急救.孙璐译.上海：上海社会科学院出版社，2015.

[4]　（美）泰勒·本-沙哈尔.幸福的方法.汪冰，刘骏杰译.北京：中信出版社，2013.

[5]　（美）马歇尔·卢森堡.非暴力沟通.阮胤华译.北京：华夏出版社，2018.

第六章　邮轮服务人员人际关系

启航 "心" 征程

　　尽管邮轮服务人员的人际关系和其他职业从业者的人际关系相比具备一定的独特性，但是和谐、融洽的理想人际关系是人人都向往和追求的，邮轮服务人员也不例外。天下快意之事莫若友，快友之事莫若谈。不管你身在职场还是日常生活，都需要掌握人际交往的基本技巧。不管你是否在乎有没有良好的人际关系，都要承认良好人际关系的重要性。这一章将为大家介绍什么是人际交往、什么是人际关系、影响人际关系的因素等理论，也将根据邮轮服务人员的人际关系特点，提供相应的调节方式。

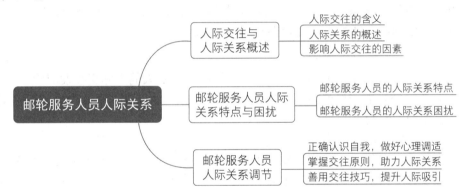

学习目标

　　1. 了解人际交往和人际关系的含义，正视邮轮服务人员人际交往中的困惑。
　　2. 掌握人际交往的原则与技巧。

素质目标

　　理解"仁义礼智信"，学会宽容待人。

第一节　人际交往与人际关系概述

每个人都避免不了人际交往。人从出生到死亡，都在不断地与他人进行互动，如家人是我们最初的交往对象，朋友是我们亲自挑选的交往对象等。而在这个快速变化的世界里，什么样的人才能走进你的朋友圈？什么样的人际关系最能触动你的心弦？

一、人际交往的含义

人际交往也称人际沟通，是指个体通过一定的语言、文字、肢体动作、表情等表达手段将某种信息传递给其他个体的过程。人际交往是交流情感、传递信息的重要手段，也是表达情感、缓解焦虑、获取理解的主要途径。

人类属于群居动物，几乎时时刻刻都在进行着交往活动，我们的语言、思想、行为、情感相互影响，使得人际交往日益丰富多彩。

二、人际关系的概述

在人际交往过程中建立和发展起来的人与人之间的关系就是人际关系，包括亲属关系、朋友关系、学友（同学）关系、师生关系、雇佣关系、战友关系、同事关系、领导与被领导关系等。它不仅反映了人与人之间的心理距离，也反映了人与人在相互交往中物质和精神需求是否得到满足的心理状态。

（一）人际关系发展阶段

参照社会心理学家欧文·阿特曼和达尔马斯·泰勒等人的人际交往发展阶段理论，良好人际关系的发展一般经过四个阶段：选择定向阶段、情感探索阶段、情感交流阶段、稳定交往阶段。

1. 选择定向阶段

在人际交往过程中，我们自觉或不自觉地选择交往对象，进而决定是否将对方作为继续交往、发展的对象。有的视而不见，有的点头示意，有的寒暄交谈，这就是定向阶段。

2. 情感探索阶段

如果在定向阶段，交往双方在情感上彼此产生好感，就会进入情感探索阶段，相互之间沟通的内容和程度会进一步加深，交流的内容可能涉及自身的一些体验、经历、感受、态度和价值观等，但不会涉及私密的领域，双方的交往受角色、社会规范等的制约，比较正式。

3. 情感交流阶段

如果在情感探索阶段彼此觉得谈得来，有了基本的信任，就可能发展到情感交流阶段。在这一阶段，交往双方都会投入比较深的感情，谈论一些相对私密的话题，交流比较自由、放松。

4. 稳定交往阶段

情感交流如果能够在一段时间内顺利展开，就有可能进入更加密切的阶段，即稳定交往阶段。双方发展成为亲密的朋友，可以分享彼此的生活空间和金钱，相互的关心更多更深。这也就是所谓的"人生得一知己""自古知音最难觅"。在实际的人际交往过程中，很少有人际关系能够达到这一阶段和层次。

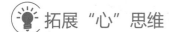 拓展 "心" 思维

人际交往的四种心理模式

美国著名的心理学家爱利克·伯奈依据自己和他人所采取的基本生活态度提出了人际交往的四种心理模式。

（1）我不好，你好。这种态度表现为自卑，甚至是社交恐惧，来源于童年的无助感，这种无助感如果没有随年龄的增长而改变，长大后就容易放弃自我或顺从他人，这类人喜欢以百倍的努力去赢得他人的赞赏。

（2）我不好，你也不好。这种态度表现为不喜欢自己也不喜欢他人，看不起自己也看不起他人，常常放弃自己，陷入绝境，极度孤独和退缩。

（3）我好，你不好。这种态度表现为以自我为中心，总认为自己是对的，而他人是错的，把人际交往中失败的责任推到他人身上，从而导致自己固执己见，唯我独尊。

（4）我好，你也好。这种态度表现为相信他人，能够接受自己和他人，并努力去改变自己能改变的事物，善于发现自己和他人的优点，从而使自己保持一种积极、乐观、进取的心理状态，是一种成熟、健康、双赢的人际交往心理模式。

（二）人际关系的功能

1. 认识自我，完善自我

我们在与他人的交往过程中，可以通过他人对自己的看法和态度反思自己的言行，可以把对方作为自己的一面镜子，找出自己的优点加以发扬，发现自己的缺点加以修正，找准自己在人际交往中的正确定位，达到正确认识自己、合理评价自己、不断提高和完善自己的目的。

2. 沟通交流，获取信息

古人云："独学而无友，则孤陋而寡闻。"人际交往是信息沟通的基本形式。现代社会高速发展，每个人掌握的信息量毕竟有限，所以，通过交往，可以互相学习，可以获得更多的思想与信息，增长知识与能力。

3. 身心健康，全面发展

在生活中，生存、安全的初级需要，以及爱、尊重和自我实现的高层次需要都要通过与他人交往而实现。当人的需要被满足时，能保持良好的身心状态，并且有更多的动力去探索和发展。因此，现实生活中那些乐于交往、善于交往的人的生活更丰富，身心更健康。

三、影响人际交往的因素

在与人交往的过程中，我们常常希望能够相互信任，以诚相待，没有猜忌，同时也期待能够被对方理解和尊重。然而，个体在人际交往中也可能遇到各种阻碍而感到人际受挫。例如，难以与陌生人建立起良好的人际关系，面对人际中的矛盾和冲突常常感到不知所措，封闭内心以减少伤害等。这些久而久之也会逐渐影响个体社会化的顺利发展。我们与谁亲近、与谁疏离、与谁成为知己、与谁成为劲敌，这

些是冥冥之中注定的吗？对照影响人际交往的因素，也许我们能找到答案。

（一）影响人际交往的心理效应

在人际交往过程中，不同的人在我们脑海中会形成不同的印象，他们有的和善、有的高冷、有的温柔、有的知性，但这些简单的印象并不能反映每个人的全貌。很多时候我们会因为一些心理效应而产生认知偏差，从而影响我们对他人的判断。

1. 首因效应

首因效应，指人们初次交往接触时各自对交往对象的直觉观察和归因判断，即我们通常所说的第一印象。第一印象主要是依靠性别、年龄、体态、姿势、谈吐、面部表情、衣着打扮等来判断一个人的内在素养和个性特征。虽然第一印象并不准确，但是它却是最牢固的，并且能在很大程度上影响之后与对方交往的态度。如果对方给我们留下的第一印象很好的话，那么在之后的交往中，我们更容易与其亲近。反之，如果对方给我们的第一印象糟糕至极，那么在之后的交往中，我们更容易对其避之唯恐不及。这也提醒我们，在日常交往过程中，尤其是与别人初次交往时，应注意给人留下好的印象。

2. 近因效应

近因效应，与首因效应相反，指的是在多种刺激依次出现的时候，印象的形成主要取决于后来出现的刺激，即交往过程中，我们对他人最近、最新的认识占了主体地位，掩盖了以往形成的对他人的印象。

 拓展"心"思维

员工与领导的第一印象

当新员工小李与部门领导王总第一次见面时，小李一边看着王总，一边在想："他就是王总吗？他就是我们部门的领导？看起来没有我想象得那么老练。"王总同样一边审视着小李一边想："她就是新来的员工？看起来娇滴滴的，一副吃不得苦的样子。"

这就是小李与王总第一次见面时两人之间的人际认知，彼此留下了不同的第一印象。然而，随着交往的逐渐深入，通过进一步的互相了解，也许小李会发现，王总虽看上去年轻，但是办起事来却很有一套，而王总也可能会发现看上去娇滴滴的小李其实很能吃苦。这便是首因效应与近因效应在人际认知中发挥的作用。

3. 晕轮效应

所谓晕轮效应，指的是人们在评价他人的时候，常喜欢从某一个特征出发来得出或好或坏的全部印象。这种强烈的知觉就像月晕的光环一样，向四周弥散开来，掩盖了对这个人其他品质或特点的认识。例如，对于喜欢的人，我们很容易觉得其什么都是好的，没有任何缺点；而对于不喜欢的人，我们也常常忽视其所表现出来的优点。因此，多数情况下，晕轮效应常使人出现以偏概全、爱屋及乌的错误，从而影响对人际关系的理性判断。

4. 刻板效应

所谓刻板效应，指的是人们在评判他人时，往往喜欢把其看成某一类人中的一员，而很容易认为他人具有这一类人所具有的共同特征。在人际交往中，个体若机械地将某一类人的特征强加在交往对象身上，会影响对交往对象的正确认知而有损人际关系。

5. 投射效应

所谓投射效应，就是以己论人，指将自己的特点归因到其他人身上的倾向。具体说来，投射效应是人在认知和对他人形成印象时，认为自己具备的特性，他人也一定会有，从而经常将自己的感情、意志、特性投射到他人身上并强加于人。比如，一个精于算计的人会觉得别人也在算计自己，一个心地善良的人会以为别人都是善良的等。投射效应虽不可避免，但我们仍然能够有意识地减少它对人际交往产生的消极影响。在交往前期，人们往往因为缺乏了解而不自觉将自己的想法投射到对方的身上。但随着双方了解的深入，慢慢地也能发现人与人之间不一致的地方，从而逐渐摆脱投射效应的影响，进而认识更真实的对方。

（二）影响人际交往的情感因素

人际交往中的情感因素，是指交往双方相互之间在情绪上的好恶程度、情绪的敏感性、对交往现状的满意程度以及对他人、对自我成功感的评价态度等。

人际交往中的情感表达应该适时适度，随客观情况变化而变化。积极的情绪体验有助于人际交往，相反，消极的情感体验会对人际交往有负面影响。以下列举一些常见的情感因素：

1. 自傲

自傲的人习惯过高地估计自己，认为他人都比不上自己，只关心自己的需求，只强调自己的感受。在人际交往过程中，这类人常表现为喜欢自夸、妄自尊大、盛气凌人，高兴时则手舞足蹈，不高兴时则乱发脾气，完全不会在意和理会他人的感受，容易引起他人反感，而不愿与之交往。

M6-1　自尊心太强，输不起，怎么办

2. 自卑

与自傲相反，自卑的人通常对自己的知识、能力、才华等作出过低的评价，进而认为自己比不上别人，否定自我。在人际交往中，自卑者常表现为想要竭尽全力做好某件事情并得到他人的肯定，很容易将别人的不快归咎于自己的过失。这类人总觉得自己不如他人，非常敏感又害怕受伤，故而难以让人接近，不愿敞开心扉。

3. 猜疑

猜疑心理是一种由主观推测而对他人产生不信任感的复杂情绪体验。此类人心理敏感，往往捕风捉影，节外生枝且容易说三道四，挑起是非。与他人交往时，容易猜测他人心思，但往往向消极的方向猜测，因此容易与他人疏远，影响人际交往关系。

4. 孤僻

孤僻心理是因缺乏与人的交往而孤单、寂寞的情绪体验。这类人在与人交往时，通常表现得冷漠、不易亲近，给他人以挫败感，令人心灰意冷，不愿再与之接触。

5. 逆反

逆反的人喜欢标新立异，爱与他人抬杠。在人际交往的过程中常给人带来反感和厌恶的体验，不利于人际关系的建立和发展。

（三）影响人际吸引力的因素

1. 外貌

虽然我们都清楚不能以貌取人，但在交往中，人们还是会不由自主地以貌取人。

好的外貌容易给人留下良好的第一印象。外貌不仅包括容貌，还包括体态、服饰、举止、风度等。因此，若想要留下良好的印象，需要适当修饰自己的仪容仪表，注意自己的言行举止，提升自己的气质风度。

2. 个性品质

在人际关系中，我们常常会强调人格魅力，事实上人格因素是个体吸引力最重要的来源之一。美国学者安德森研究了影响人际关系的人格品质，其中受喜爱程度最高的六个人格品质有：真诚、诚实、理解、忠诚、真实、可信；受喜爱程度最低的几个品质包括说谎、虚伪、不老实等。良好的人格品质可以提升人际吸引力，使交往持久而稳定。

同时，能力也是不可忽视的吸引力之一。一般来说，有才华的人在人际交往中更容易受到欢迎和喜爱。因为人们普遍认为跟有能力的人在一起更安全，可以获得更多的指导，从而少犯错误。但是能力的吸引力相当复杂，并不是能力越强，吸引力越强。有研究表明：人们最喜欢的是能力出众但偶尔会犯点小错的人，最不喜欢的是能力低又总出错的人。

3. 相似性

俗话说"物以类聚，人以群分"，研究表明，人们喜欢和自己相似的人。例如，双方有着共同的兴趣爱好时，更容易拉近彼此之间的距离。从兴趣、爱好、年龄的相似开始，而随着交往的加深，信念、价值观和个性特征的相似性就变得非常重要，决定着人们是否会继续深入交往。所谓"山河不足重，重在遇知己""酒逢知己千杯少，话不投机半句多"，说的就是这种现象。

4. 互补性

有趣的是，人们不仅喜欢与自己相似的人，同时也喜欢与自己互补的人。互补性更多体现在人格特性的互补上。例如，脾气急躁的人更容易被性格温和的人所吸引，喜欢倾诉的人和愿意倾听的人更容易成为朋友等。这样双方有不同的心理品质，可以使对方得到心理上的补偿。也就是说，我们能在别人身上看到自己没有"活出来"的部分，这往往会吸引我们。

5. 邻近性

在其他条件相同时，人们会更喜欢邻近的人。处于同一环境的人，常常见面，容易产生吸引力。同时，常常见面的人更容易相互了解，这也是邻近性在人际交往中起作用的原因。

6. 相互性

人们都希望能被人喜欢，因此，我们往往也会喜欢那些喜欢我们的人，或讨厌那些讨厌我们的人。虽然这并不是绝对的，但一般情况下，我们更愿意跟那些喜欢我们的人交往。

了解人际交往的影响因素，有助于我们理解在人际交往中出现的情感和行为反应，以便处理好自己与他人的人际关系。

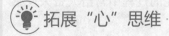拓展"心"思维

人际关系与幸福

追求快乐和幸福是人生活的重要目的，但是怎样才能得到快乐和幸福？或者说幸福最重要的支持因素是什么呢？

在日常生活中，金钱、地位、名誉、成功等似乎与个人的生活质量关系较大，因此许多人认为幸福是建立在这些要素的基础上的，但心理学家却否认了这种说法。心理学家通过广泛的调查和研究发现，良好的人际关系，尤其是亲子、夫妻、亲密朋友等关键人际关系的融洽，才是人生幸福最重要的基础。

金钱买不来幸福，成功、名誉和地位也带不来幸福。幸福从某种意义上说是一种生活态度和生活方式，只要我们对人真诚、友爱，对人关怀、体贴，对人理解和包容，就可以收获良好的人际关系，并最终获得幸福。

第二节　邮轮服务人员人际关系特点与困扰

不少邮轮公司投资建造装修豪华、设施齐备、排水量大的邮轮，使邮轮成为一个豪华的海上度假胜地。这就需要雇佣大量员工来确保其正常运转并满足游客的需要，邮轮服务人员也应运而生。在这座行驶在海上的豪华宾馆上工作，邮轮服务人员的人际关系具有其独特性。

一、邮轮服务人员的人际关系特点

在邮轮远航的日子里，邮轮服务人员面对的是单一的工作环境和一望无际的大海，活动的空间十分有限，加之通信空间或海域的限制，导致邮轮服务人员的人际关系主要分为三种类型，即宾客关系、员工关系以及同事关系，且每一种人际关系都有其特点。

（一）宾客关系

所谓宾客关系，就是指邮轮服务人员与邮轮游客之间的关系。在这种客我交往中，双方扮演着不同的社会角色，邮轮服务人员是服务的提供者，而客人是服务的对象，因此这类型的人际关系主要有以下四个特点：

（1）短暂性。邮轮服务人员在服务的过程中，宾客关系交往频率高、时间短、短暂性的特点尤为突出。由于宾客之间接触的时间短暂，相互熟悉了解的机会也较少。

（2）公务性。在一般情况下，邮轮服务人员与邮轮游客的接触仅限于客人需要的时间和地点（餐厅、酒吧、茶吧、咖啡厅等），否则便是一种打扰邮轮游客的违规行为。与宾客之间的接触只限于公务而不涉及个人关系。若发生公务以外的交往，可能会导致影响邮轮服务人员服务甚至是邮轮公司声誉的情况出现，一般是不可取的。

（3）服务性。宾客之间的接触通常是一种服务性的过程。所谓服务性的接触，指的是这种接触只有邮轮游客对邮轮服务人员下达指令、提出要求，而一般不存在相反的过程。一些传统观念较强的邮轮服务人员，常常由于不能正确地理解和处理这种服务性的关系而陷入自卑或逆反的心理状态。若此心理状态得不到妥善调节，就容易对邮轮服务质量产生消极的影响。

（4）个体与群体的兼顾性。邮轮服务人员服务的对象可以分为两个层面：一是具有个性差异、不同消费动机和消费行为的个体层面；二是来自同一社会阶层、同一文化背景，从事相同或类似职业的群体。前者有个体的个性消费特征，后者则体现出从众、模仿、暗示、攀比等群体消费特征。因此，在宾客交往中，需区分个体和群体的差异，针对其相应的特征提供服务，注意个体与群体的兼顾性。

（二）员工关系

所谓员工关系，指的是邮轮服务人员中管理人员与员工之间的关系。若关系处理得当，员工不仅可以得到领导的信赖，而且可以满足心理需要和发展需要。这种人际关系也存在以下几个特点：

（1）工作层级差异性。管理人员与员工存在上下级的关系，管理人员负责统筹、规划和下达命令，而员工多半服从上级安排行事，有时也会向管理人员提供相应的措施、方法。由于工作层级的不平等性，这类关系存在一定的层级差异性。

（2）非私人性。非私人性的人际关系指的是个人与社会公共活动中的交往关系，是个人与群体及其社会组织交往时形成的一种建立在利益基础上的工作关系。这种类型的关系强调强制性和非强制性的统一。

（三）同事关系

所谓同事关系，指的是人们在同一职业群体中以共同的职业活动为媒介所结成的没有权利等级差别的人际关系。这是职业群体中最广泛存在的人际关系形态，而这种人际关系也存在自身的特点：

（1）主客体的平等。不同于员工关系，同事关系由于地位平等，一般不存在下达指示、命令的情况。

（2）交往空间的邻近性。由于邮轮服务人员工作地点的特殊性，通常吃饭、住宿都在一起，因此交往距离较近，人际关系更容易建立。美国心理学家费斯廷格曾在1950年做了一个简单有趣的实验，调查结果表明居住距离越近的人，交往的次数越多，关系越密切。因此，在人际交往中，距离的接近程度与交往的频率有直接的关系，较小的空间距离有利于建立密切的人际关系。

（3）竞争性与合作性的有机统一。同事之间往往为同一目标努力，此时交往关系偏向于合作性；而当出现利益冲突，如晋升、嘉奖等时，交往关系偏向于竞争性，因此，同事关系是竞争性和合作性的有机统一。

除了在工作中需要面对的这三种关系外，每一名邮轮服务人员除了是邮轮上的工作人员，也是妈妈、爸爸、孩子、妻子、丈夫。家庭关系对于邮轮服务人员来说也是不可忽视的重要人际关系。然而，由于工作性质和地点的特殊性，不少邮轮服务人员与家人长期分离，缺乏陪伴和沟通，其特点有：

（1）容易出现信任危机。已组建家庭的邮轮服务人员因离家时间较长，夫妻感情受到时间、空间的挑战，加之联系有限，容易出现信任危机，距离再难产生美。

（2）缺乏必要的陪伴。对于有孩子的邮轮服务人员来说，工作和家庭之间的矛盾会更为明显，不少邮轮服务人员因工作而缺席孩子的成长过程，对孩子的教育问题也不能及时干预。

受到工作的限制，邮轮服务人员对长辈的陪伴和关心也比较有限。

探究"心"奥秘

人际关系综合诊断测验

这是一份人际关系行为困扰的诊断量表，共28个问题，对每个问题可做"是"（√）或"否"（×）两种回答。请认真回答，然后参照后面的计分结果和评分办法，得出测验结果，并结合自身的实际情况，对自己的人际关系状况进行分析。

1. 关于自己的烦恼有口难言。（　　）

2. 和陌生人见面感觉不自然。（　　）

3. 过分地羡慕和嫉妒别人。（　　）

4. 与异性交往太少。（　　）

5. 对连续不断的会谈感到困难。（　　）

6. 在社交场合感到紧张。（　　）

7. 时常伤害别人。（　　）

8. 与异性来往感觉不自然。（　　）

9. 与一大群朋友在一起，常感到孤寂或失落。（　　）

10. 极易受窘。（　　）

11. 与别人不能和睦相处。（　　）

12. 与异性相处不知道如何适可而止。（　　）

13. 当不熟悉的人对自己倾诉他的生平遭遇以求同情时，自己常感到不自在。（　　）

14. 担心别人对自己有什么坏印象。（　　）

15. 总是尽力使别人赏识自己。（　　）

16. 暗自思慕异性。（　　）

17. 时常避免表达自己的感受。（　　）

18. 对自己的仪表（容貌）缺乏信心。（　　）

19. 讨厌某人或被某人讨厌。（　　）

20. 瞧不起异性。（　　）

21. 不能专注地倾听。（　　）

22. 自己的烦恼无处倾诉。（　　）

23. 受别人排斥与冷落。（　　）

24. 被异性瞧不起。（　　）

25. 不能广泛地听取各种意见、看法。（　　）

26. 自己常因受伤害而暗自伤心。（　　）

27. 常被别人谈论、愚弄。（　　）

28. 与异性交往不知如何更好地相处。（　　）

【评分规则】

打"√"的得1分，打"×"的得0分。

【结果解释】

如果你得到的总分是 0 ~ 8 分，那么说明你在与朋友相处上的困扰较少。你善于交谈，性格比较开朗，主动关心别人，你对周围的朋友都比较好，愿意和他们在一起，他们也都喜欢你，你们相处得不错。而且，你能够从与朋友的相处中得到乐趣。你的生活是比较充实而且丰富多彩的，你与异性朋友也相处得比较好。总之，你不存在或较少存在交友方面的困扰，你善于与朋友相处，人缘很好，获得了许多好感与赞同。

如果你得到的总分是 9 ~ 14 分，那么说明你与朋友相处存在一定程度的困扰。你的人缘很一般，换句话说，你和朋友的关系并不牢固，时好时坏，经常处在一种起伏波动之中。

如果你得到的总分是 15 ~ 20 分，那就表明你在同朋友相处上的行为困扰较严重。

分数超过 20 分，则表明你的人际关系困扰程度很严重，而且在心理上出现了较为明显的障碍。你可能不善于交谈，也可能是一个性格孤僻的人，不开朗，或者有明显的自高自大、让人生厌的行为。

二、邮轮服务人员的人际关系困扰

相信每一位邮轮服务人员都希望能够建立和谐、友善的人际关系，希望能够被人接纳、尊重和喜欢。但在人际交往中，可能或多或少会产生一些困扰和冲突。

（一）认知困惑

认知因素是人际知觉的结果，主要包含三个方面：自我认知、对他人的认知以及交往本身的认知。对于邮轮服务人员来说，认知困惑有如下两个层面：

一是渴求交往与自我意识的矛盾。邮轮服务人员的年龄较为年轻，一般亚洲邮轮要求18 ~ 25周岁，欧美邮轮要求21 ~ 35周岁。因此，邮轮服务人员多为青年人，此时人的自我意识逐渐增强，开始了主动交往，但由于社会阅历有限，同时心理上也较为青涩，在人际交往中往往带有理想化的色彩。

二是交往意识的理想化与现实多面性的矛盾。邮轮服务人员工作场所单一，重思想、重情感、心有灵犀的朋友对邮轮服务人员的身心健康是十分有利的。因此，在寻找知己时，常用理想的标准要求对方。然而同事之间的关系有着合作性和竞争性并存的特点，有时理想与现实不符便会让人倍感失望。因此，邮轮服务人员在交往时会出现渴求交往和自我封闭的双重性。

（二）情感困惑

情感成分是人际交往中最为重要的。情感的好坏决定着今后彼此交往的行为。邮轮服务人员人际关系中的每一种关系都有可能带来不同的情感困惑。比如，邮轮服务人员人际关系中的宾客关系，由于关系的不平等，若是不能及时调节，邮轮服务人员很有可能出现自卑、压抑的情绪体验；同事关系中的竞争性若是不能妥善处理，则容易表现为敌对的情绪特征；员工关系中的层级差异性若不能适应，容易出现逆反的情绪状态。这些情况都会妨碍良好人际关系的形成。

（三）人格困惑

人格是指一个人与社会环境相互作用表现出的一种独特的行为模式、思维模式和情绪反应的特征，也是一个人区别于他人的特征之一。一般来说，人格是相对稳定的。但是研究表明，人际交往中的误解、矛盾与冲突可使人格发生异化。有的邮轮服务人员不能很好地处理人际关系，遭人排挤，加之工作环境封闭，不易与他人倾诉，长此以往会对自我产生怀疑，无法在与他人的交往中认清自己，出现人格的改变。

（四）能力困惑

邮轮服务人员的交际能力欠缺，表现在社会经验尚浅、平时交际少和活跃范围小等方面。随着时代的更迭，现代人的关系圈子越来越小，人机关系取代了人际关系，人们可以在电脑、手机等电子产品上进行通信，从而减少了人与人面对面交流、模仿和学习的机会。因此，虽然邮轮服务人员可以从书本中学到建立、发展人际关系的方法，但是少了相应的实践和锻炼，在现实生活中多表现为沟通、处理冲突、维持关系等能力的不足。

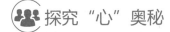 探究"心"奥秘

> **艾米丽的烦恼**
>
> 艾米丽是一名年轻的邮轮服务人员，由于小时候父母对她过度保护，她很少有机会与小朋友们一起玩，不善与人交往。工作后，她看到别的邮轮服务人员很快就和同事、领导打成一片，非常羡慕，她虽然也很渴望和同事们打成一片，但就是不知道该从何下手，不知道怎么跟别人成为朋友。邮轮上的工作有时枯燥又少有人倾诉，她每天都是独来独往，感到非常孤单。
>
> 思考：1. 你认为她在人际关系上存在哪些问题？
>
> 2. 你认为她该如何打破僵局？

第三节　邮轮服务人员人际关系调节

著名心理学家欧文·亚隆曾说过：人们内心的困扰均源于人际关系的冲突。因此建立良好的人际关系，直接关乎邮轮服务人员的身心健康。在生活中培养良好的交往心理，掌握人际交往原则与技巧，对邮轮服务人员的成长与发展有着非常重要的意义。具体地说，邮轮服务人员要想建立和谐的人际关系，可以从以下几个方面入手：

一、正确认识自我，做好心理调适

在人际关系中，自我觉察是非常重要的一环。张德芬在书中曾说过："亲爱的，外面没有别人，只有你自己。"提示我们外界的一切其实都是自己心理的投射，一个人只有真正认识自己、接纳自己，才有可能更好地去对待别人。同时，在与人交往

的过程中，我们也能透过别人的眼睛看清自己，在有自知之明的基础上做到不卑不亢，克服不敢交往、不愿交往、不善交往的心理障碍，进行有效的人际往来。

1. 调适害羞心理

害羞心理在人际交往中表现为语无伦次、手足无措、不自然等。邮轮服务人员发现自己在人际交往中存在害羞倾向时，要及时克服。第一，学会正确评价自我，善于发现自身的长处和优点，挖掘自身的价值，提升自己在人际交往中的自信心；第二，加强实践锻炼，积极参加实践活动，在实践活动中锻炼自己的社交能力，提升自信心；第三，丰富自身的知识，无知使人鲁莽，丰富的知识使人自信。

2. 调适自卑心理

邮轮服务人员在人际交往中若发现自己有自卑的心理倾向，要积极克服。第一，学会正确认识自己，找出自己的优点，接纳自身的不足，扬长避短；第二，学会积极的心理暗示，在内心鼓励自己；第三，主动与人交往，积极主动地融入集体，锻炼自己，增强自信。

3. 调适猜疑心理

每个人都有猜疑之心，适当的猜疑是自我保护，但是过于敏感和怀疑就容易影响人际关系，需要及时调适。第一，学会理性思考，正确认知，力求全面客观地认识人与物，避免认知误区；第二，及时沟通，解除疑惑，用事实说话，不做无根据的揣测；第三，转移注意力，减少对别人的关注，把注意力从别人身上转移到学习和其他方面，放开胸怀，学会解脱，学会自我安慰。

4. 调适恐惧心理

对于社交恐惧，要及时发现，并加以调节。第一，悦纳自己，树立自信；第二，不要对自己过于苛刻，不要过于追求完美；第三，战胜自己，勇敢地面对社交。

5. 调适闭锁心理

有闭锁心理的人常表现为沉默寡言，缺乏朋友，人为地在自己与他人之间竖起一道心理屏障，影响工作与个人发展。第一，更新观念。不少有着闭锁心理的人是因为曾经在人际交往中有受挫体验，觉得人是不可靠的，只要不靠近别人就不会受伤。可是随着成长，对于人际关系也会有新的感受和处理方式，如果一味停留在原来的认知当中裹足不前，就难以踏出第一步。第二，积极交往，以情换情，解除顾虑。第三，多参与实践活动，让别人认识并了解自己。

6. 调适嫉妒心理

嫉妒心理表现为妒忌别人的成绩和长处，总希望别人不如自己，看到别人倒霉会幸灾乐祸等。第一，学会升华，化嫉妒为前进的动力，努力赶超别人，充实自己。第二，保持良好心态，合理宣泄自己的情绪。第三，克服自我中心，学会宽容理解，寻找快乐。

二、掌握交往原则，助力人际关系

（一）尊重他人，心理相容

古人说："敬人者，人恒敬之。"尊重包括自尊和尊重他人两个方面。一方面，自尊就是在各种场合自重、自爱，维护自己的尊严。有些邮轮服务人员认为自己的工作就是伺候人的，地位非常低，因此感到不自信，这样就没有维护自己的尊严。

邮轮服务是一份工作，工作是没有大小、高低、贵贱之分的。另一方面，尊重他人就是尊重他人的人格、习惯和价值。有些邮轮服务人员知道邮轮游客的小癖好后就当作新闻随处分享，这是极不尊重客人隐私的行为。若是被客人知道极易造成矛盾，使得人际关系无法建立。同样，也会有邮轮服务人员因矛盾而对同事进行人身攻击，如辱骂、污蔑对方等，这些都是不尊重他人的表现。人际交往中产生误会和矛盾是不可避免的，我们需要用合理且有利于解决冲突的方式来处理问题。若想保持良好的人际关系，谦让大度、克制忍让是需要做到的。宽容大度并不是懦弱、胆怯的表现，相反，它是有胸襟的表现。在宽容别人的同时也可看清自己的不足与缺点。

（二）真诚友善，平等相待

真诚是指表里如一，真实和谐，是人际交往中最重要、最有价值的原则，是人际交往得以延续和深化的重要保证。诚信正直的人让人感到安心，更加愿意与之结交。平等，是指在人际交往中彼此身份地位平等，不存在一高一低的等级观念，是人际交往的基础性原则。每个人都渴望被平等对待，如果总觉得自己高人一等，用盛气凌人的态度对待别人，就会遭到排斥，最终影响人际交往的顺利进行。

邮轮服务人员人际关系中同事关系的处理更需要真诚、友善，若整体的组织氛围是真诚且友善的，那么整体的工作环境就是积极且有利于发展的。在这样和谐的气氛中工作，更容易让人们团结一心，充分发挥群体的效能，既能相互帮助又能互相激励，促进邮轮服务人员之间的相互学习和信息交流。

培养"心"力量

李白、杜甫传颂千古的友谊

李白与杜甫是唐代伟大的诗人，一位是浪漫主义大师，一位是现实主义巨擘，分别有诗仙和诗圣的美誉，是中国文学史上熠熠生辉的双子星。他们一生中的一次相会，因长久的相思相念而成为绵长的友谊，更成为后人传诵的千古美谈。

744年孟夏之际，他们相遇于洛阳。这一年，李白四十四岁，杜甫三十三岁。当年秋天，他们同游梁宋，后又一起度过黄河，共游王屋山。他们都喜好四处漫游，用今天的话说是志同道合的"驴（旅）友"。次年，他们又共游齐鲁。杜甫因故南游，短暂分离。李白有诗《沙丘城下寄杜甫》相赠。

李白桀骜不驯、豪放纵逸、傲视权贵的性格，给杜甫留下了难以磨灭的印象。"李白斗酒诗百篇，长安市上酒家眠。天子呼来不上船，自称臣是酒中仙。"这是杜甫对李白的最精当的概括，没有人将李白的形象描摹得如此真实。

758年，李白被朝廷流放夜郎。次年春，行至巫山遇朝廷大赦，便回到江陵。杜甫时在北方，不知道李白已经遇赦回到了江陵，心中思思念念，以至梦中与李白相遇。761年，仍然得不到李白的消息，杜甫心中甚是牵挂，"不见李生久，佯狂真可哀"。杜甫一直同情李白并为李白辩解，他不仅是惜才，更是对李白蒙冤表示深切的同情。

（三）互惠互利，友好竞争

人际交往是一种双向行为，故有"来而不往非礼也"之说，只有一方获得好处的人际交往是不能长久的，所以交往双方都要付出和奉献，使双方都受益。这种受益不仅是物质上的，还有精神上的。只有互惠互利才能实现双赢。人际交往双方不仅有合作还存在竞争：不同部门之间有工作考核的竞争，同事之间有工作绩效的竞争。我们必须从心理上接受竞争，看到竞争激发人进步的一面，保持友善的态度，用光明正大的、公平公正的方式去竞争，在竞争中互相促进、互相进步。

总之，我们要想在社会上立足，就要遵循一定的人际交往原则，在此基础上，形成一种团结友爱、朝气蓬勃的交往环境。我们不仅会和朋友相互分享彼此的成功与喜悦，把一个人的喜悦变成大家的喜悦，实现快乐的传播；我们还会向朋友倾诉自己的忧愁和烦恼，从朋友那里获得安慰。我们会拥有一批志同道合、积极向上的朋友，建立和谐、信任、友爱、团结的朋友圈，形成乐观、自信、积极的人生态度，发展健康的个性品质，拥有安全感、归属感和幸福感。

三、善用交往技巧，提升人际吸引

（一）称谓得当，注重礼仪

恰当的称谓给人一种心理满足感，能够创造良好的交往氛围。一般来说要根据对方的年龄、职业、身份等称呼。邮轮服务人员要根据对方的实际情况，使用恰当的称呼。如对长辈、领导、老师的称呼要体现出尊敬，对同辈可以直呼其名，对不熟悉的人要称呼全名。

稳重、大方、得体、文明、优雅是社交礼仪的基本要求，面带微笑，举止大方，坦然自若，在人际交往中会使人感到轻松、自在，能达到提升人际吸引力的目的。同时，邮轮服务人员还需要注意不同国籍的人在手势、行为等方面的不同，避免出现尴尬的情况，如"OK"手势，在大多数国家这个手势都代表着好的、同意，但是在巴西等国家，这个手势代表着粗鲁。

（二）善于交谈，学会聆听

交谈是人际交往的重要方式，它可以交流信息、沟通感情、增进了解，甚至解决问题。交流一般会由"听"和"说"两个部分组成，有来有往地"听懂了"和"说明了"使交流更为有效。因此，在人际交往过程中，一方面我们要能够正确地运用语言来"说明白"。在交谈过程中，将自己想要表达的内容真诚表达出来，同时要做到适可而止，不要说个不停，不给别人说话的机会。在想要表达的时候，不要随便打断别人的谈话，忽视别人的感受。我们需要选择适当的时机，用友善的语言，如"不好意思""打扰一下"插入谈话中。另一方面还要把握倾听技术，真正做到"听懂了"。学会聆听，做一位积极的聆听者。尝试着听到对方的"弦外之音""言下之意"。只有这样才能在人际交往中做到有效的沟通，收获幸福和快乐。

除此之外，我们还可以正确运用非语言艺术，巧妙地表达自己的思想感情。例如，当对方失意时给他一个轻轻的拥抱，当对方成功时给他一个真诚的微笑，当对方讲述时给他一个肯定的额首等。这些非语言的行为有时能起到"此时无声胜有声"的作用。

M6-2　倾听
的重要性

（三）善用赞美，适时适度

美国学者布吉林教授曾经提出一个人际交往的 3A 法则。其基本含义是在人际交往中要想成为受欢迎的人，就必须善于向交往对象表达我们的善良、尊重、友善之意。第一个 A（Accept）为接受对方，第二个 A（Appreciate）为欣赏对方，第三个 A（Admire）为赞美对方。

赞美能有效拉近人与人之间的心理距离。赞扬是一门艺术，在人际交往中，要善于发现别人的优点和闪光点，不吝赞美。每一个人都需要被肯定、被赞扬，赞扬他人可以使他人心情愉悦，发现他人的长处时一定要不吝赞美之词，适时适度地向对方表达，让他人感受到你的善意。在人际交往中，赞美要讲究技巧，要真诚、要因人而异、要有分寸；赞美不是虚伪，不是阿谀奉承。

（四）善解人意，换位思考

善解人意，换位思考，就是指在人际交往中，要善于站在对方的角度和立场理解别人的感受和想法。孔子所说的"己所不欲，勿施于人"就是一种换位思考，意思就是自己不想做的事情，也不要强迫别人做。学会换位思考，就能将心比心，你想要别人怎样待你，你就要怎样待别人。凡事站在别人的角度去想一想，换位思考，是人与人相处最好的润滑剂。理解多一点，苛责就少一点；体谅多一点，矛盾就少一点。真正优秀的人，都懂得换位思考，善待他人。

（五）距离恰当，善处冲突

时间、空间距离近的确容易形成良好的人际关系，但不是绝对的，并不是越近越好，与人交往也要有度，即保持适当的人际距离。距离过近可能会导致一定的人际冲突。冲突是人际交往中的正常现象。很多人认为，冲突是不良现象，应该加以避免。其实冲突不完全是坏事，如果对人际冲突加以正确处理，就会产生意想不到的结果，进一步加深彼此之间的感情，但过多、过激的冲突也会伤害彼此间的感情。我们如果在人际交往过程发生了矛盾冲突，不能消极逃避，一定要直面冲突，采用适当的策略，如适当让步策略、沟通策略、和解策略等，可成功化解矛盾，恢复彼此的关系。

 拓展"心"思维

保持最佳距离

保持距离并不是设置在心灵上的屏障或戒备防线，它因人、因场合而异，人与人之间亲密程度的不同所保持的距离是不同的。那么人与人之间的安全距离到底有多远？了解了这些，会帮助你在处理人际关系上更游刃有余，提高人际交往能力。

（1）亲密距离（0.15～0.44 米）：人际关系中的最小距离，在这个范围内的人，属于可以促膝谈心、亲密无间的关系。

（2）个人距离（0.46～1.22 米）：属于人际交往中稍有分寸感的距离，彼此肢体接触不多，朋友与熟人都属于这一距离，如果是熟人中比较合得来的，彼此距离更靠近 0.46 米。

（3）社交距离（1.2～2.1 米）：这个距离在社交或礼节上显得比较正式，正式场所、社交聚会上，人们大多会保持这种礼貌的距离。

（4）公众距离（3.7～7.6米）：一般是毫不相干的陌生人之间的距离，也是公开演说者和观众的距离。陌生人之间，一旦有人打破这个距离，想进入"个人距离"，就会让对方感到不适，想立刻远离。

我们要乐于与周围的人进行人际沟通，并在交往的实践中巧妙地运用人际交往的原则和技巧，不断提升自己的交际能力，建立良好的人际关系，在和谐的朋友圈中度过自己美好的人生。

【回顾"心"历程】

（1）人际交往也称人际沟通，是指个体通过一定的语言、文字、肢体动作、表情等表达手段将某种信息传递给其他个体的过程。

（2）在人际交往过程中建立和发展起来的人与人之间的关系就是人际关系。它不仅反映了人与人之间的心理距离，也反映了人与人在相互交往中物质和精神需求是否得到满足的心理状态。

（3）良好人际关系的发展一般经过四个阶段：选择定向阶段、情感探索阶段、情感交流阶段、稳定交往阶段。

（4）邮轮服务人员在工作中的人际关系主要分为三种类型，即宾客关系、员工关系以及同事关系。

（5）邮轮服务人员处理人际关系时常见的困扰包括认知困扰、情绪困扰、人格困扰以及能力困扰。

【检验"心"本领】

（1）（简答题）请简述人际关系的含义。

（2）（简答题）人际关系的特点有哪些？

（3）（简答题）国际邮轮服务人员面临的主要人际关系困惑有哪些？

（4）（简答题）人际交往有哪些技巧？

（5）（简答题）谈谈哪种人际交往让你感觉最舒适。

【迸发"心"能量】

优点大轰炸

活动目的：

学习发现他人的优点并直接表达对他人的欣赏，增强人际良性互动；同时，学习接受他人的欣赏，体验被表扬的愉悦感，增强自信心。

活动准备：

准备彩纸、剪刀、胶水。

活动过程：

（1）5～8人为一个小组围圈坐。

（2）每人发数张可制成帽子的彩纸。

（3）每位成员轮流站或坐在团体中间。

（4）组中每人轮流给中间的人找一个优点或令人欣赏之处，写在纸上，并制成帽子送给中间的人，请中间的人将优点大声地读出来，然后将帽子戴到头上。

（5）必须说优点，态度要诚恳，努力发现他人的长处，不能毫无根据地吹捧。

（6）参加者要用心体验被人称赞时的感受，学习如何用心去发现别人的优点和长处，学习如何做一个乐于欣赏他人的人。

（7）最后交流活动感受并由主持人做活动总结。

活动分享：

活动结束后，请同学们围绕以下四个方面进行分享：

（1）被人称赞的感觉如何？

（2）同学们称赞你的话符合你的特点吗？

（3）被称赞的成员说说哪些优点是自己以前就知道的，哪些是未曾意识到的。

（4）称赞别人是什么感受？

【充盈"心"智慧】

[1] （美）戴尔·卡耐基. 卡耐基口才的艺术与人际关系全集. 马剑涛，肖文键译. 北京：中国华侨出版社，2010.

[2] 杨百平主编. 中国式场面话大全. 哈尔滨：黑龙江科学技术出版社，2014.

[3] 周维丽. 别让不好意思害了你. 北京：北京理工大学出版社，2012.

[4] 陈浩. 幽默沟通学：零距离制胜的口才秘籍. 北京：中国华侨出版社，2013.

[5] （美）埃伦·亨德里克森. 如何克服社交焦虑. 冯晓霞译. 北京：中信出版社，2020.

第七章　邮轮服务人员爱情心理

启航 "心" 征程

　　爱情是美好且令人向往的，了解爱情到底是什么，了解邮轮服务人员的爱情有什么特点，以及如何更好经营爱情，是每一位邮轮服务人员拥有一段满意爱情关系的重要前提。

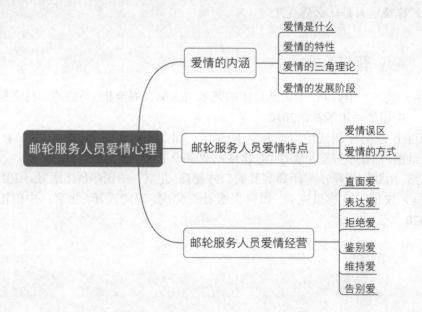

📖 学习目标

　　1. 理解爱情的内涵。

　　2. 掌握恋爱心理调适方法和建立良好亲密关系的方法。

🎯 素质目标

　　树立正确爱情观。

第一节　爱情的内涵

一、爱情是什么

弗洛伊德说："爱情是性本能的表达与升华。"

罗杰斯说："爱是深深地理解与接纳。"

弗洛姆说："爱是一种能力，和任何技艺一样，需要后天练习，爱的问题不在于对象，而在于爱的发出者自身的问题。"

周国平说："真正打动人的感情总是朴实无华的，它不出声，不张扬，埋得很深。"

莎士比亚说："爱情里要是掺杂了和它本身无关的算计，那就不是真的爱情。"

爱情到底是什么？古往今来，在各个领域，人们都对爱情进行过这样或那样的阐述。在社会学家看来，爱情是人际吸引的强烈形式，也是最高形式。在艺术家眼中，爱情是唯美和浪漫，是偏执和占有，爱情是至高无上的，它是世界上最有力的东西。爱情可以温柔到治愈人的灵魂，也强大到足以摧毁一切。而对于生物学家来说，他们强调爱情无非就是一种化学反应，是多巴胺、内啡肽、去甲肾上腺素以及催产素等共同作用的结果：激素分泌，坠入情网；分泌减弱，激情消退。

在心理学家看来，如果把爱情作广义和狭义之分，通常来说，广义的爱情指一种共鸣的亲密情感，它是存在于各种亲近关系中的爱，表现为人际关系中的接近、接纳、共存，以及持续和深刻的同情。而狭义的爱情一般指两个心理成熟的异性之间彼此强烈吸引的人际关系。

二、爱情的特性

（一）爱情具有自主互相性

爱情是两颗心彼此间的倾慕，真正的爱情只能以双方自主自愿和互爱为前提，每个人都是爱者，也是被爱者。自主的爱是两人发自内心的情投意合，受金钱诱惑或是暴利驱使而收获的关系不是真正的爱情。

值得注意的是，爱情是一种你中有我，我中有你的互相吸引和倾慕的状态。因此，单恋虽伴随着强烈的情感，但这种落花有意，流水无情的体验不是真正的爱情，它只能从内部消耗单恋方的精神力量，且可能造成心灵创伤。

（二）爱情具有专一排他性

爱情是两颗心相撞产生的共鸣。人们都向往和赞美忠贞不渝的爱情，而拒绝和唾弃朝秦暮楚的爱情。爱情中的双方要求彼此忠贞，拒绝任何第三方插足，也排斥双方中的任何一方主动亲近其他异性，任何三角恋甚至多角恋的行为都是不道德的。教育学家陶行知曾形象地比喻——"爱情之酒甜而苦，两人喝是甘露，三人喝是酸醋，随便喝要中毒！"

（三）爱情具有平等互惠性

爱情不仅是两情相悦，更是两个平等灵魂的对话。在爱情的形成和发展过程中，双方始终处于人格平等和互相给予的地位，且无论两人在社会地位上有多大悬殊，爱情中都不存在依附或占有的关系，不是一方对另一方的施舍与怜惜，也不是一方对另一方仰望和攀附。平等互惠的爱情是两人互相扶持、共同进步的状态，他们互尊互敬、互谅互让、互信互爱，并在精神和行动上对彼此负责。在爱中，双方的生理和心理都得到极大滋养，他们感到幸福，并对未来充满希望。正如心理学家弗洛姆所说："如果我能对一个人说我爱你，我也应该可以说，我在你身上爱所有的人，爱世界，也爱我自己。"

需要指出的是，不要错把同情当作爱情。爱情中的互相呵护是双方彼此间的，而同情往往是单向的，即一方是给予者，另一方是接受者。当然，同情也可能滋养出爱情，就如同友情能转变为爱情一样，人们可能以任何情感为基础而逐渐萌发爱情。

（四）爱情具有稳定持久性

爱情的培养不是一朝一夕这么简单，双方的感情只有在不断深入了解的基础上才可得到充实和升华。爱情中的天长地久不仅包含了情感因素，还有义务因素；不仅存在于婚前的恋爱过程中，也延续到婚后的家庭生活中。真正的爱情持久且稳定，能够经得起风雨考验。

培养"心"力量

钱锺书与杨绛的爱情故事

1932 年，钱锺书在清华园认识了名门才女杨绛，两人一见钟情，第二年，钱锺书与杨绛便在苏州订婚。两人在见到彼此的第一眼就已经认定了对方，钱锺书后来说"我见到她之前，从未想到要结婚；我娶了她几十年，从未后悔娶她；也未想过要娶别的女人。"

据说，这位书生气十足的清华才子，在家对夫人杨绛关怀备至，每天都会早起做早餐，这个传统一直到老。钱锺书曾这么形容杨绛："绝无仅有地结合了各不相容的三者：妻子、情人、朋友。"这对文坛伉俪的爱情，不仅有碧桃花下、新月如钩的浪漫，更融合了两人心有灵犀的默契与坚守。

三、爱情的三角理论

心理学家罗伯特·斯滕伯格认为爱情由三种成分组合，如图 7-1 所示。

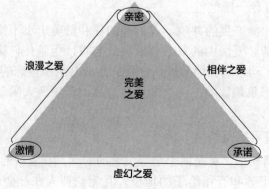

图7-1　爱情三角

第一个成分是亲密，它是爱情中的情感成分，包括热情、理解、沟通、支持和分享等，亲密能带给个体同甘共苦、心灵相通、互相支持、互相归属的感觉。

第二个成分是激情，它是爱情中的主要驱动力，也是决定爱情强烈程度——一种强烈想要接近对方的愿望的首要因素。激情的主要特征是基于浪漫和身体吸引的性唤醒和性欲望，任何能使个体感到满足的强烈情感需要都可以归入此成分。

第三个成分是承诺，它属于爱情的认知成分，是个体投身于爱情和努力维护爱情的决心，也是个体愿意爱对方并与对方保持长期关系的决定。承诺由两方面组成，一个是短期承诺，即个体作出是否爱一个人的决定；另一个是长期承诺，即个体作出维护爱情关系的决定。

探究"心"奥秘

爱情三角量表

请阅读以下三部分条目，并在空格上填写你爱的人的名字，然后根据实际情况，在1～9中选择一个符合该程度的数字，1表示完全不同意，9表示完全同意。

亲密成分

条目	程度（在1～9中择一）
1. 我很支持 _____ 能过得更幸福	
2. 我和 _____ 之间关系很好	
3. 在我需要时，我很信赖 _____	
4. _____ 也能在需要时信赖我	
5. 我愿意和 _____ 分享我自己以及我拥有的东西	
6. 我从 _____ 那里得到许多情感支持	
7. 我给 _____ 许多情感支持	
8. 我和 _____ 沟通良好	
9. 在我的生活中，我非常看重 _____	
10. 我感觉与 _____ 亲近	
11. 我和 _____ 之间的关系让我感觉舒服	
12. 我感觉我真正理解 _____	
13. 我感觉 _____ 真正理解我	
14. 我感觉我能真正信任 _____	
15. 我可以向 _____ 分享我自己内心深处的个人想法	

激情成分

条目	程度（在1～9中择一）
1. 只要见到 _____ 就会让我兴奋	
2. 我发觉一整天我都会频繁地想到 _____	
3. 我和 _____ 的关系非常浪漫	
4. 我发现 _____ 非常具有个人魅力	
5. 我认为 _____ 很理想	
6. 我无法想象另一个人可能会带给我 _____ 带给我的快乐	
7. 和其他人相比，我更愿意和 _____ 待在一起	
8. 没有什么比我和 _____ 之间的关系更重要的了	
9. 我特别喜欢和 _____ 保持身体接触	
10. 在我和 _____ 的关系中有一种魔力	
11. 我崇拜 _____	
12. 我不能想象我的生活中没有 _____ 的情况	
13. 我和 _____ 的关系充满激情	
14. 当我看到爱情题材的电影和书时都会想到 _____	
15. _____ 常在我的幻想中出现	

承诺成分	
条目	程度（在 1~9 中择一）
1. 我知道我关心 _____	
2. 我保证我会和 _____ 保持关系	
3. 因为我已经对 _____ 做出了承诺，我不会让其他人干扰我们的关系	
4. 我相信我和 _____ 的关系是稳定的	
5. 我不会让任何事情干扰我对 _____ 的承诺	
6. 我期望我对 _____ 的爱一直到永远	
7. 我会常常感觉对 _____ 有强烈的责任感	
8. 我计划继续和 _____ 的关系	
9. 我无法想象我与 _____ 的关系结束的情景	
10. 我能确定我对 _____ 的爱	
11. 我认为我和 _____ 的关系会长久	
12. 我认为我和 _____ 的关系是我做出的一个好决定	
13. 我感觉对 _____ 有一种责任感	
14. 我打算继续和 _____ 保持关系	
15. 即使当与 _____ 很难相处时，我也会维持我们的关系	

【计分方式】

首先算出每个成分所得总分，然后除以 15，这样你将得到这个成分的项目均分。均分越高，说明你的爱情中这个成分的比重越大。

爱情的热度来自激情和亲密，承诺反映的更多是与情感或性情无关的理性决定。在爱情三角理论中，这三个成分就是爱情三角形的三条边，各个边长会随着时间发生改变。因此一句简单的"我爱你"，可能包含许多不同的情感体验。爱情是一种复杂的体验，完全缺失某种成分的爱情是很少见的，斯滕伯格倾向于将爱情的三种成分都结合起来，形成以下四种爱情类型：

（一）浪漫之爱

强烈的激情是浪漫之爱必不可少的因素，同时浪漫之爱还存在亲密。值得注意的是，虽然浪漫之爱中的双方往往表现出对他们爱情的忠诚，但"承诺"这一成分并不是这类爱情的必备要素。这种爱情被认为是最轻松、最享受、最唯美的爱情类型，它崇尚过程而不在乎结果。就像烟花，浪漫之爱虽美好却往往较短暂，因为在爱情三要素中，激情是最易发生变化、最易随时间推移消退的，而激情却是浪漫之爱的核心成分。

一项对浪漫之爱的分析显示，激情唤醒的吸引力来源于两个互相依存的因素，首先个体要有强烈的生理唤醒，如心跳加速；其次，他要将自己的生理唤醒归因到对方身上。也就是说，因为对方让自己有心跳加速等高唤醒，那么他是有魅力和吸引力的。

 拓展 "心" 思维

吊桥效应——心动不一定是真爱

在二十世纪七十年代，心理学家阿瑟·阿伦做了这样一个实验：他召集了一群男性，并将他们分为两组，其中一组需要通过一座高达 70 米的吊桥，桥下水流湍急，稍有不慎，就有丧命风险；而另外一组，则只需通过一座非常平稳且结实的石桥。而在桥的另一端，是团队的女助手，所有过桥的男性都需要在女助手那获得她的电话号码。结果发现，从令人惊心动魄的吊桥上走过的男性，更愿意在实验结束后打电话给女助手，并认为对方更具吸引力；而从平稳结实的石桥上经过的男性，则不认为女助手有什么吸引力，在实验结束后给她打电话的概率也大大降低。

阿伦解释，危险或刺激性的情境可以促进感情。这是因为很多时候，我们的情绪体验更多取决于对自身生理唤醒的解释，而这并不一定是自己的真实境遇。所谓生理唤醒是指伴随情绪与情感发生的生理反应，它涉及一系列生理活动过程，如神经系统、循环系统、内外分泌系统等活动过程。在吊桥上，人们会很难确定自己的生理唤醒是由哪部分因素造成的，所以有时，人们很容易将自己的心跳加速解释为对对方的心动，进而更容易产生好感。

（二）相伴之爱

当亲密和承诺结合在一起，就形成了相伴之爱。相伴之爱不依赖于激情，因而比浪漫之爱更稳定。这种爱情往往以深厚的友谊为基础，还包含共同的兴趣爱好，并对彼此抱有舒心、温情和信任的爱恋。长久而幸福的婚姻是这类爱情的典型例子，虽没有年轻时的激情，但却有着更多的亲近、交流和对维持关系的倾心投入，双方共同捍卫着这段感情，成为彼此不离不弃的心灵伴侣。在一项对数以百计婚龄15年以上夫妻的调查中，在问及他们的婚姻为何得以持续这么久时，得到的最好的两个回答是：①配偶是我最好的朋友，②我很喜欢配偶这个人。

探究"心"奥秘

爱情关系满意度和持续时间量表

请回忆你目前或曾经的爱情关系，并根据实际情况，在相应分数上画"√"。

问题	强烈反对	比较反对	不确定	比较同意	强烈同意
1. 我认为我们的爱情建立在深厚而又持久的友谊基础之上。	1	2	3	4	5
2. 通过参加共同的活动和互相关注，我能表达出对伴侣的爱恋。	1	2	3	4	5
3. 我对伴侣的爱恋包含了坚实、深厚的感情。	1	2	3	4	5
4. 我们爱情的一个重要部分就是我们能一起欢笑。	1	2	3	4	5
5. 伴侣是我认识的最可爱的人之一。	1	2	3	4	5
6. 与伴侣共同的友情是我对他/她爱恋的重要部分。	1	2	3	4	5

【计分方式】

将每题所得分数相加，总分在6～30分之间，分数越高，表示你们的爱情类型越接近相伴之爱。研究表明，此量表得分与爱情关系的满意度和持续时间呈正相关。

（三）虚幻之爱

虚幻之爱有强烈的激情和承诺，但不关注理解、沟通、支持等亲密成分。这种爱情往往发生在彼此还不是非常了解和喜爱的基础上，受势不可挡的激情推动，双方闪电般结婚。然而，亲密是维系持久爱情的基石，虚幻之爱基石不牢，就如同没有坚实地基的大厦，随时可能坍塌。因此，许多人认为基于虚幻之爱的婚姻就像一张空头支票，看似美好却无处兑现。

（四）完美之爱

这是爱情最理想的模式，爱情的三个成分——亲密、激情、承诺在这都非常充足，这种爱情充满了热烈、温暖和责任，它是圆满的爱。完美之爱以亲密为基石，以激情为催化剂，以承诺为约束，既是热情、充满活力的，也是稳定、让人放心的。但斯滕伯格强调，完美之爱就像减肥，短时间里容易做到，但长久坚持却很难。通常来看，随着激情的消退，完美之爱最终都会转化为相伴之爱。

四、爱情的发展阶段

"我每天就想跟女朋友待在一起，只要和她在一起，哪怕静静地坐着，也很快乐！"王同学一脸幸福地述说着。

"我女朋友天天给我打电话查岗，怎么就不能给我一点个人空间呢？"赵同学略带尴尬地抱怨道。

"哎，别说了，三天一小吵，五天一大吵。我现在都不敢和她说话，不知哪句话又会把她给激怒。"孙同学怏怏不乐道。

没有恋爱经历的小吴困惑了："爱情不都是你侬我侬，情多处热如火吗？怎么还会想要距离，甚至当面争吵呢？"其实，恋爱是男女双方培育爱情的过程，在这个过程中，双方需要不断深化、磨合、交融。心理学家认为，一段成熟的爱情往往会经历四个阶段，分别是：共存、反依赖、独立和怀疑、共生。

（一）共存阶段

这一阶段也称为爱情的甜蜜阶段。这是爱情最开始的时期，也是激情最强烈的时期，双方都处于热恋中，彼此之间充满了吸引力，希望每时每刻都待在一起。两人之间有说不完的话，心甘情愿为对方消耗大把时间。迫不得已的暂时分离会让他们寝食难安，魂牵梦萦。这是爱情过程中最甜蜜的一个阶段，在这一阶段中，几乎不会出现争吵。

（二）反依赖阶段

这一阶段也称为爱情的矛盾潜伏阶段。到了这一阶段，恋爱双方的激情慢慢消退，不会再时时刻刻想要待在一起，这个时候至少会有一方开始想要获得多一些的个人空间，去做一些自己想做的事情。而此时另一方可能会感到被冷落，裂痕和争执也可能随之产生。需要提醒的是，当你发现自己的激情逐渐消退，关注点似乎重新回到自己身上时，可能表示你们的爱情已经来到了反依赖阶段，那么你们需要冷静处理两个人的关系，共同协商未来的相处方式。

（三）独立和怀疑阶段

这一阶段也称为爱情的矛盾突发阶段，可看作上一个阶段的延续，是爱情发展的关键时期，同时，这一阶段对恋爱双方的感情发展也是一个重大考验。在这一时期，双方都会想要更多的自主空间，而陪伴和联系的时间明显减少。往往此时，较为敏感的一方便会开始抱怨："他不像之前那么爱我，那么关心我了。我对他来说，变得不再重要。"然后各种怀疑甚至猜忌也可能伴随而来。这是爱情极易发生夭折的阶段，因此恋爱双方需要认真去倾听对方的诉求，去理解对方的抱怨，共同制定一个"爱情守则"或"爱情公约"。同时，一起参加一些新奇、刺激的活动，唤醒沉睡的激情，为爱情重新注入新的能量也是不错的尝试。

（四）共生阶段

这一阶段也称为爱情的稳定阶段。如果你们能顺利度过以上三个阶段，来到这一阶段，就意味着你们的爱情已步入成熟稳定的状态。这一时期的你们已经历了吸引、融合和个性宣扬，已经找到适合双方的交往模式，你们在深入了解的基础上建立了信任。虽然相对于最初的热恋期，共生阶段缺少了那份激情和热烈，但却拥有更深厚的亲密和承诺。随着时间推移，你们会更加了解和理解对方，你们互相扶持、共同成长，成为彼此生命中最亲密、最重要的人。

第二节　邮轮服务人员爱情特点

一、爱情误区

（一）重视恋爱过程，轻视恋爱结果

通常，恋爱会被看作以寻觅人生伴侣为目的的行为，是婚姻的前奏。但在对邮轮服务人员的了解中发现，当下邮轮服务人员大多存在一种"不求天长地久，但求曾经拥有"的恋爱心态。这也许和他们的职业特点有关。邮轮工作者合同期长，合同期内，他们远离家乡、远离陆地，漂泊于茫茫大海上，如果恋人在陆地工作，那么他们见面的机会屈指可数，加之邮轮上繁忙的工作和时差，邮轮服务人员和陆地恋人的联络时间也少之又少。如果两人是一同在船上工作的同事，当合同期结束，也可能面临长期分离的境地。所以，无法和恋人及时沟通感情，也许是导致恋爱"只开花、不结果"的客观原因，也是促使邮轮服务人员被动选择"重视过程而轻视结果"的原因之一。

（二）恋爱观念开放，传统观念淡化

随着时代的发展，人们的恋爱观念日益开放，在恋爱问题上，自主自立意识明显增强，对于何时恋爱、和谁恋爱、怎样恋爱等问题，每个人都有自己独立的想法。且一改过去躲躲闪闪的约会方式，人们更愿意公开、大胆地宣布恋情，而不过于在意他人的注目或议论。人们在恋爱表达上更加自主开放，"及时享乐"等快餐恋爱观出现。

（三）追逐表面光彩，不问是否真爱

一些邮轮服务人员在开展一段恋情时，也许并不在意对方是不是自己的真爱，而是为了满足自己某方面的虚荣心，如"别人都有对象，我也不能落伍"，或者以得到青睐和重视来证明自己的魅力。更有许多人以物质为基础，谈恋爱只是因为对方

可以给自己提供所谓的"更高级"的物质基础。也有一些邮轮服务人员由于对船上生活的不适应或疲倦，陷入孤独寂寞，希望寻求知己来填补空虚，正如心理学家弗洛姆所说："人的孤独使人容易沉溺于爱情，这时的爱情极易获得，却也极易失去。"无论是为满足自己的虚荣心，还是一时的孤单寂寞，这种不以亲密、激情、承诺为理由的恋爱都是不可取的。

培养"心"力量

李大钊的爱情

李大钊是一个伟大的无产阶级革命家、理论家和著名学者，但他的妻子却是一个不识字的传统农妇。

李大钊未满周岁便父母双亡，由祖父母抚养。随着祖父母渐渐变老，祖父李如珍便想安排好孙子的终身大事，便让李大钊与同村的赵纫兰结为夫妻。赵纫兰悉心照料李大钊，让他专心读书，无后顾之忧。直到 1918 年，李大钊被聘为北京大学经济学教授兼图书馆主任，而此时的赵纫兰依然目不识丁，且因常年操持家事，容颜渐老。

李大钊从未嫌弃这位"糟糠之妻"，并一直打心底里尊重和感恩这位勤俭持家、坚韧乐观的妻子。

二、爱情的方式

（一）落花有意流水无情——单恋

"山有木兮木有枝，心悦君兮君不知。"

你是否爱过一个并不爱你的人？研究显示，单恋是一种很普遍的情感体验，可能大多数人都经历过。单恋的人往往具有内向、敏感、富于幻想等特质，且男性比女性更多地发生单恋。

单恋这种"求之不得"的体验让人感觉并不好，但为什么会出现这种爱情模式呢？可能有以下三点原因：首先，对方确实强烈地吸引了自己，于是个体会为和对方更进一步发展而努力。其次，对爱慕对象的言行过度诠释，比如对方的一些常规举动被误认为是对自己喜爱的表达。最后，也是最重要的一点，一个人能持续地做出一些行为，大多是因某种奖赏发生了作用，单恋虽然痛苦，但却能实实在在体验到深陷爱情的激动和兴奋，这便无形之中强化了单恋行为。

需要强调的是，并不像许多单恋者说的"我爱你，和你无关"，虽然被人喜欢和追求是自我价值的体现，这让单恋对象感觉很好，但追求者的坚持不懈有时也会冒犯到对方，而且拒绝热心的追求者往往让一个善良的人感到内疚。盲目、不理性的单恋如果不能得到及时有效的疏导，不仅影响正常的生活工作，更可能影响身心健康。

（二）我的爱人还爱着别人——多角恋

小鹏和佳佳在大学时就确定了恋爱关系，并约定要珍惜这段感情。毕业后，小鹏在当地一家酒店工作，佳佳如愿以偿成为一名邮轮服务人员。小鹏在工作第二年就因突出的表现和良好的业绩被提拔，年轻有为、阳光帅气的小鹏成了许多新入职女性的心仪对象。由于工作关系，小鹏和同事小薇经常接触，在一次部门聚会中，小鹏醉酒并与小薇发生了性关系，从此两人便以恋人身份相处。而此时的佳佳还远在大洋彼岸，她丝毫不会想到自己信任的男友已背叛了自己。几个月后，邮轮靠岸，小鹏亲自准备了一顿大餐迎接佳佳，没想到的是，小薇不知从何得到此消息，气冲冲赶到现场大发雷霆。三人陷入了不可调和的恋爱矛盾里……

三角恋是严重违背恋爱道德，对自己和对方，乃至社会带来极大危害的行为，是社会规范坚决不容的。作为新时代的年轻人，更要端正自己的恋爱观，面对爱人和感情一心一意。

（三）为伊消得人憔悴——异地恋

异地恋是很多邮轮服务人员不得不面对的问题。多数时候，双方只能靠手机联络感情，在遇到困难需要人陪伴时，对方却远在千里之外，许多事情都需要自己独自去面对、处理。维持异地恋势必需要更多的忍受与煎熬，但另一方面，异地恋也能给人带来许多美好与憧憬。

M7-1　为什么异地恋大多走向分手

莹莹是一位优秀的邮轮服务人员，与男朋友是通过家人介绍认识的，然后从确定恋情开始便踏入了异地恋的艰辛征程，今年是莹莹和男朋友异地恋的第三年，但莹莹和男朋友的感情似乎并不受空间的影响，反而越来越亲密，两人互相爱惜、珍重着彼此，男朋友夸奖莹莹："她是我遇到过最好的女孩，认真有趣，我爱她，也希望在有生之年能一直爱她。"莹莹表示，异地恋确实会带来很多不便，但也确实给她和男友带来了非异地恋所不具备的好处，比如，两人都有足够的个人时间，莹莹和男朋友在认真工作之余，还坚持学习其他技能，不断提升自己。同时，莹莹强调他们虽然已在一起三年多，但两人之间还是有新鲜感，每次见面都非常期待，他们总是有说不完的话、聊不完的天。正所谓："两情若是久长时，又岂在朝朝暮暮。"

保持一段长久的异地恋，互相理解和信任是基础，保持有效的联系，将自己融入对方的生活，也将对方带到自己的生活中，是维持和增进感情的有效途径。

（四）虚拟世界的真与假——网恋

网恋和异地恋都在空间上有距离，但异地恋双方虽身处两地，但在确定恋爱关系之前是认识、熟悉的；而网恋则完全依附于网络，两人从第一次打交道到确定恋爱关系，也许甚至没见过对方的"庐山真面目"。

随着现代社会科技的进步以及互联网的普及，网恋已成为大多数年轻人可接受甚至更愿意选择的新的恋爱方式。他们认为网恋相比于被家人要求去相亲，少了份尴尬，多了份神秘，更有新鲜感。而且现代人生活节奏越来越快，无暇参加很多社交活动，也就很少有机会认识新的异性，而网恋却既便捷又隐私，且网络给了人们一个更为广阔的选择范围。在现实生活中网恋的实践者有很多，有成功的也有失败的。

 拓展"心"思维

认识网恋

网恋本身无所谓好坏，但如果你打算开启一段网恋，请做好如下准备：

1. 初期不要透露太多个人信息

网络的隐匿性让你无法判断对方的真实意图，所以在刚开始网上接触时，即使对方和你说了很多关于他的事情，也不要将自己的个人信息全盘托出，尤其是女生，要懂得时刻保护自己的隐私安全，毕竟没人知道对方说的是真是假。

2. 谈话涉及财产需当心

当你们相处一段时间，逐渐熟悉，你也逐渐对他信任起来时，如果此时聊天对方似乎总能有意无意谈到钱财方面的问题，请一定要警惕！很多网络诈骗就是从网恋入手。

3. 线下见面要谨慎

许多网友在正式确定恋爱关系前，都会线下见面，这是对恋爱关系负责的表现。但要注意的是，见面的时间和场所要谨慎选择。例如，最好选择在白天见面，约会的地点也尽量选择在人多的公共场合。如果是女生，能有朋友陪同更好，一方面是为安全考虑；另一方面，朋友作为局外人，能帮助你判断对方是否是一个值得信任和托付的人。

4. 在确定恋爱关系前考虑清楚

在确定恋爱关系前，最好将相处模式由线上转为线下一段时间，如一起吃饭、逛街、旅游等。因为两个人只有真实地相处和互动，才能真正了解对方。另外，一些现实问题也是需要考虑的，如两人的健康情况、经济基础、工作节奏，甚至兴趣爱好等。

第三节　邮轮服务人员爱情经营

一、直面爱

（一）合理对待爱情的到来

心理学家弗洛姆很早就说过："成熟的爱是因为我爱你，所以我需要你；而不成熟的爱是因为我需要你，所以我爱你。"可见，爱情中的奉献是一种无条件的奉献，给予的目的就是给予本身，而不是为了获得什么。但另一方面，不带目的的给予又使个体从给予中获得力量和快乐，真切体会到生命力的升华。成熟的爱情包含奉献、责任、理解和尊重，一个人对爱情的态度，不但会影响到爱情的结果，也会反过来影响自我人格的成长与完善。

在一段有滋养的爱情关系中，双方一定是互相负责的，不仅会主动去给予，也会在精神上去关心对方，为对方负责。如果爱情中的某个人只想拥有暂时的快乐而拒绝承担责任，那他爱的只是他自己。缺乏责任的爱情是虚幻的、愚昧的、伤人的。再者，有滋养的爱情关系还应包含建立在双方平等和理解基础上的尊重。恋爱中的个体，应在了解对方的前提下，承认对方的独立性和个性，让对方有能按照自己意愿发展的自由。同时，爱情应是两人成长发展的助推器，不但自己要继续成长，也要努力使对方成长。但需要提醒的是，最深刻的尊重与理解来自让所爱之人可以自由地以自己的方式成长，为了自己，而不是为了服务于对方而成长。

（二）摆正爱情的位置

1. 不要在爱中迷失自我

在恋爱问题上，咨询室里总不乏这类来访者——"每次谈恋爱，我都想要时时刻刻黏着对方，我依赖他，害怕失去他，我全心全意地爱他，但最后他却因'累'放手。"

这不是个例，许多人在爱情里都表现得迷失自我，还误认为这是深刻爱着对方的表现，殊不知，相互独立才是最好的爱情状态。无论是一段感情，还是携手一生，只有双方拥有独立的人格，才能真正做到彼此尊重和理解，才能真正获得让人舒适的爱情关系。就如心理学家唐纳德·温尼科特曾强调的，完美的相处关系是"窝在爱人的怀里孤独"。

2. 爱情不是人生的全部

爱情是美好的，它也在人的生命中占有十分重要的地位，没有爱情的人生是遗憾的，但爱情并不是人生的全部。当爱情被看作生命中唯一重要的事情时，它就会变得不堪一击——正如温室中的花朵，娇弱美丽却经不起任何风吹雨淋。

爱情是在我们人格独立基础上的锦上添花，它不是救命稻草，切不可因为爱而死死抓住对方，让彼此都无法呼吸。值得提醒的是，恋爱双方除了爱情，还有亲情、友情，以及其他的社会关系，这些都是一个人在成长和发展中非常重要的感情联系。

二、表达爱

当爱情来临时，如何将爱表达出来，让倾慕之人明白自己的爱慕之意，且愿意共同发展进一步的关系？表达爱需要勇气，更需要方法技巧。若你爱的人恰好是爱你的，这是幸运且难得的。当无法确定对方对自己的感情时，可寻找一个合适的机会向他表白。如果对方有意，那皆大欢喜。若是对方无意，也不可感情用事、死缠烂打，应及时收回自己的感情，所谓"爱他，也请尊重他的感受和选择"。

（一）表达时机要合适

爱情的表达最好建立在一定的感情基础上，即双方都对彼此有爱慕之意。但要把握好表达时间，过早表达可能会让对方感到冒失和不成熟，从而遭到回绝；过晚表达又可能错失良机，让他人占了先机。合适的时机应是在交往一段时间后，且双方都心情放松、愉快的时刻。

（二）表达方式要恰当

爱情的表达方式很多，或主动大方，或被动含蓄，但不管采用何种方式，都需要注意以下两点：首先，尽量选择对方可能会接纳的方式，不要让对方不知所措，以致尴尬收场；其次，在表白过程中，要清晰地表达自己对对方的爱意，既做到不留遗憾，也懂得适可而止。

（三）表达态度要坚决

坚定地表达自己的爱慕之情，以及想要和对方在一起的决心，是非常重要的。明确、坚决的态度能让对方感受到你是一个坚定的人，你们的爱也将是值得期待的。

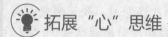

拓展"心"思维

表白被拒怎么办?

（1）给自己一些时间去消化被拒绝带来的打击和其他不良情绪。

（2）找一位信任的朋友，将你的心事告诉他。也许站在旁观者的角度，朋友能帮助你更客观地分析，拨开你心中爱情的迷雾。

（3）如果你已明确知道了对方的心思——他不爱你，这虽然让人很受打击，但短暂痛苦后，你需要有意识地转移自己的情感。比如，暂时离开这个环境，拉开和对方的空间距离，在新的环境里努力生活学习、转移自己的注意力。或者可以收拾好心情，准备迎接下一个爱人的出现。当有一天，你遇到那个刚好也爱着你的人时，你会感谢现在的他如此诚实地拒绝你。

三、拒绝爱

每个人都拥有接受爱或拒绝爱的自由和权利，当面对一份自己不想接受的爱意时，要勇于拒绝，这是对自己和他人的负责。另外，如果发现自己被动卷入三角恋的漩涡，请果断放弃，收拾心情重新上路，相信美好的爱情一定会在未来某个对的时候到来。在拒绝他人爱意时，需注意以下几个方面：

（一）尊重对方

被人喜欢是件难得的事情，也是对方对你的欣赏和认可，因此，纵然不想接受，也应礼貌表示感谢，同时请对方理解自己的苦衷和歉意。需要注意的是，在拒绝对方时，切记不可贬低嘲讽，你拒绝的只是他对你的爱，而不是对他这个人的否定。不要让爱变成伤害。

（二）态度明确

对于不可能接受的爱情，要果断、坚决说"不"，绝不拖泥带水。对坚持不懈甚至死缠烂打的追求者，切不可勉强接受对方。

（三）表达清晰

虽然提倡以委婉的、不伤害对方的方式拒绝对方，但委婉不代表含糊，在拒绝对方时，措辞既要诚恳委婉，不伤人自尊，也要明确清晰，不要用模棱两可的态度搪塞对方，让对方觉得还有机会，如告诉对方"我暂时不想谈恋爱"，也许对方会将它理解成只是目前不想恋爱，也许过段时间就想恋爱了，不接受自己的爱仅仅是因为现在时机不对。

（四）言行一致

如果已经明确表示不接受对方的爱，那么在行为上也要做到一致。不要心中明明清楚自己不会和对方有所发展，却对对方的关心和照顾概不拒绝，让对方产生"我还有机会"的错觉。

四、鉴别爱

（一）爱情和友情

在影视剧中，我们常会听到这样一句台词："我喜欢你，但我不爱你。"可能这会令人感到不解——喜欢和爱有什么区别吗？从斯滕伯格爱情三角理论来看，喜欢指的是一种亲近和理解的感觉，一般表现在对朋友的感情上，朋友之间有亲密感，但一般不会有激情、承诺和"我想和他共度余生"的愿望。如果你的某个朋友总是让你产生强烈的思慕，那么你对他的感情可能不仅是简单的喜欢，或者说可能已经超越了友情。

M7-2 爱情和友情的区别

（二）爱情和亲情

对彼此负责是亲情中一个重要的因素，良好的亲情除了对彼此负责的承诺，还有亲近和理解的亲密感，但它不是亲情的必要条件。同样，亲情不会让人产生性唤醒和性欲望。我们常听到结婚很久的夫妻表示，他们现在的爱情已经上升为亲情了，可能更多意味着他们对彼此的承诺和对家庭的责任增强了，而对对方的激情减少甚至没有了。

（三）爱情和性冲动

如果说你对一个几乎不认识的人产生了强烈的欲望，那你对他可能就仅仅有性冲动，而不是爱情。这种感觉犹如醉酒，来势迅猛，让人体会到强烈的情感冲击，但没有彼此的经营和呵护，一见钟情往往就是这种体验。当然，单纯的性冲动有可能发展成爱情，但了解和区分爱情和性冲动会对我们如何处理自己的感情有所帮助，它帮助我们厘清自己的感受，并在对对方采取行动之前谨慎思考。

 拓展"心"思维

鉴别PUA

PUA 全称 Pick-up Artist，原本是指男性通过学习和实践不断提升自我形象和情商的行为，但现在已泛指通过一系列手段来操纵目标对象的精神，使其对自己百依百顺，从而达到自我满足或骗财骗色的目的。

爱情固然美好，但一切以爱之名义而伤害他人的行为都是不可原谅的。让你痛苦不堪的爱是真爱还是 PUA？请擦亮眼睛，冷静分析。亲密关系中的 PUA 就像是糖衣炮弹，一方面哄着你、顺着你，另一方面又无情地打压你。PUA 施加者往往打着"为你好""帮助你""太爱你"的旗号，对被 PUA 方进行人格侮辱和自尊蚕食，但被 PUA 者本身却很难识别——明明感到很痛苦，却又说不出哪里不对。

1. 他怎么批评你

当你做错了一件事，对方的反应是什么？大多数情况下，对方可能会生气甚至指责你，比如当你因为着急出门而把钥匙落在家中时，正常的伴侣可能会说："怎么这么粗心，又忘带钥匙！长点记性，下次别再犯了！"但 PUA 施加者更有可能这么

表达："你这么粗心大意，这是智力的问题，你太蠢太差劲，别人都不会认可你，更不会喜欢你。"很明显，前者是在就事论事，对某种行为进行批评教育；而后者是以偏概全，从一件微不足道的小事上否定整个人。

2. 你是否自由

在一段正常、健康的爱情中，每个人都是自由的，有成长的自由，有选择的自由，也有接纳对方建议的自由。但PUA施加者往往逼迫对方改变或者进步，而且让对方相信自己永远不够好，永远达不到他的期望，而这一切全都是自己的错。再者，PUA施加者总是监视对方的人际关系和日常社交活动，如对方可能不被允许与没有血缘关系的异性交往，不被允许参加正常的群体活动，也不被允许发展他感到无法把控的兴趣爱好，而这一切的理由都是所谓的"对你好"或是"太爱你"。

3. 你是否快乐

自己的感受永远是最真实的，倾听自己最真实的感受，问问自己在这段关系中快乐吗，充实吗，自信吗。如果答案都是否定的，那么这一定是一段有问题的关系。

无论怎样，当发现自己可能已处在一段PUA关系中时，请立刻结束这段关系。如果感到难以脱身，可以听听朋友的建议，或是寻求心理治疗师甚至律师的帮助。

五、维持爱

随着彼此关系的增进，两人不可避免地会发生摩擦和冲突，这些冲突可能由于日常生活习惯的不一致，也可能源于各自性格的差异，抑或是对事情不一样的理解和看法。这些都是爱情发展过程中必定要经历的，恋爱不是寻求两人的一致，而是独立的两个个体互相理解、包容，从而达到协调、合作的理想状态。那么，如何合理应对爱情中的冲突呢？

（一）不惧怕冲突

在任何亲密关系中，矛盾和冲突都在所难免，矛盾作为事物发展的源泉和动力，在一定程度上对亲密关系的发展是有促进作用的。

但在现实生活中，许多情侣在恋爱关系中感到不满，却因害怕产生冲突而将不满深藏心底，可不满的事情依然继续发生，不满的情绪也随之一天一天累积。殊不知长期压抑自己的负性情绪，不仅影响自己的身心健康，也会破坏两人的关系。

其实，直面自己的真实感受，承认并处理亲密关系中的冲突，不仅不会破坏两人之间的感情，还会使彼此更加亲密，实现爱的升华。

（二）及时沟通

当遇到矛盾或冲突时，及时合理沟通是非常重要的。值得提醒的是，爱情中没有高低贵贱，双方在地位上是平等的，且每个独立的个体都有自己的想法和需求。所以，哪怕对方有错在先，也切勿以高高在上的审判者姿态去批评甚至挖苦对方。合理有效的沟通是建立在互相尊重的前提下，真诚、冷静地就事论事。

拓展"心"思维

伴侣间常见的不良沟通模式

1. 数怨并诉

即同时抱怨几个问题,这些问题包括刚刚发生的,也包括由此联想到的曾经的问题。例如:"你把钥匙落在家里,不仅是因为你粗心,还因为你脑子里成天就想着和你那帮狐朋狗友鬼混,对家里的事从不关心。上周家里水管坏了,你甚至都不知道,还是我找邻居过来帮忙的。"

2. 偏离主题

即谈话从一个主题突然转到另一个主题,以至于上一个问题还未解决好,谈话就进入了下一个话题。例如:"我们这周到底去哪儿郊游,你决定好了吗?你和你老妈一样,做什么都犹犹豫豫,一点也不果断!"

3. 读心术

即自作聪明,想当然地认为自己明白对方的想法和情感。例如:"你这么做就是为了让我生气,是因为昨天我没有做早餐而报复我!"

4. 打断

为表示反对而突然打断对方的话,且目的是表示反对意见或转换话题。

5. 反向抱怨

即不关注对方说了什么,转而用自己的抱怨来回应对方的抱怨。如一方说:"我真的很讨厌你在房间里抽烟!"另一方回应:"哼,我更讨厌你每天早上用吹风机,没有哪一天我不是被你的吹风机吵醒的!"

(三)共同成长

心理学家卡尔·罗杰斯曾说:"当一段爱情让你失去了成长的可能性,那么你便该离开它。"生活中,有些人误认为爱情是影响个人发展的绊脚石,如在学生阶段,家长、老师一遍遍在耳边说:"不要谈恋爱,现在的主要任务是学习!"长大成年后,一些人也会以"现在只想认真工作发展自己,不想谈恋爱"为由来拒绝美好爱情的到来。

然而,一段好的爱情,绝对不是限制人发展的枷锁,相反,它会成为双方成长的动力,并不断发展和完善彼此的人格。罗兰·米勒曾告诉人们一个维持美好爱情的秘诀,他表示爱情中的双方都有义务去关注对方给自己的关心、爱护和包容,然后在每周选一个时间,将自己最欣赏对方的3个友善之举告诉他,并表达自己的感激。简单来说,可以分为三步:①欣赏你的伴侣,②表达你的感激,③重复上述两步。

六、告别爱

在柏拉图代表作《对话录》中,记载了一段苏格拉底与失恋者的对话。

苏格拉底:"孩子,为什么悲伤?"

失恋者:"我失恋了。"

苏格拉底："哦，这很正常。如果失恋了没有悲伤，恋爱大概也就没有什么味道了。"

　　失恋者："您说我该怎么办？我真的很爱他。"

　　苏格拉底："真的很爱他？那你当然希望你所爱的人幸福？"

　　失恋者："那是自然。"

　　苏格拉底："如果他认为离开你是一种幸福呢？"

　　失恋者："不会的！他曾经跟我说，只有跟我在一起的时候，他才感到幸福！"

　　苏格拉底："那是曾经，是过去，可他现在并不这么认为。"

　　失恋者："这就是说，他一直在骗我？"

　　苏格拉底："不，他一直对你很忠诚。当他爱你的时候，他和你在一起，现在他不爱你，他就离去了，世界上再也没有比这更大的忠诚。如果他不再爱你，却要装着对你很有感情，甚至跟你结婚、生子，那才是真正的欺骗呢。"

　　失恋者："可是，他现在不爱我了，我却还苦苦地爱着他，这是多么不公平啊！"

　　苏格拉底："的确不公平，我是说你对所爱的那个人不公平。本来，爱他是你的权利，但爱不爱你则是他的权利，而你想在自己行使权利的时候剥夺别人行使权利的自由，这是何等的不公平！"

　　在建立恋爱关系时，双方都对未来充满希望，并愿意一起努力让这份爱情开花结果。但并不是每份感情都能走到最后——结婚、生子、相伴到老，许多人为或非人为因素会导致爱情关系的破裂。爱情关系的解体往往有以下五个阶段：

（一）个人阶段

　　这是恋爱关系破裂的最初阶段，往往是爱情中的一方开始对彼此间的关系感到不满意，并常常表示不悦或沮丧。

（二）双人阶段

　　不满意的一方开始表露他的不满，然后双方开始协商寻求解决办法，或冷战对峙。这一阶段的爱情关系常给人带来不太好的体验，比如愤怒、伤害、震惊等，有时也会出现解脱感。

（三）社交阶段

　　恋爱双方开始公开向家人和朋友诉说他们的苦恼，并努力寻求理解和支持。

（四）善后阶段

　　对关系的负性评价减少，他们在此阶段或已分手。双方变得理性起来，他们开始重新整理记忆或评价关系。

（五）复兴阶段

　　已经分手的个体以单身身份重新进入社交生活，他们常常告诉他人，上段感情给了自己成长的机会，现在的自己更加聪明睿智。

　　研究发现，无论是否有意为之，分手后的情侣可能在分手后的几个月里仍然保持着密切关系。但无论怎样，分手通常会引发强烈的消极情感，双方都会体验到明显的痛苦和愤怒。不过，这些不良情绪不会如我们想象的那般可怕，它们往往不会持续很久。无论曾经多么亲密，无论分开多么撕心裂肺，负面情绪都会随着时间推移变得越来越微弱，通常分手一个月后，双方都能逐渐从痛苦中恢复过来，并回到生活的正轨上。

 拓展"心"思维 ·····························

如何面对失恋

失恋是一种痛苦的情感体验，而痛苦也是一种人生体验，正是这些不同的体验构成了我们丰富的人生。邮轮服务人员要如何面对失恋的打击呢？

（1）失恋不失智。失恋是痛苦的，但我们不能让自己陷入痛苦中无法自拔，失去理智。即使失恋，也不可去做一些有害自己或对方名誉，甚至生命安全的事。因为失恋的一时冲动而做出毁掉自己和他人行为的人是极度愚蠢的。要知道，爱情只是美好生活的一部分，而这段爱情也许只是你爱情历程中的一个组成部分，这个世界上还有很多美好的东西值得我们为之奋斗。

（2）失恋不失志。鲁迅先生在《伤逝》中曾这样说过："不能只为了爱——盲目的爱，而将别的人生的要义全盘疏忽了。"失恋不等于失去了人生的价值和意义，失恋带来的负面情绪虽然强烈，但却是有时限的。在这段悲伤的日子里，不妨将痛苦化作动力，让自己得到提升。

（3）失恋不失态。聚为伴侣，相敬如宾；散为朋友，不伤和气，这种优雅和大度，不仅是一种美德、一种胸怀，更是豁达的大智慧。如同张小娴在其散文《思念往昔》中描述的："我没有刻意地去想念你，因为我知道，遇到了就应该感恩，路过了就需要释怀。我只是在很多很多的小瞬间，想起你。比如一部电影，一首歌，一句歌词，一条马路和无数个闭上眼睛的瞬间。"

（4）失恋不失爱。一些人在失恋后表示"再不相信爱情了""不会再爱了"。然而失恋的本质是结束一段恋爱关系，而不是失去爱情本身，一叶没有了，见到的将是整片森林。就如郑愁予的《错误》中所说："我达达的马蹄是美丽的错误，我不是归人，是个过客……"

【回顾"心"历程】

（1）古往今来，在各个领域，人们都对爱情进行过这样或那样的阐述。在社会学家看来，爱情是人际吸引的强烈形式，也是最高形式。在艺术家眼中，爱情是唯美和浪漫，是偏执和占有，爱情是至高无上的，是世界上最有力的东西。而对于生物学家来说，他们认为爱情无非就是一种化学反应。

（2）爱情具有自主互相性、专一排他性、平等互惠性、稳定持久性。

（3）心理学家罗伯特·斯滕伯格认为爱情由三种成分组成，且任何爱情都能由这三种成分组合而成，它们分别是亲密、激情、承诺。

（4）将爱情的三种成分有机结合，形成常见的四种爱情类型：浪漫之爱、相伴之爱、虚幻之爱、完美之爱。

（5）一段成熟的爱情往往会经历四个阶段，分别是：共存、反依赖、独立和怀疑、共生。

（6）邮轮服务人员常见的爱情误区有：重视恋爱过程，轻视恋爱结果；恋爱观念开放，传统观念淡化；追逐表面光彩，不问是否真爱。

（7）单恋、多角恋、异地恋、网恋等是邮轮服务人员常见的爱情方式。

（8）在爱情的经营中，邮轮服务人员应做到勇敢直面爱和表达爱，同时也要合理拒绝爱和鉴别爱，通过双方的努力维持爱。如果最终关系走向破裂，那么面对分手要保持理性。

【检验"心"本领】

（1）（简答题）根据斯滕伯格爱情三角理论，你更倾向于哪种爱情？为什么？

（2）（简答题）如果你正处于恋爱中，目前处在恋爱发展的哪个阶段？在这一阶段你们遇到了哪些问题和困扰？

（3）（简答题）回顾自己和伴侣的沟通过程，在"伴侣间常见的不良沟通模式"中，你们占了几项？

【迸发"心"能量】

五色拼盘——谁更适合我

活动目的：

通过自我探索了解自己的择偶标准，让爱情的选择更理性。

活动准备：

6～8人为一组，小组成员围圈坐，每人准备一张白纸和一支笔。

活动过程：

（1）请认真阅读以下词语，并从中选出5个你认为"最重要"的和1个你"最无法容忍"的伴侣品质记录在纸上。

真诚、可依赖、独立、无情、有责任感、不讲卫生、理智、纯洁、漂亮、英俊、幽默、温柔、乐观、自信、善良、性感、悲观、善解人意、自以为是、贪婪、懒惰、富有、花心、有能力、勇敢、活泼、自私、上进、粗鲁、无责任感、有共同的价值观。

（2）现在请你从"最重要"的5个品质中去掉2个，你会去掉什么？为什么？

（3）现在"最重要"的品质还剩3个，请你再去掉2个，你会去掉什么？为什么？

（4）看看剩下的唯一1个"最重要"的品质，它真的是你最看重的吗？

（5）小组成员依次分享自己的选择以及选择的理由。

活动思考：

（1）在对伴侣品质的期望上，你和大多数人一样吗？男生和女生是否存在差别？

（2）如果说这项活动对你选择伴侣有一定的帮助，那么帮助是什么？

【充盈"心"智慧】

[1] 李银河. 李银河说爱情. 北京：北京十月文艺出版社，2019.

[2] 沈从文. 我喜欢你. 南昌：江西人民出版社，2019.

[3] （美）罗伯特·斯滕伯格. 爱情是一个故事. 何媛译. 北京：世界图书出版公司北京公司，2017.

[4] （美）艾里希·弗洛姆. 爱的艺术. 刘福堂译. 上海：上海译文出版社，2018.

[5] （美）罗兰·米勒. 亲密关系. 王伟平译. 北京：人民邮电出版社，2015.

第八章　邮轮服务人员挫折应对

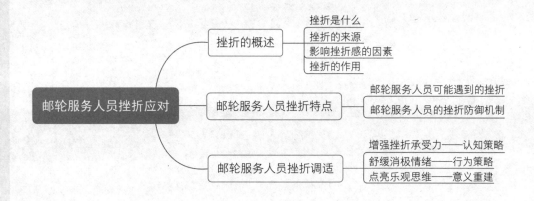

启航"心"征程

邮轮服务人员与海浪和蓝天相伴，他们的工作充满神秘感、令人羡慕。但是这份看似轻松的职业背后不只是一个甜美的微笑和周游世界这么简单，邮轮服务人员也会面临人生挫折。这一章将为大家介绍邮轮服务人员的挫折从何而来，并根据邮轮服务人员挫折的特点提供挫折调适方法。

邮轮服务人员挫折应对

- 挫折的概述
  - 挫折是什么
  - 挫折的来源
  - 影响挫折感的因素
  - 挫折的作用
- 邮轮服务人员挫折特点
  - 邮轮服务人员可能遇到的挫折
  - 邮轮服务人员的挫折防御机制
- 邮轮服务人员挫折调适
  - 增强挫折承受力——认知策略
  - 舒缓消极情绪——行为策略
  - 点亮乐观思维——意义重建

学习目标

1. 认识挫折，了解邮轮服务人员常见的挫折源及防御机制。
2. 合理解释自己的挫折事件。

素质目标

培养健康心态，正确面对挫折。

第一节　挫折的概述

人的一生中总会有失败的时刻，在失败时，我们所能感受到的难过、不甘、痛苦等消极情感体验被称为挫折感。在起起伏伏的人生中，挫折伴随着我们的每一次成长和蜕变。

一、挫折是什么

从心理学角度来说，挫折是个体在某种动机的推动下，在实现目标的活动过程中，遇到无法克服或自以为无法克服的阻碍和干扰，在动机不能获得满足或目标不能实现时产生的消极情绪反应和体验。例如，邮轮服务人员小佳，在航行中收到家人的讯息，陪伴她 10 多年的爱犬刚刚去世了，回想起爱犬陪伴她的种种而自己却在其去世时不在身边，她顿时感到伤心不已，心情跌到了谷底。

挫折通常包含三个因素：挫折情境、挫折认知和挫折反应。

（1）挫折情境：情境是客观的，指阻碍和干扰个体实现目标、满足需要的特定环境，亦称为挫折源。对于小佳来说，爱犬的去世便属于挫折情境。在生活中还有很多挫折情境，如失恋、考试不及格、晋升失败、亲人离世等。

（2）挫折认知：个人对挫折情境的主观认知、态度和评价，比如有人认为失败乃成功之母，有人认为失败了以后再难成功。对于小佳来说，她的挫折认知便是自己没能陪伴爱犬走完最后一程，对不起爱犬。

（3）挫折反应：挫折反应也称为挫折感，是主观体验，指主体伴随着挫折认知，对自己需要不能获得满足时产生的情绪和行为反应。小佳感到伤心不已，心情跌到了谷底便是其挫折反应。

在这三个因素中，挫折认知是挫折情境与挫折反应的桥梁，两者的关系要通过认知来确定。只有当挫折情境被知觉后，主体才可能产生挫折感。否则，即便挫折情境存在，主体也不会产生挫折感。挫折产生过程见图 8-1。

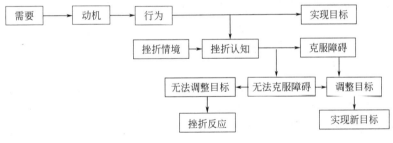

图8-1　挫折产生过程

培养"心"力量

孔子走向社会遭受的第一个挫折是什么？

孔子在母亲的教诲下，好学而知礼，少年时期在鲁国已小有名声。鲁国人几乎都知道有个陬人之子对礼已经很精通了。母亲去世后，年少的孔子孤立无援，以后的路全靠自己走了。他勇敢地面对人生的苦难与困境，决定自己去闯一闯，为自己闯出一条路来。然而，即使是孔子，上天也没有给予特别的眷顾，他要走的路是崎岖坎坷的。

司马迁在《史记·孔子世家》中记述了这样一件事情：孔子母亲去世不久，鲁国实际的掌权者、三桓之一的季孙氏，要举行大规模的飨士宴会，一方面借此拉拢士人，壮大声势，进一步扩大自己的影响，巩固自己的政治地位；另一方面也想从众多的士人中选拔人才，为自己服务。

孔子得知季孙氏要飨士的消息后，觉得父亲叔梁纥是有名的武士，他作为叔梁纥的儿子，也应该属于士，应该有资格参加，于是就兴冲冲地前去参加季孙氏的宴会。可是，还没有走进季氏家门，就被季氏的家臣阳虎挡住了去路，冷冷地对他说：季孙氏宴请的是士，没宴请你呀。孔子高兴赴宴，却被泼了一盆冷水，只好垂头丧气退了回来。

很显然，阳虎的故意刁难，对一个身为名人之后、立志在社会上站住脚却又涉世未深的年轻人来说，是很难接受的。然而，正是这个挫折，使孔子认识到了社会的复杂，认识到了只靠父亲的名声是不够的，要在社会上站住脚，更重要的还是要靠自己的奋斗，这也更加激发了他奋发学习的信心和决心。

二、挫折的来源

人在某一人生时段或承担某种人生角色时所经历的挫折往往具有很强的特定性，因此，邮轮服务人员的挫折源与普通人相似，但又注定有其特殊性。总体说来，其挫折主要由以下几个方面引起。

（一）客观原因

1. 自然环境因素

自然界中的一切事物，都按照自己的固有规律发展着。因此，在自然环境中生存发展的人，往往会遇到自然因素引起的种种挫折。俗话说："天有不测风云，人有旦夕祸福。"例如，自然灾害（地震、洪水）、自然因素引起的疾病、航行中遇到的突发事件等，都是人们无法控制的客观因素。

2. 社会环境因素

邮轮服务人员生活在社会之中，社会的政治、经济、道德甚至风俗习惯等，都可能是引起他们挫折的因素。例如，社会对邮轮服务人员工作的不认可，邮轮游客的不尊重。社会环境造成的挫折对人行为产生的影响，远比自然环境因素造成的影响要大。

3. 校园环境因素

校园中学习的氛围、同学的关系、管理的模式等都有可能是造成邮轮服务专业学生挫折的直接原因。例如，对就读的学校不满意。曾有学生这样写道："我以为在邮轮服务专业可以学到不少航海、地理、世界文化等知识，但是实际上不仅要学这些，还要学很多我以前不知道的内容，有些学习内容我一点兴趣都没有。"另外，人际关系也常常是引起邮轮服务专业学生挫折的重要因素，其中同学之间、异性朋友之间的人际交往挫折对其影响最大。

4. 家庭环境因素

对于邮轮服务人员而言，家长对子女的教养方式、所灌输的价值观念、家庭的经济情况和家庭成员之间的关系都会对他们产生影响。家长的过分溺爱或者过分忽视、家庭经济的困难、家庭成员之间关系的疏离、长久离家的思乡情、不确定的恋情、对疏于陪伴孩子的愧疚等都有可能让其体验挫折感。

（二）主观因素

1. 个体生理方面的因素

个体对自己的身材、外貌等生理方面的情况不满意，并且由于这样先天的限制，使自己追求的目标不能达到而造成挫折。例如，想要成为一名邮轮服务人员，但是由于身高未能达到要求而被迫放弃。

2. 个体能力方面的因素

个体能力是指因个体智力条件或性格、能力等心理特征因素引起的心理挫折。它主要包括两个方面：一是由于个体条件的制约和限制不能达到目标。有一些邮轮服务人员由于自己的学习方法、自我控制能力等因素不能完成学习任务，如因英语口语不过关不得不放弃欧美航线的邮轮服务人员，学习会给他们带来极大的挫折感；二是部分邮轮服务人员可能因能力卓越而承受外界因素给自己带来挫折感，就像人们常说的"树大招风""枪打出头鸟"。

（三）突发事件

如海上突发事件、流行传染病、亲人患重病或者猝逝、本人突患重病，或者由于某些原因不得不终止求学、工作等。这些突发事件极易导致重大挫折，还可能导致个体出现严重的心理问题。

三、影响挫折感的因素

挫折伴随着我们的成长，它能给我们提供能量，让我们变强变成熟，也能给我们造成创伤，让我们变弱变怯懦，而这都取决于我们对挫折的感受与理解。因此，面对同样的挫折情境，每个人会产生不同的挫折反应。影响挫折感的主要因素可以归结为以下几个方面：

（一）生活阅历

随着生活阅历的丰富，人们逐渐在挫折中成长，承受挫折的能力也会逐渐增强。如同"吃一堑，长一智"的道理一样，单凭说教并不能增强抵抗挫折的能力。例如，一帆风顺的人一旦遭遇挫折就会惊慌失措，不知如何应对；而人生坎坷的人，同样的打击却不会引起重大伤害。可见，增加经验能切实地增强抵抗挫折的能力。

（二）个体的归因方式

个体的归因方式，即对挫折的认知判断。挫折认知在增加挫折感和缓解挫折感中有着非常重要的作用。拥有乐观解释风格的人和拥有悲观解释风格的人一样，也会遭遇挫折，只是前者会处理得比较好，原因在于拥有乐观解释风格的人在遭受打击后能很快复原，所以他们在事业上、学业上、运动场上能表现得更好。乐观让人更健康，也更长寿。而对拥有悲观解释风格的人而言，即使事事都如其所愿，他仍会为未来不可预知的灾难而忧心忡忡。

（三）心理品质及心态

拥有不同人格特质的人对挫折的感受也不尽相同。积极心理学认为人类自身存在着可以抵御各类心理或精神疾病的力量，挫折更多地依靠个体内部的各项塑造能力进行抵御，而非外在的力量。比如心理韧性，它是个体面对生活逆境、创伤、悲剧、威胁或其他重大生活压力时的良好适应能力，意味着面对生活压力和挫折的反弹能力；又如拥有勇敢、坚持、感恩等积极心理品质的个体以其自强不息的进取精神和积极向上的乐观心态，直面生活中的重重挫折，收获了属于自己的幸福。值得注意的是，这些积极的心理品质并不是可望而不可即的，每个人天生都具有一定的潜能，我们需要的是像寻找宝藏一样将它们挖掘出来，并运用于生活中。

（四）环境因素

挫折感与人所处的环境有着直接的关系。环境因素包括自然条件和社会条件两类。如果没有较好的社会适应能力，就容易产生失落感和挫折感。一般而言，由自然条件导致的挫折反应较轻，由社会条件导致的挫折反应较严重。邮轮服务人员所面对的工作环境本身就是一大考验，部分邮轮服务人员看到富丽堂皇的豪华邮轮、接触来自不同国家的游客，环境中的诱惑与自己本身实际情况的落差也会偶尔让他们受挫。

（五）挫折的频率

古语有云"屋漏偏逢连夜雨，船破又遇顶头风"，如果短时间内，挫折事件一而再，再而三地出现，挫折承受力必会大大降低，挫折感也会更加明显。

四、挫折的作用

面对同样的挫折情景，不同的人会有不同的心理状态。正如一千个人眼里有一千个哈姆雷特一般，一千个人眼中也会有一千种挫折的形态，有一千种应对挫折的方法。

同样，挫折本身也具有多面的意义。它可以是消极的，成为压倒人的最后一根稻草；也可以是积极的，成为激励人不断前行的一股力量。

（一）挫折是伤害，影响身心健康

长期积累的挫折，可能会对我们的生理、情绪、行为、认知等诸多方面造成伤害。

（1）在生理方面，受挫可能增强对自身的破坏性，尤其是长时间处于受挫状态，可能导致高血压等心身疾病。

（2）在情绪方面，挫折感会使人产生焦虑、恐惧、愤怒、怨恨、压抑、冷漠、抑郁、悲伤的情绪体验。

（3）在行为方面，挫折造成人的紧张和压力，可进一步引起当事人外显行为上的变化，既有可能伤害自己，也有可能伤害他人。例如，在面对晋升失败、业绩不理想、语言条件不利等诸多挫折时，有些邮轮服务人员选择逃避现实，以吸烟、酗酒、消极怠工等方式来求得内心的平静与满足。挫折还容易让人关闭心门，如有些邮轮服务人员在受挫后，不再与亲戚、朋友、同事往来，把自己封闭起来，变成一座孤岛。

（4）在认知方面，经常遭受挫折的人，自我效能感和自豪感可能会降低，造成个人的自我概念和自尊心不足，同时，经常处于挫折状态的人，会将成功的原因外化，即认为成功是偶然的，是靠运气或命运，而失败则是必然的，产生习得性无助感。

（二）挫折是力量，激励拼搏的心

1. 挫折可以磨炼意志

宋代词人辛弃疾曾写道"叹人生、不如意事，十常八九"，关于挫折，古今中外的人皆有着丰富而深刻的认识，如"天行健，君子以自强不息"，这句话告诉我们对待挫折应该持有迎难而上的态度；又如泰戈尔所说"只有流过血的手指，才能弹出世间的绝唱"，提醒我们挫折对人生目标有着重要的意义，只有在挫折的磨炼中才能培养人的意志和挫折承受力。事物总是一分为二的，意志品格坚强的人，经历了持续的挫折和磨难而不气馁，被磨炼得更坚强，靠着顽强的毅力和坚忍不拔的精神，愈挫弥坚，终于沿着崎岖的小道攀登到光辉的顶点，为人类作出不朽的贡献。

2. 挫折能激发人的活力

贝多芬在双耳失聪的情况下创造了不朽的《命运交响曲》，屈原在颠沛流离的情况下创作了《离骚》，奥斯特洛夫斯基在身患重症时写就了世界名著《钢铁是怎样炼成的》。人在挫折中像不知名的野花一样被人践踏，但只要挺过去，便会花开四野，芳香四溢，释放无限的潜力。

为了摆脱挫折带来的痛苦，人们常常为实现目标而作出更大的努力。挫折能激发人的内驱力，生活中的强者往往被挫折激发出强大的身心力量，虽身处逆境，却百折不挠，投入更多的时间和精力，发奋努力，终于实现自己的愿望。

3. 挫折助人探索前进的方向

强者面对挫折和失败，不是手足无措、被动等待，而是积极总结反思，探寻更有效的方式方法来转变逆境。例如鲁迅先生，早年想单纯地通过提高国民的身体素质使祖国强大起来，然而，在一次又一次的挫败中，他发现一个国家想要强大起来，必须要有一定的思想觉悟，于是弃医从文，用笔写文唤醒中国百姓。

由此可知，挫折经历对邮轮服务人员来说是十分可贵的。挫折所产生的适度紧张，对有些人来说具有积极意义。面对挫折，有的人学会积极面对挫折情境，分析造成挫折的内因与外因，认识排除挫折的主客观条件，考虑排除挫折的方案，积累应对经验；有的人开始认真分析自己的行为和动机，探求预定目标的可行性和真实意义，从而对行动的目标进行修正，使个人的行为更好地适应主观条件和客观环境；有的人尝试最大限度地发挥身心潜能，让自己的知识经验、技能技巧和智力能力达到激活状态，从而有利于冲破障碍，实现目标。挫折使我们学会反思、思考、总结、探索、创造，帮助我们不断提高认识、增长才智、磨炼意志。人生有起有伏，人不可能永远在高峰，也不会永远在低谷，挫折帮助我们铸造高昂的斗志，完善积极人格。

第二节　邮轮服务人员挫折特点

一、邮轮服务人员可能遇到的挫折

邮轮服务人员虽然满怀雄心壮志地憧憬着职场生活，但是挫折也常常不期而至。当代邮轮服务人员遇到的挫折主要有以下几种：

（一）工作挫折

来到职场，邮轮服务人员会感受到不同于学校、家庭的氛围，因能力、期望、需求等并未满足而产生的挫折反应也较为常见。具体包括：

一是个人能力与工作要求不匹配而受挫。人有能力的差别，心理学研究表明，在工作性质与人的能力发展水平之间存在一个阈限问题。也就是说，人在从事某项工作时只需要达到该工作所要求的能力即可，否则能力过高或过低都会影响员工的工作积极性和工作能力的发挥。例如，邮轮服务人员的能力低于该工作的要求时，会因无法胜任而感到工作吃力，从而产生负性情绪，对自己失去信心；而如果邮轮服务人员的能力高于实际工作的要求时，会因游刃有余而感到工作乏味，从而失去兴趣，没有工作动力。

二是个人需要没有在工作中得到满足。心理学家指出，人的需要引起动机，动机决定行为，这三者之间是一种互动关系。当人们对某种东西有需求时，就会产生欲望，从而推动人们采取行动来满足此需要。邮轮服务人员在邮轮上工作，同样希望能够得到合理的、与付出等比例的报酬来满足自己的生存需要。同时，不少邮轮服务人员也抱着邮轮梦上船工作，他们希望自己能够通过努力，得到晋升，在邮轮上实现他们的理想和抱负。然而，若薪资待遇不佳、晋升通道不明、职业未来不清则会给邮轮服务人员带来挫折感。

（二）人际挫折

人际交往对于邮轮服务人员而言是职业发展中一项重要的社会需要。邮轮服务人员都希望获得更广泛的良好人际关系，从而维系个人发展与社会需要之间的纽带。但是，在人际交往中，因为各种各样的原因，难以达到理想效果。例如，邮轮服务人员每天要与来自五湖四海的宾客打交道，他们有的工作认真勤恳，却遭客人投诉；他们远离家乡和亲人，不能及时处理家庭事务而被埋怨等。这些都会引发邮轮服务人员的挫折感。

（三）恋爱挫折

不少邮轮服务人员正处在青年时期，期待着美好的爱情，但是，由于现实因素，很多邮轮服务人员并未得到爱神的垂青。不可否认，近年来年轻一代的恋爱现象越来越具有追求感性和物质化的倾向，加上恋爱动机的差异、恋爱过程中交流沟通的技巧欠缺、陪伴的时间有限、解决恋爱中冲突的能力较弱等原因，部分邮轮服务人员也容易在恋爱中受挫。

二、邮轮服务人员的挫折防御机制

邮轮服务人员在遭遇挫折之后，一般不会坐以待毙，都会有意无意地寻求摆脱由挫折产生的心理压力、减轻负性情绪体验、恢复正常情绪和心理平衡的自我调节方式。一般来说可以分为两大类：积极心理防御和消极心理防御。

（一）积极心理防御

积极心理防御是正视挫折、承认挫折并在全面分析主客观原因之后，总结经验教训，以积极的行为方式来战胜挫折，主要表现为坚持、认同、补偿、升华和幽默。

1. 坚持

坚持是指个体发现目标难以达到，要求自己加倍努力，并通过不断努力，使目标最终实现。

2. 认同

认同是指个体在现实生活中无法获得成功时，将自己比拟为某一成功者，借以在心中减轻挫折产生的痛苦；或者迎合能满足自己需要的人，按照他们的希望去支配自己的思想、行为来冲淡自己的挫折感。例如，邮轮服务人员会以历史名人、同事或家人等自己认同、欣赏的人物作为自己效仿的对象，将他们视作榜样并进行积极的自我暗示。

3. 补偿

补偿是指人们由于自身的某种缺陷达不到既定目标，以其他可能获得成功的活动或其他特长来代替的挫折应对方式。这也就是人们常说的"失之东隅，收之桑榆"。如邮轮服务人员在恋爱中受挫，于是将心思全部放在工作上，用加薪或晋升来减轻失恋的痛苦。

4. 升华

升华指的是一个人在受到挫折后，把自己的理想转移到另一项更有价值的事业上去。古今中外许多人都是逆境起飞，创造出了不朽的业绩，如文王拘而演《周易》，仲尼厄而作《春秋》。可以说，升华是面对挫折最积极的行为反应。正如别林斯基所说："不幸是一所最好的大学。"邮轮服务人员也可在挫折中成长，最终实现自己的梦想。

5. 幽默

幽默并不是所有人都能够做到的，它需要人们拥有积极的生活态度。它是指个体受挫时，用幽默的方式来化解困境，维持自己的心理平衡。幽默并不是拿别人开玩笑，以挖苦别人达到自己内心的平衡。幽默更多地体现为自嘲。一个人能够学会自嘲，很多东西也就放下了。例如，失恋的邮轮服务人员能自嘲说："我总不能在一棵树上吊死吧！"幽默能拉近人与人之间的距离，而且能够帮助个体有效地寻求社会资源。

（二）消极心理防御

消极心理防御是指邮轮服务人员遇到挫折后所表现出来的带有强烈情绪色彩的非理性行为。常见的有：攻击、退行、压抑、逃避、冷漠。

1. 攻击

挫折——攻击假说认为，任何挫折必然导致攻击行为。事实上，两者之间并不存在必然的因果联系，攻击只是挫折反应的一种。攻击是指在邮轮服务人员遭遇挫折后，在情绪与行动上会产生一种对有关人或物的攻击性行为，分为直接攻击和间接攻击。直接攻击指个体受挫后，将负性情绪直接发泄到使之受挫的人或物上，如邮轮服务人员收到游客的投诉，非常不满，把愤怒的情绪直接发泄到该游客的身上。间接攻击指个体受挫后，将负性情绪指向其他的人或物上，如邮轮服务人员收到游客的投诉，把怒气发泄到室友身上或物体上。攻击行为是一种破坏性行为，有可能造成不良后果。

2. 退行

退行指人们在受到挫折时所表现出的与自己年龄或身份不相称的幼稚行为，主要表现为盲目轻信、固执和叛逆。表现出这种行为的邮轮服务人员多半对自己不太有信心，感受不到自己的力量，便会随波逐流，像孩子一样去依赖他人，甚至觉得自己不适合工作，只想辞职待在家里，被父母保护。

3. 压抑

压抑是指人在受挫之后把不愉快的经历和体验压抑到潜意识中，不去主动回忆，以保持内心的安宁。适度的压抑确实能够帮助我们调整情绪，但长期的压抑会引发更强的挫折感，久而久之可能使人变得性情暴躁或孤僻、沉默，甚至形成心理疾病。

4. 逃避

逃避是指邮轮服务人员受挫后，不敢面对自己所遇到的挫折情境，而逃避到比较安全的环境中去的行为。逃避分为三种表现：一是逃到另一种现实中，如工作没有激情便寄情于游戏世界并沉迷其中；二是逃到幻想世界，如在自己的幻想中想象着自己多么成功；三是逃往疾病状态，如总感觉身体不适而逃避工作。

5. 冷漠

冷漠是指对于挫折情境漠不关心、无动于衷等情绪反应。如有些邮轮服务人员的人际关系不太好，待人接物的能力欠缺，在多次尝试失败后，他们也渐渐对人际关系持冷漠的反应。

总之，积极的行为反应能够帮助邮轮服务人员更快地走出挫折的阴影，化解困境，挖掘新的能量和资源，有利于个体的成长。而消极的行为反应会制约邮轮服务人员的发展，有些可能在短时间内起到调整情绪的作用，但长此以往，会使人降低适应能力，埋下心理疾病的种子。因此，邮轮服务人员应该树立积极面对挫折的信念，发挥心理潜能，增强耐挫力，以适应社会的发展。

第三节　邮轮服务人员挫折调适

人生的旅途不可能一直顺风顺水，挫折是我们生活的一部分，它可以是压垮我们的恶魔，也可以是让我们看清自己的明镜。只要我们掌握有效应对挫折的方法，发掘自身的积极资源，提升自己的挫折承受力，在经历挫折后也能品尝到生活的甘甜。

一、增强挫折承受力——认知策略

挫折承受力又称为耐挫力，是个体在遭遇挫折时，经得起打击和压力，摆脱和排解困境而使自己避免心理与行为失常的一种耐受力。心理学研究表明，承受适当挫折的打击，保持心理的平衡与人格的完整统一是一个人心理健康、适应能力强的标志。挫折承受力的大小，往往直接决定个体能否经得起挫折打击。一般来说，挫折承受力较强的人，对挫折的反应小、持续时间短、消极影响少；挫折承受力较弱的人，对挫折的反应大，容易受到负面的影响，持续时间长，甚至会一蹶不振。

挫折承受力主要是一种后天习得的能力，培养这种能力，便能够帮助我们正确认识挫折对人生的意义，增强抵御挫折的能力。

（一）倾听自己对逆境的反应

挫折感的产生与挫折情境有着千丝万缕的联系。许多事情之所以被认定为挫折，是由于我们缺乏解决问题的能力。心理学家班杜拉指出，相信自己解决问题能力的人在困难情况下是一个较有效的分析思想者。因此，当你感受到自己出现消极情绪的时候，就要提醒自己把自己和挫折情境区分开来。理清自己的思路，进一步评估挫折对你的影响，如它可控吗？我要为它负多大的责任？它对我究竟有多大的影响？它会持续多长的时间？举个例子，邮轮服务专业学生小苹在宿舍中与小丽发生了矛盾，其他的室友想要上前劝说，但争吵却越演越烈，小苹感受到了强烈的人际受挫，非常愤怒、痛苦、委屈。这些情绪都在提示着小苹，她正在经受挫折。她可以做的，便是问问自己：我能不能掌控这样的人际状态？我要不要主动做些什么？

（二）探索自己对结果的担当

这一步是防止我们陷入推卸责任的惯性中，或帮助我们从自责、愧疚的状态中走出来。整个过程是为了让我们看到自己的掌控感，明晰挫折的后果，提醒我们事情也许并不像自己所想得那么糟糕。同时，我们也可以联想到曾经发生的类似事件，当时的解决办法也会给我们新的启示。比如，小苹在这个阶段中可以问问自己做了些什么，让人际关系陷入僵局；我们做了什么事情，让对方对我们的关系失望了；人际受挫导致的最糟糕的结果会是什么。

（三）分析证据做决定

这个阶段中我们可以仔细寻找证据来验证我们得到的结论，过程中也会有自我的反驳。同样以小苹的事件为例，在这一步中，小苹需要认真地看一看：以为会出现的那些后果，是否一一出现了？有什么证据证明自己什么也做不了？有什么证据证明自己无法解决这样的人际冲突？有什么证据证明，在这次人际冲突中自己是唯一被孤立的一个？当平静下来，仔细地分析，可能会发现并没有不容置疑的证据。因为生活中总有多种可能性，也总会有非常多的资源可以被利用。

（四）做点事情应对挫折

当我们完成前面三个步骤后，大概率会拥有相对平和的心态和情绪。那么我们需要想一想该怎么解决，做些什么事情能帮助我们减少挫折带来的消极影响。需要注意的是，解决方案的成功与失败是需要验证的，如果计划可行，则持之以恒，直到完成目标。必要时可修改计划，或者探索其他解决方案，然后继续解决问题，直到问题解决或达到目标。当然并不是所有的情况都能得到很好的解决，许多问题的解决需要一定的主客观条件，在条件尚不具备的时候，暂时避一避，顺其自然，等待合适的时机或采用迂回的策略，都是值得提倡的积极应对方式。

二、舒缓消极情绪——行为策略

挫折容易使人感到焦虑或无力，这种感受时常让人觉得难以缓解，从而影响工作、生活、学习。因此，注重情绪的调节，消除紧张和焦虑的情绪，为情绪做按摩，让自己更放松显得尤为重要。常见的方式有以下两种：

（一）缓和或消除身体困扰法

研究表明，常做个人运动（如慢跑、跳韵律健身舞、举重等），可以减轻焦虑和改善心情。因为经常从事体力运动，特别是有氧体育锻炼，可以增强体质和免疫系统功能，增加活力，远离疾病，延缓老化。运动也可以主动地利用发力和松弛的时机以控制生理唤醒水平，缓解愤怒与焦虑，释放压抑的情绪。有规律地运动后能促进睡眠，使人暂时忘掉令人烦恼的问题。运动的随意性又可以使人产生驾驭感和自我控制感，可以防止过度紧张，减轻和避免忧郁。

消除身体困扰还可以通过松弛练习来达到。松弛练习指通过某些行为操练而达到心身松弛的活动。松弛练习需要达到的松弛状态是一种低唤起状态，骨骼肌完全放松，植物神经和内分泌系统均处于低活动水平，从而便可对抗应对焦虑和紧张。松弛练习的方法有很多，自我暗示、自我催眠、瑜伽、渐进性松弛、自身训练等都可达到心身放松的目的。

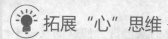 拓展"心"思维

渐进式放松法

雅各布森提出渐进式放松法，提醒人们可以遵循下列步骤放松肌肉：第一步，对肌肉收紧和放松的状态有所察觉；第二步，区别肌肉紧张与放松的情况；第三步，依次从一组肌肉到另一组肌肉。这个练习需要15分钟，最好每天做2次，每次练习后，你都能发现自己的放松程度逐渐加强。渐进式放松法的具体操作如下：

（1）找一间安静的房间，舒适地坐在带靠背的椅子上，双脚平放在地板上，闭上双眼。

（2）倾听自己的呼吸，感受空气进出自己的身体。做几次深呼吸，每次呼吸要缓慢，心里默念"放松"。

（3）将注意力集中在脸上，设想你的脸、眼睛、下巴、舌头很紧张，心里描绘出紧张的样子，然后再想象紧张消失，一切都变得松弛柔软。

（4）全身各部分，做同样的练习：头、颈、肩、手臂、手、腹部、大腿、小腿、脚踝、脚、脚趾。

（5）全身练习完毕，静坐5分钟。

（6）再闭眼1分钟后，睁开双眼。

（二）缓和或消除心理压力法

由挫折产生的压力可以是促进邮轮服务人员成长的动力，也可以是阻碍邮轮服务人员发展的阻力。过度的心理压力对邮轮服务人员的心理成长和发展有着极大的影响。缓和或消除心理压力，不仅是维护身心健康的需要，也是自我成长和人格成熟的条件。对心理压力的自我调节，可以采取以下的方法：

1. 转移注意力

转移注意力法是指用建设性的活动把注意力从痛苦的或压抑的思想和情感中转移，通过听音乐、看电视、散步、购物、工作以忘掉痛苦。转移注意力作为一种过渡性的方法，可以使我们的情绪得以缓解。

2. 适当宣泄

适当宣泄是平衡心理、舒缓压力、保持和增进心理健康的重要方法。当消极体验一再叠加的时候，我们不应一味承受、压抑，还要能够适当地宣泄。

常见的宣泄方式有说出来、喊出来、写出来、哭出来等。值得一提的是，专业的心理咨询师也可以帮助我们缓解压力。

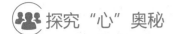探究"心"奥秘

霍桑实验

1928～1932年哈佛大学心理学教授梅奥主持了霍桑实验,采用个别谈话法对职工进行采访,开展了一次涉及面很广的关于士气问题的研究。实验起初,他们按事先计划的提纲提问,了解职工对工作、工资、监督等的意见,但收效不大。后来访谈改为由职工自由发表意见。研究人员只是洗耳恭听,详细记录。由于采访过程既满足了职工被尊重的需要,又为其提供了发泄对管理者不满和抱怨的机会,结果职工士气高涨,产量大幅度上升。研究者分析认为,这是由于工人长期以来对工厂的各项管理方法有许多不满,但无处发泄,这次实验中工人无话不谈,发泄了心中的怨气,由此感到高兴,因而使产量大幅上升。

三、点亮乐观思维——意义重建

正如前文所述,每个人都会遇到挫折,有不如意的事情发生,相较于悲观的人来说,乐观的人在遭受打击后能够很快恢复,所以他们在事业上、学业上、人际关系上能表现得更好。有的邮轮服务人员认为自己是个悲观者,即使事情都能如其所愿,还是会为未来不可预知的灾难而忧心忡忡。积极心理学研究发现,乐观是可以后天习得的。人们可以通过尝试和练习变得乐观,增强面对挫折的力量,改善生活的品质。

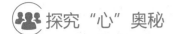探究"心"奥秘

测量气质性乐观工具——生活定向测验（LOT）				
题目	非常同意	同意	不确定	不同意	非常不同意
1. 在不确定的情况下,我常常期望最好的结果	5	4	3	2	1
2. 对我来说,如果事情有出错的可能,那么实际上就会出差错	5	4	3	2	1
3. 我对自己的未来充满乐观	5	4	3	2	1
4. 我从不期望事情会朝我希望的方向发展	5	4	3	2	1
5. 我从不指望好事情会发生在我身上	5	4	3	2	1
6. 总体来说,我更期望好事情而不是坏事情	5	4	3	2	1

评分方法:1、3、6题正向计分,2、4、5题反向计分。得分越高,气质性乐观越显著。

（一）采取行动,尽管去做

安静地待在自己的舒适圈可能不会有什么伤害,但是如果想要改变,我们需要

的是行动而不是空谈，任何事情都要付出努力，想变得更加乐观和自信也是如此。因为只有走出自己的舒适圈，努力过后才有可能获得成功。这很像我们身体的免疫系统，当我们生病时，身体就会释放出抗体，我们的身体通过生病获得免疫力。在心理层面也是如此，经历失败挫折也有可能会给心理带来免疫力，可以磨炼坚强意志，在挫折中成长。

（二）培养乐观的解释风格

一个人之所以乐观，主要是因为学会了把消极事件、消极体验以及个体面临的挫折或失败归因于外在的、暂时的、特定的因素，这些因素不具有普遍的价值意义。例如，他们会对自己说"我这次没做好，并不是每次都做得不好""我只是这件事情没有做好，但在其他方面还是挺优秀的"。拥有乐观解释风格的人会将失败和挫折归因于此时此地。然而有悲观解释风格的人在遇到不愉快的事情时，会认为"这是我的错""我一事无成、糟糕透顶""我很笨，什么都不行"。由此我们可以看出，乐观的人善于将挫折归因于可控因素，比如努力、能力等，他们会努力改变现状，争取做得更好，而不是在坏情绪和事情中深陷太久。而悲观的人则容易将挫折归因于长期的或永久的因素，或归咎于自己，并认为这种失败会影响到自己所做的其他事情，因此，常常陷入挫折带来的消极情绪中难以自拔。多用乐观的解释风格来看待挫折事件，久而久之，我们能在挫折中逐渐成长，体验到催人奋进的力量。

（三）化消极为积极的 ABCDE 理论

当碰到不好的事件（Adversity）时，我们最自然的反应就是不断想它，这些思绪很快变成想法（Belief），这些想法会引起后果（Consequence），我们的所作所为就是这些想法直接的后果。它是我们放弃、颓丧或是振作、再尝试的关键。例如，小 C 为了达到自己的理想体重已经节食了两个星期，今天下班后，她和同事去自助餐厅吃了顿美味的晚餐，吃了以后，她觉得自己破坏了节食计划，前功尽弃了。她对自己说："你的节食努力都白费了。你怎么能这么差劲！只要和同事们去吃饭就会受不了诱惑地大吃大喝。你干脆再去把自助餐厅的蛋糕一扫而空好了！"于是，小 C 又回到自助餐厅，拿起巧克力蛋糕塞进嘴里。她的节食计划也真的前功尽弃了。让我们思考一下，这会是这个故事唯一的结局吗？当然不是，这个故事还可以朝另外一个方向发展，如果小 C 对自己说："仔细想想，我也没有真的大吃大喝。我只吃了一串鸡翅和十只基围虾。看上去挺多的，但这都是蛋白质，而且，只有一个晚上多吃了一点并不表示我没有毅力，想想看，我坚持了两个星期，这证明我很有毅力。最重要的是，即使我吃了不应该吃的东西，我也不应该继续破坏我的节食计划，这样做是没有意义的。最好的方式是不再去想这次犯的错，继续努力节食。"那么，小 C 会依旧按照自己的计划努力瘦身，并且注意食物的热量。所以，对于事件的看法才是影响人行为的直接原因，这就是所谓的 ABC 模式。

当我们掌握了 ABC 模式之后，可以练习着把悲观的解释风格变成乐观的解释风格，主要包括以下三种技能：转移、远离和辩论。

1. 转移

指做其他事情转移注意力，让内心停止对坏事的悲观解释。

2. 远离

指不断提醒自己，悲观解释仅仅是一种可能的解释，而不是客观的现实。

3. 辩论

指一种内部对话，目的是为坏事找一个同样有力甚至更有力的乐观解释。在辩论过程中，分别就证据、代替、影响和功用四个问题进行对话。

（1）这种悲观解释的证据是什么？这些证据是否确实存在？

（2）是否有其他可能的乐观解释，让我们把不幸归因于外部的、特殊的和暂时的因素？

（3）如果找不出一个合理的乐观解释，那这种悲观解释的消极影响是长期的还是暂时的？

（4）如果不能确定哪种解释的证据更充分，那么哪种解释对我们产生积极情绪和达成目标是最有用的？

ABC 分析技巧与转移、远离和辩论技巧放在一起，就成为 ABCDE 练习，其中A 代表坏事、B 代表信念、C 代表结果、D 代表辩论、E 代表振作。我们除了指出坏事、信念和结果之外，还要围绕信念进行辩论，关注辩论过程让情绪发生了什么积极变化。以下举例说明：

A（坏事）：朋友不联系我。

B（信念）：他不在意我们的友谊了，因为我总是惹人烦。

C（结果）：我的心情从好变到很坏。

D（辩论）：证据——可以找出他在意这份友谊的证据；代替——他可能在想其他事情，也可能正面临某个麻烦；影响——就算他不在意这份友谊，那也不是世界末日，我还有其他朋友，生活可以继续；功用——他之所以不联系我，是因为他自己暂时遇到了麻烦，而不是我让他厌烦了。

E（振作）：我现在觉得好受些了。

其实挫折并不直接影响你的行为，直接影响你的行为、情绪的是你对挫折的看法。如果你改变了对挫折的心理反应，那么就能更好地应对挫折。当你养成了反驳消极想法的习惯，就会觉得快乐很多。

M8-1　三个方法
提升海乘的
耐挫力

拓展"心"思维

换个角度看问题

一个商人在翻越一座山时，遭遇了一个拦路抢劫的山匪。商人立即逃跑，但山匪穷追不舍。走投无路时，商人钻进了一个山洞里，山匪也追进了山洞里。

在洞的深处，商人未能逃过山匪的追逐，黑暗中，他被山匪逮住了，遭到一顿毒打，身上所有钱财，包括一把夜间照明用的火把，都被山匪掳去了。幸好山匪并没有要他的命，之后，两个人各自寻找着洞的出口。这山洞极深极黑，且洞中有洞，纵横交错。两个人置身洞里，像置身于一个地下迷宫。

山匪庆幸自己从商人那里抢来了火把，于是他将火把点着，借着火把的亮光在洞中行走。火把给他的行走带来了方便，他能探清脚下的路，能看清周围的石壁，因而他不会碰壁，不会被石块绊倒。但是，他走来走去，就是走不出这个洞。最终，他力竭而死。

商人失去了火把，没有照明工具，他在黑暗中摸索行走得十分艰辛，他不时碰壁，不时被石块绊倒，跌得鼻青脸肿。但是，正因为他置身于一片黑暗之中，所以

他的眼睛能够敏锐地感受到洞口透进来的微光，他迎着这缕微光摸索爬行，最终逃离了山洞。

　　身处黑暗的人，磕磕绊绊，却在最终走向了成功。眼前光明一片，却让人迷失了前进的方向，最终与成功无缘。

　　关键不在于是否拥有火把，而在于持火把前进的人的态度、信念与思维方式。

（四）寻找社会的支持力量

　　当挫折体验已经达到了极限，不少邮轮服务人员不知如何应对，而选择退缩、逃避、放弃时，可以试着寻求身边的力量。社会的支持能给人提供强大的力量。父母、老师、同学、朋友以及专业的心理咨询机构或邮轮公司所提供的员工 EAP 服务都是邮轮服务人员社会支持系统中的组成部分，在无法承受挫折带来的痛苦时，不妨寻求他们的帮助，以重新审视挫折，找到解决办法。

【回顾"心"历程】

　　（1）挫折是个体在某种动机的推动下，在实现目标的活动过程中，遇到无法克服或自以为无法克服的阻碍和干扰，在动机不能获得满足或目标不能实现时产生的紧张、消极的情绪反应和体验。

　　（2）挫折通常包含三个因素：挫折情境、挫折认知和挫折反应。

　　（3）挫折对人的成长有积极的作用也有消极的作用。

　　（4）邮轮服务人员比较容易在工作、人际和恋爱方面受挫。

　　（5）受挫后，邮轮服务人员可从认知策略、行为策略以及意义重建三方面调整自己的负面情绪、消极思维，让挫折变成一股推动自身成长的动力。

【检验"心"本领】

　　（1）（简答题）缓解或消除心理压力的方法有哪些？

　　（2）（简答题）挫折有什么积极的意义？

　　（3）（简答题）你是如何看待挫折的？

　　（4）（简答题）你的挫折源自哪些方面？

　　（5）（简答题）你能如何更好地应对挫折？

【迸发"心"能量】

成长三部曲

活动目的：
体验成长的艰辛和困难，以及成长后的欢乐。

活动时间：
5 分钟。

活动准备：

座椅。

活动过程：

活动过程模拟鸡的成长过程：鸡蛋（蹲下）—小鸡（半蹲）—大鸡（站立）。两人一组蹲下，以石头剪刀布的方式进行对抗。鸡蛋对鸡蛋，赢的晋级为小鸡；输的继续做鸡蛋，继续与同为鸡蛋的人对抗。小鸡对小鸡，赢的晋级为大鸡；输的继续做小鸡，继续与同为小鸡的人对抗。大鸡对大鸡，赢的回座位；输的做回小鸡，继续与同为小鸡的人对抗。

活动分享：

体验成长中的艰辛，看到别人成长自己有什么感觉？自己从小鸡变成鸡蛋什么感觉？最先成长完的成员在一旁看别人艰难成长是什么感觉？由此，你想到了什么？

【充盈"心"智慧】

[1] （美）马丁·塞利格曼.活出最乐观的自己.洪兰译.沈阳：万卷出版公司，2010.

[2] （美）马丁·塞利格曼.持续的幸福.赵昱鲲译.杭州：浙江人民出版社，2012.

[3] 王志敏.超越挫折心理学.北京：北京联合出版公司，2019.

[4] 中川越.人间处方.黄毓婷译.北京：北京联合出版公司，2019.

[5] 路遥.平凡的世界.北京：北京十月文艺出版社，2017.

模块四

心理自助与助人

第九章　邮轮服务人员应激与管理

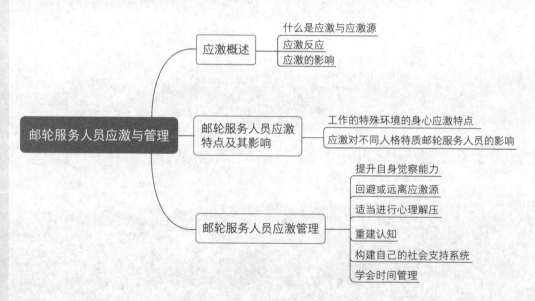 启航"心"征程

　　邮轮服务人员在航行中面临着一定的海洋风险和远离亲友的孤独，另外海上生活、睡眠质量与时差等因素都会经常给邮轮服务人员心理造成一定负荷，而心身关系的紊乱会进一步导致心身疾病的产生，特别是由突发家庭变故或是海难、海损、邮轮传染病等事故的强烈心理冲击所造成的急性心理应激更会给身体造成应激性的损伤，所以面对种种心理应激因素，要尽可能地做到提前预防，做最佳的事中处理以及事后的弥补和心理调节。

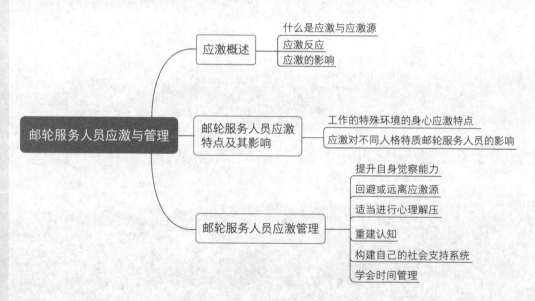

学习目标

　　1. 了解应激、应激源、应激反应及影响。
　　2. 掌握应激管理的方法。

素质目标

　　树立正确的人生观，合理应对应激反应。

第一节　应激概述

　　生活是一个不断经历变化的过程，未来无法预知，也无法完美地计划，往往会遇到天有不测风云的那一天。当一连串突发事件接踵而至把生活计划击得粉碎，让人处在失去控制的状态，感到紧张、焦虑甚至恐惧时，我们应该如何应对呢？大多数人都有自己应对应激的方式，而且也能较好地处理情绪，直至应激反应慢慢消失。但有些时候人原本的应对方式不足以处理应激事件带来的影响时，就容易导致身心的失衡。因此，了解应激与应激源，评估自己是否处于应激状态，对维护自我身心健康、平稳顺利地度过应激事件期具有重要意义。

一、什么是应激与应激源

（一）应激

　　应激，通常称之为"压力"，是医学、心理学、人类学的重要课题。它是机体在各种内外环境因素及社会、心理因素刺激时所出现的全身性非特异性适应反应，即人们在面对工作、责任、突发事件等刺激因素时所感受到的生理和心理上的唤醒、紧张的状态。应激的立即反应有两种：一种是攻击以保护自己，另一种是逃跑以躲避危险。战斗反应由愤怒或侵犯引发，通常在保护自己的势力范围，或者攻击比自己弱小的侵犯者时出现；逃跑反应则是恐惧引发，它能让人长时间地奔跑，如躲避猛兽的追赶。需要注意的是，逃跑反应并不仅限于逃走，还包括躲藏起来或退缩反应，如在遇到海难时，有些人会愣住、呆若木鸡。

　　应激是人与外界环境互动所产生的，因此它具有三个关键因素：

　　一是"觉察到的挑战"。个体特征与环境要求之间存在差距，具有挑战性，容易使个体产生焦虑性反应。例如，邮轮在人事管理上将采用末尾淘汰制，这会给部分邮轮服务人员带来应激反应。

　　二是"重要的价值"。外界的刺激需要切实威胁到个体所认同的某些重要价值时，才会引起个体的应激反应，否则并不会引起相应的反应。例如，个体非常在乎职业发展，升职加薪对其而言具有重要意义，那么工作中的失误、上下级关系的不和均会带来应激反应；相反，如果个体并不在意这些，那么个体在这方面也较少出现应激反应。

　　三是"成功的不确定性"。一般而言，对于能轻松完成的事情，个体不会有强烈的应激反应，因为他知道他必定能达成。而对于完全看不到希望的事情，个体也不会有强烈的应激反应，因为他清楚肯定是不能实现的。因此，有一定成功的可能性，但是又具有一定挑战难度的事件，引起的应激反应较强。

　　由此可见，应激是外部刺激与主观反应相交互所产生的生理上和心理上的反应。

（二）应激源

　　那些能引起应激的各种具有刺激性的事物称为应激源。它是一切潜在的心理和社会性刺激物成为现实性应激源的前提，是被人们觉察，并被认定为对自身有威胁或挑战的因素。人们很容易将自己无法预测或无法控制的环境视作威胁情境。而应激源的强度，作用的时间长短、强度都会影响应激反应的程度。按照形式分类，应激源可分为四类：生理应激源、心理应激源、社会应激源以及文化应激源。

（1）生理应激源。是对人的抗体直接发生刺激作用的刺激物，包括各种物理、化学刺激在内的生物性刺激，如过冷、过热的温度，强烈的噪声，机械性损伤，病菌、病毒的损害等。

（2）心理应激源。主要来源于人们头脑当中的紧张性信息，如过高的期望、挫折、心理冲突或不祥预感等。

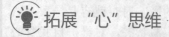 拓展"心"思维

心理冲突

人们在采取行动时可能面临多重目标，有些目标是一致的，但有些目标是矛盾的。当个体处在目标互相矛盾的状态时，由于内心难以取舍，行为上犹豫不决，从而形成心理冲突。心理冲突也是形成人们应激源的重要原因之一。勒温与米勒按冲突的形式将其分为四类：

1. 双趋冲突

双趋冲突是个体追求的两个目标具有同等的吸引力，但二者不可兼得，使得个体无法在两者之间进行取舍，从而形成心理冲突。"鱼与熊掌不可兼得"便是非常典型的双趋冲突。例如，邮轮服务人员既想听从父母安排回到家人身边，又想留在邮轮上享受工作的快乐，内心纠结而焦躁不安。

2. 双避冲突

双避冲突是指两个目标都对个体有威胁，个体都力求避免，但是无法避开而形成的左右为难的心理冲突。人们常说的"进退两难""进退维谷"便是非常典型的双避冲突。例如，邮轮服务人员既不想去参加培训，又担心绩效考核，从而形成一种都想回避的冲突状态。

3. 趋避冲突

趋避冲突指同一事物具有两个动机，一方面好而趋之，另一方面又恶而避之，以至于个体在理性与情感之间徘徊，从而体验痛苦类的负面情绪。"鸡肋在手，食之无味，弃之可惜"便是非常典型的趋避冲突。例如，一方面邮轮服务人员享受吸烟带来的快感，而另一方面，他们也非常清楚吸烟有害健康，就形成了"痛并快乐着"的尴尬局面。

4. 双重趋避冲突

双重趋避冲突是双避冲突和双趋冲突的复合形式，也可能是两种趋避冲突的复合形式。即当个体面对两个目标时，每个目标都有利有弊，个体往往陷入取舍的矛盾之中。例如，邮轮服务人员在对继续深造还是继续工作进行取舍时，既考虑到继续深造需要刻苦努力而继续工作已经驾轻就熟了，又考虑到继续深造可能意味着更高的收入和更大的发展平台，而以目前的学位继续工作的话，晋升和薪资待遇的提升会较慢等情况，形成进退两难的局面。

在现实生活中，双重趋避冲突更为常见，人的心理矛盾和折磨也更加明显。心理冲突是一种心理困境。冲突的斗争往往是个体、集体和社会各种评价互相影响的过程，会消耗较多的精力和心理资本。通常情况下，人们会理性地反复对比每个目标的得失和优劣，同时考量作出选择后需要承担的代价和风险。有些邮轮服务人员

也会将每一种选择的优劣、得失列出进行逐一比较，最后作出选择以求得心灵的平静，但基本上收效甚微。因为心理冲突是来自多个层面的，无论最终有何种选择依旧会遇到其他的冲突。心理冲突在我们生活中频繁出现，如果不能很好地处理，会产生强烈的负性情绪反应。同时，长期的心理冲突会影响个体的心理健康状态，严重的心理冲突或者一般但持续时间较长的心理冲突均有可能引发个体的心理障碍。

（3）社会应激源。人作为社会的一员，社会环境的变化造成了个人生活方式的改变。社会应激源主要包括两大类：一类是重大的事件，如天灾人祸、重大的社会变故等；另一类是个人生活中的生活事件、人际冲突以及与工作有关的职业性应激源，如工作负担繁重、组织激励机制以及组织结构混乱等。

（4）文化应激源。文化应激源是由语言、风俗、习惯、生活方式、宗教信仰等改变造成的刺激。最常见的是文化性迁移，如由一种语言环境进入另一种语言环境，或者从一个国家移民至另一个国家等。

拓展"心"思维

应激系统模型与应激过程模型

1. 应激系统模型

桥梁上一般都会有能够通过的最大车辆重量的标识。当通过限重内的车辆时，桥梁是可以承载的；但是通过超过限重的车辆时，桥梁是会有损伤的；而如果通过的车辆重量远远超过限重，桥梁就有被压垮的危险。其实人就像这座桥梁，我们的认知评价、应对方式、社会支持、人格特征以及身心反应限定了我们能够承载的重量，而外界的生活事件便是不同重量的车辆，两者一体构成了一个动态平衡的系统，当某种原因导致系统失衡时，便产生了应激。

应激系统模型（图9-1）的基本特征：

（1）应激是多因素的系统。

（2）各因素互相影响，互为因果。

（3）各因素之间动态的平衡或失衡决定个体的健康或疾病。

（4）认知因素在平衡和失衡中起关键作用。

（5）人格因素起核心作用。

图9-1 应激系统模型

2. 应激过程模型

应激过程模型（图 9-2）强调应激是个体对环境威胁和挑战的一种适应过程。应激来源于生活事件，通过个体认知评价、应对方式、社会支持和个性特征等因素的影响和中介，最终产生应激结果，即健康和疾病。

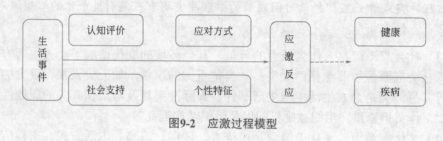

图9-2 应激过程模型

二、应激反应

应激反应是指个体在应激源的刺激下所产生的各种生理、情绪、认知、行为方面的变化，常被称为应激的身心反应。

（一）应激的生理反应

应激下心理精神、内分泌、免疫系统会整体反应。一般情况下，调节机制使应激的生理反应控制在正常的生理范围内。

（二）应激的情绪反应

在应激的情境之下，焦虑、愤怒、恐惧和抑郁是比较常见的情绪反应。同时，这些负性情绪也会与其他心理活动产生相互影响，使得自我意识狭窄，注意力下降，变得片面化、情绪化，从而影响社会适应能力。

（三）应激的认知反应

负性情绪会干扰和影响逻辑思维和智力活动，从而带来认知能力的下降。在应激解除之前，认知能力下降又会促使个体产生动机冲突，内心更为焦灼，负性情绪更为明显，进而陷入恶性循环中。但有时，个体也会因外界刺激提高注意力、工作能力和逻辑思考能力。

（四）应激的行为反应

每个人的应对方式不同，在应激情境下，每个人也会出现不同的行为反应，如逃避、攻击、敌对、退化、固执、滥用药物、滥用酒精及其他特殊行为反应等，也有可能会出现积极的行为反应，如生产力的提升。

三、应激的影响

事物都是一体两面，应激也是如此。一方面它会破坏人的身心平衡，某些情况下损害人的健康，加重或造成疾病；另一方面，适当的应激又是人体健康所必须具备的条件。

（一）应激对健康的消极作用

持续性的应激和破坏性的应激容易成为人们健康的杀手。持续性的应激使人处在慢性心理应激状态，久而久之容易引发一系列身心症状，如易疲劳、胸痛、心悸等。紧张性头痛、焦虑、抑郁、强迫行为等心理症状，是慢性应激障碍的表现。破坏性应激，比如海难、空难、战争、海啸等，则容易使人患上创伤后应激障碍，造成感知、情绪、行为等方面的问题。

内分泌和生化学家塞利的研究表明，应激状态的持续能击溃一个人的生物化学保护机制，降低人的免疫力，使人容易患上心身疾病。他将个体在应激过程中的状态分为三个阶段：

（1）警觉阶段。个体发现事件并警觉，同时准备应对。此阶段表现为肾上腺素分泌增加，心率加快，骨骼肌紧张等。

（2）搏斗阶段。继警觉之后，个体全身开始调整和适应。在此阶段机体代谢率升高，炎症、免疫反应减弱，抵抗能力增强，但是个体内部的生理和心理资源以及能量被大量消耗，个体变得敏感且脆弱，一个微小的刺激都可能引起个体强烈的情绪反应。

（3）衰竭阶段。持续强烈的有害刺激将个体的抵抗能力消耗殆尽，此时个体在短时间内难以继续承受刺激。如果一个应激周期之后，外在的刺激消失，经过一段时间的调整，个体能够恢复正常体征。但若持续加压，个体仍不能较好适应，那么在此阶段往往会发生危险，疾病、死亡都有可能发生。

（二）应激对健康的积极作用

应激对人们生活的有益影响，至少有两个方面。

首先，适当的应激经历是人心理和身体得以健康发展的必要条件，童年期应激经历可以培养和提高个体在后来生活中的应对和适应能力，从而可以更加有效地对抗各种紧张性刺激物致病因素的侵袭。

其次，适当的应激又是维持人正常的心理和生理功能的必要条件。如果人身体的健康成长和发育离不开躯体性刺激，那么，心理社会性刺激就是人心理功能发展的必要条件。健全的人格和适应生活变化的良好功能是心理健康的标志之一，它们是在长期的社会生活和实践中逐渐形成的；在这过程中，充实的心理社会环境起着十分关键的作用。

培养"心"力量

两难之间显出医者仁心

2019年10月14日下午，在宝鸡市第三人民医院17楼手术室，许向东正准备给一名85岁的老年患者做右股骨粗隆间骨折手术，突然接到了同事打来的电话，得知他的父亲去世了。

原来，许向东86岁的老父亲于9月16日不慎摔伤致颅脑损伤，一直在医院16楼重症医学科抢救。听闻噩耗，许向东匆匆到抢救室见了父亲最后一面后，强忍着内心的悲痛，迅速返回手术室，坚持给患者做完了手术。

直到当晚7时左右手术结束他才回到父亲身边，与家人处理父亲的后事。患者及其家属事后方得知了这一切，令他们没有想到的是，当晚11时20分许，许向东竟又来到病房查看患者术后情况，交代注意事项。许向东舍己为人、心系患者的忘我精神令他们深受感动。

2019年底，央视年终特别节目《2019，我们难忘的话语》中，许向东"我觉得这个时候病人更需要我，每个医生都会这么做的"的话语被收录其中。他与姚明、任正非、中国女排、袁隆平等当年感动中国的人物并列，荣获央视新闻正能量天团人物荣誉称号。

点评：面对突发变故和两难冲突的应激事件时，许向东医生很快调整心态，选择了病人。其选择对亲人来说似乎略显无情，但对病人来说却是满满的大爱。"这种取舍，方显医者仁心，是为情怀"，职责和亲情面前，他用行动和选择诠释了医者仁心，让患者安心。

第二节　邮轮服务人员应激特点及其影响

虽然在任何一种工作环境或生活环境之中生存都无法避免心理应激的产生，但是，邮轮服务人员所承受的应激情境要远远高于陆地上类似专业工作人员所承受的应激情境。调查研究发现，邮轮服务人员的应激源不仅表现为行进性和持续性，还常表现为突发性和潜在性。一般来说，平静而正常的航行过程中，应激性事件甚至低于陆上港口工作人员遭遇应激事件的平均水平，但一旦遇到险情，应激作用陡然增强，这样必然使邮轮服务人员的心理遭受更加强烈的冲击。

一、工作的特殊环境的身心应激特点

邮轮服务人员在航期间，常因经受多应激源的不良刺激，生理、心理长期处于应激状态，如紧张、焦虑、烦躁、抑郁情绪和躯体上的不适感。

（一）生理应激源

邮轮上比较常见的生理应激源有恶劣的气候和海况，湿度，船上的噪声、振动、磁场、电场、气味，时差，不习惯的食物，疾病，过度吸烟引起的尼古丁中毒，酒、咖啡等兴奋性饮品等。在冬季，海上风和浪较大，会使船舶颠簸不已，从生理的角度看，某些区域工作的邮轮服务人员在不同程度上表现出晕船状态，如胸闷、恶心、呕吐等症状；从心理的角度看，大多数邮轮服务人员在不同程度上表现出紧张或烦躁不安，尤其是在夜晚值班时，这种不安的情绪表现得更加突出。在春季，海上雾和雨增多，人的情绪相对来说较低落，注意力较分散，若不及时调节会影响到邮轮服务人员的正常工作。

习服水土对某些人来说需要3年左右时间，大部分人集体应激适应也需要2～8周。然而，远洋航行可数天内从北极到热带，气候带的变化伴随着温度的急剧变化，这也易使邮轮服务人员产生应激。另外，邮轮从东半球航行到西半球，时差可达10多个小时。这对人体的生物钟，即生理过程和心理过程的昼夜节律，带来了挑战，给邮轮服务人员的工作造成了困难，工作效率明显下降，差错事故明显增加。昼夜节律具有较强的稳定性，工作时间从白天改为夜间，调整的时间均为12～15天，而再改回白天工作时，恢复原来的生活节律需 3 ~ 4 天。

 拓展"心"思维 ....

邮轮服务人员应激中常见的躯体反应

（1）回避反应。趋利避害是一切动物的行为准则，在应激情境下，较易出现的是逃避或回避行为。例如，人们会远离过强的噪声，或塞住自己的耳朵；饱受晕船之苦的个别邮轮服务人员会要求调换船上的工作岗位，或是回到陆地上去工作等。

（2）攻击倾向。邮轮服务人员在遭受频繁的刺激以后，便会产生移植性攻击倾向，这种攻击倾向导致邮轮服务人员会使用言语、动作攻击物体或他人，如邮轮乘客、同事、亲友；也有可能会转而向内对自己攻击，如用言语否定、辱骂自己或出现自伤行为等。

（3）寻求寄托。有些邮轮服务人员在应激源的刺激下总感到惶惶不安，有的会用倾诉、运动、唱歌等方式来缓解。但有的邮轮服务人员，因为无处诉说，无从宣泄，便将心事寄托于药物、酒精、烟草等物品上，依靠这些物品来缓解当下的负性情绪体验。

（4）转为躯体化。躯体化是指一个人本来有情绪问题或者心理障碍，但却没有以心理症状表现出来，而是转化为各种躯体症状表现出来，常有的表现包括胃肠不适、头晕、头痛等。一般而言，这类情况不存在任何器质性病变。在某些社会环境中，个体讲述情绪烦恼常常得不到倾听和理解，但表达身体不适却容易得到同情和关心，因此这也容易使得这类人出现大量的躯体化症状以达到"后增益效应"。故而，对这些邮轮服务人员，如果给予过多的关心，反而会使其躯体化症状持续。

（5）积极应对。有相当一部分邮轮服务人员，可以在应激因素的长期威胁之下寻求最现实的解决办法。他们往往通过提高自身的应对能力、寻求社会和同事的支持、摸清应激作用的规律等方式，来对抗或消除心理应激。

....

（二）心理应激源

包括晋升、薪资待遇、住宿环境等未达到个人的期待，而产生持久的消极情绪体验等。

（三）社会应激源

如船上固定又单调的生活，特殊的值班制度，单一的社会角色，不便捷的通信，对家人、家事的牵挂，突发的社会群体传染病等。

对于邮轮服务人员而言，社会应激源中不得不提的是海难。海难是邮轮服务人员从业生涯中最可怕的应激因素。近年来，海难事故时有发生。经历海难的应激表现为：一是强烈的求生欲望。他们在毫无准备的情况下，船体突然倾斜后坠入大海。强烈的求生本能，使个体倍感生命来之不易。二是巨大的心理应激。瞬间发生船倾，目睹他人坠海后死亡的情景，获救后急于求治的心态，都使他们产生焦虑、紧张、恐惧。这种强烈的刺激，使幸存者或表现为精神恍惚、少言少语、目光呆滞、食欲不振；或表现为任性执拗、易激惹、不配合治疗。有些邮轮服务人员会对突如其来的声响感到心惊肉跳，拒绝回忆海难情景。三是急切地盼望康复。这种心理状态的存在，使他们在接受治疗过程中，表现出怀疑—抵触—默认—主动配合的行为过程。

（四）文化应激源

如邮轮服务人员进入全英文的邮轮工作环境，面对不同文化背景的邮轮乘客、同事等，在适应新的语言、文化氛围过程中所产生的应激。

如上所述，邮轮服务人员的应激源是多元的，若长期处在这种感知觉负载过重的心理状态下，邮轮服务人员会易出现紧张、疲劳、焦虑、寂寞、抑郁、悲观、惊慌等情绪和认知水平降低，甚至出现视听错觉，导致观察与操作行为失误率上升，警惕性下降，应对复杂情况的能力下降。

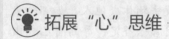

拓展"心"思维

生活应激事件量表

美国华盛顿大学医院精神病学家霍姆斯等对 5000 多人进行社会调查，把人类社会生活中遭受到的生活危机归纳并划分等级，编制了一张生活事件心理应激评定表（表9-1）。该评定表列出了 43 种生活变化事件，并以生活变化单位（LCU）为指标加以评分。他们在一组研究中发现 LCU 与 10 年内的重大健康变化有关。

表9-1　生活应激事件量表

变化事件	LCU	变化事件	LCU
1. 配偶死亡	100	23. 子女离家	29
2. 离婚	73	24. 姻亲纠纷	29
3. 夫妇分居	65	25. 个人取得显著成就	28
4. 坐牢	63	26. 配偶参加或停止工作	26
5. 亲密家庭成员丧亡	63	27. 入学或毕业	26
6. 个人受伤或患病	53	28. 生活条件变化	25
7. 结婚	50	29. 个人习惯的改变（如衣着、习惯交际等）	24
8. 被解雇	47	30. 与上级产生矛盾	23
9. 复婚	45	31. 工作时间或条件的变化	20
10. 退休	45	32. 迁居	20
11. 家庭成员健康变化	44	33. 转学	20
12. 妊娠	40	34. 消遣娱乐的变化	19
13. 性功能障碍	39	35. 宗教活动的变化（远多于或少于正常）	19
14. 增加新的家庭成员（如出生、过继、老人迁入）	39	36. 社会活动的变化	18
15. 业务上的再调整	39	37. 少量负债	17
16. 经济状态的变化	38	38. 睡眠习惯变化	16
17. 好友丧亡	37	39. 生活在一起的家庭人数变化	15
18. 改行	36	40. 饮食习惯变化	15
19. 夫妻多次吵架	35	41. 休假	13
20. 中等负债	31	42. 圣诞节	12
21. 取消赎回抵押品	30	43. 微小的违法行为（如违章穿马路等）	11
22. 所担负工作责任方面的变化	29		

有生活变故的人群中，37%有重大的健康变化；有重大生活变故者中，70%呈现重大健康变化。霍姆斯等提出，LCU一年累计超过300，则预示今后2年内将有重大的病患。他们后来又进一步提出，若一年LCU不超过150，来年可能会平安；LCU为150～300，则有50%的可能性来年患病；LCU超过300，来年患病的可能性达70%。调查结果显示，心脏病猝死、心肌梗死、结核病、白血病、糖尿病、多发性硬化等与LCU升高有明显关系。心理上丧失感的心理刺激，对健康的危害最大。这种丧失感可以是具体的事或物，如亲人死亡等；也可以是抽象的丧失感，如工作的失败等。其中，尤以亲人（如配偶）丧亡的影响最大。有些研究工作者指出，亲人的丧亡能引起个体一种绝望无援、束手无策的情绪反应，此时个体不能从心理学和生物学上来应对环境的变化。在这一方面，已经有了许多调查研究。如有人对新近居丧的903名男性做了6年的追踪观察，并与年龄、性别相仿的对照组进行比较。结果表明，居丧的第一年对健康的影响最大，其死亡率为对照组的12倍，而第二、三年的影响已不甚显著。另有研究发现，中年丧偶对健康的影响更为明显。还有调查发现，不仅是配偶死亡，而且子女或其他近亲的死亡对个体也有相当大的影响，他们一年内的死亡率为对照组的5倍。当然这些生活变故对不同个体的影响不会是等同的。

二、应激对不同人格特质邮轮服务人员的影响

应激是人与外界环境交互产生的，因此，在应激系统模型中也强调了人格特征在个体应激中的重要性，不同气质类型的邮轮服务人员对应激的反应也不相同。气质是一种稳定的心理特征，是心理活动表现在强度、速度、稳定性和灵活性等方面动力性质的心理特征，具有先天性。

气质类型源于古希腊医生希波克拉底的体液说，在约500年以后，罗马医生盖伦进一步确定了气质类型，提出人有四种气质类型，即胆汁质、多血质、黏液质、抑郁质。

胆汁质是神经活动强而不均衡型。这种气质的人兴奋性很高、脾气暴躁、性情直率、精力旺盛，能以很高的热情埋头于事业。兴奋时，决心克服一切困难；精力耗尽时，情绪又一落千丈。

多血质是神经活动强而均衡的灵活型。这种气质的人热情、有能力、适应性强、喜欢交际、精神愉快、机智灵活、注意力易转移、情绪易改变、富于幻想、不愿做耐心细致的工作。

黏液质是神经活动强而均衡的安静型。这种气质的人平静、善于克制忍让、生活有规律、不为无关的事情分心、埋头苦干、有耐久力、态度持重、不卑不亢、不爱空谈、严肃认真，但不够灵活，注意力不易转移，因循守旧，对事业缺乏热情。

抑郁质是神经活动弱型，兴奋和抑郁过程都弱。这种气质的人沉静、易相处、人缘好、办事稳妥可靠、做事坚定、能克服困难，但比较敏感，易受挫折，孤僻，不容易从疲劳中恢复，反应较慢，不思进取。

其中，胆汁质与抑郁质的稳定性较差，因此，若邮轮服务人员倾向于这两种气质类型，在应激情境下，情绪反应更为强烈，也较容易受其影响。相反，多血质和

黏液质的稳定性较好，因此，若邮轮服务人员倾向于这两种气质类型，在应激情境下，能够较好地调整自己的情绪、认知和行为状态。

 探究"心"奥秘

了解气质类型

下面60道题可以帮助你自我诊断气质类型。回答的方法很简单：很符合自己情况的记2分，比较符合的记1分，介于符合与不符合之间的记0分，比较不符合的记-1分，完全不符合的记-2分。

1. 做事力求稳当，不做无把握的事。

2. 宁肯一个人干事，也不愿很多人在一起。

3. 遇到可气的事就怒不可遏，只有把心里话全说出来才痛快。

4. 到一个新环境很快就能适应。

5. 厌恶那些强烈的刺激，如尖叫、危险镜头等。

6. 和人争吵时，总是先发制人，喜欢挑衅。

7. 喜欢安静的环境。

8. 善于同别人交往。

9. 羡慕那些善于克制自己感情的人。

10. 生活有规律，很少违反作息制度。

11. 在多数情况下抱乐观态度。

12. 碰到陌生人觉得拘束。

13. 遇到令人气愤的事能很好地自我克制。

14. 做事总是有旺盛的精力。

15. 遇到问题常常举棋不定、优柔寡断。

16. 在人群中从来不觉得过分拘束。

17. 情绪高昂时，觉得干什么都有趣；情绪低落时，又觉得干什么都没意思。

18. 当注意力集中于一事时，别的事很难使我分心。

19. 理解问题总是比别人快。

20. 碰到危险情境，常有一种极度恐惧和紧张感。

21. 对学习、工作、事业怀有很高的热情。

22. 能够长时间做枯燥、单调的工作。

23. 符合兴趣的事情，干起来劲头十足，否则就不想干。

24. 一点小事就能引起情绪波动。

25. 讨厌做那些需要耐心、细致的工作。

26. 与人交往时不卑不亢。

27. 喜欢参加剧烈的活动。

28. 常看感情表现细腻、描写人物内心活动的文学作品。

29. 工作、学习时间长了，常常感到厌倦。

30. 不喜欢长时间讨论一个问题，愿意实际动手做。

31. 宁愿侃侃而谈，不愿窃窃私语。

32. 别人说我总是闷闷不乐。

33. 理解问题常比别人慢些。

34. 疲倦时只要短暂地休息就能精神抖擞，重新投入工作。

35. 心里有话宁愿自己想，也不愿说出来。

36. 认准一个目标就希望尽快实现，不达目标，誓不罢休。

37. 学习、工作的时间与别人相同时，却比别人更觉疲倦。

38. 做事有些莽撞，常常不考虑后果。

39. 老师或师父教授新知识、新技术时，总希望他讲慢些，多重复几遍。

40. 能够很快地忘却那些不愉快的事情。

41. 做作业或完成一件工作总比别人花的时间多。

42. 喜欢运动量大的体育运动，或喜欢参加各种文艺活动。

43. 不能很快地把注意力从一件事转移到另一件事上去。

44. 接受一个任务后，就希望把它迅速解决。

45. 认为守成规比冒风险强些。

46. 能同时注意几件事情。

47. 当我烦闷时，别人很难使我高兴起来。

48. 爱看情节起伏跌宕、激动人心的小说。

49. 对工作抱有认真严谨、始终一贯的态度。

50. 和周围的人总是相处不好。

51. 喜欢复习学过的知识，重复做已经掌握的工作。

52. 希望做变化大、花样多的工作。

53. 小时候会背的诗歌，我似乎比别人记得更清楚。

54. 别人说我出口伤人，可我并不这样觉得。

55. 在体育活动中，常因反应慢而落后。

56. 反应敏捷，头脑机智。

57. 喜欢有条理而不甚麻烦的工作。

58. 兴奋的事常使我失眠。

59. 老师讲新概念，我常常听不懂，但是弄懂以后就很难忘记。

60. 假如工作枯燥无味，马上就会情绪低落。

多数人的气质是一般性气质或两种气质的混合型，典型气质和三种气质混合型的人较少。

把每题的得分按下面的题号分项相加，再算出各项的总分。

胆汁质：2、6、9、14、17、21、27、31、36、38、42、48、50、54、58。

多血质：4、8、11、16、19、23、25、29、34、40、44、46、52、56、60。

黏液质：1、7、10、13、18、22、26、30、33、39、43、45、49、55、57。

抑郁质：3、5、12、15、20、24、28、32、35、37、41、47、51、53、59。

如果多血质一项得分超过20分，其他三项得分相对较低，则为典型的多血质。若这一项在20分以下、10分以上，其他三项得分较低，则为一般多血质。如果有两项的得分显著超过另两项得分，而且分数比较接近，则为混合型气质，如胆汁-多血质混合型、多血-黏液质混合型、黏液-抑郁质混合型等。如果一项的得分很低，其他三项都不高，但很接近，则为三种气质的混合型，如多血-胆汁-黏液质混合型或黏液-多血-抑郁质混合型。

第三节　邮轮服务人员应激管理

应激源无处不在，很多时候我们也无可逃避。因此，就需要考虑如何去应对的问题，但应激应对又存在事后性和被动性。若想要做到预见性和主动性，我们就需要进行有效的应激管理，提高自己的应激适应能力。

应激管理指的是个体主动地应用一定的技术和方法，积极应对应激事件，从而减轻生活事件的负面影响，尽可能地消除可能导致的身心伤害的策略和方法。邮轮服务人员可以从以下几个方面着手进行应激管理。

一、提升自身觉察能力

在学习和训练中，个体首先要学会识别自己生活中的应激事件并能评价自己的应激体验。因此，邮轮服务人员处在应激情境中时，首先要清楚自己的应激源是什么，这样才能更准确地运用技术和方法来处理。

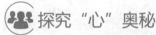 探究"心"奥秘

心理应激自测表（PSTR）

心理应激自测表能够帮助我们了解目前所处的应激状态。每道题有五个选项，根据自己的情况，在相符的选项下打"√"。

项目	总是	经常	有时	很少	从未
1. 受背痛之苦					
2. 睡眠无规律且不安稳					
3. 头痛					
4. 颚部痛					
5. 如果需要等候，会感到不安					
6. 脖子痛					
7. 比多数人更容易紧张					
8. 很难入睡					
9. 感到头部发紧或痛					
10. 胃不好					
11. 对自己没有信心					
12. 对自己说话					
13. 担心财务问题					
14. 与人见面感到窘迫					

续表

项目	总是	经常	有时	很少	从未
15. 担心发生可怕的事					
16. 白天觉得累					
17. 下午感到喉咙痛，但并非感冒所致					
18. 心里不安，无法静坐					
19. 感到非常口干					
20. 心脏有问题					
21. 觉得自己非常无用					
22. 吸烟					
23. 流汗					
24. 觉得不快乐					
25. 流汗					
26. 喝酒					
27. 很自觉					
28. 觉得自己像四分五裂了					
29. 眼睛又酸又累					
30. 腿或脚抽筋					
31. 心跳加速					
32. 怕结识人					
33. 手脚冰冷					
34. 便秘					
35. 未经医生诊断乱吃药					
36. 发现自己很容易哭					
37. 消化不良					
38. 咬手指					
39. 耳朵有嗡嗡声					
40. 小便次数多					
41. 有胃溃疡的疾病					
42. 有皮肤方面的疾病					
43. 咽喉很紧					
44. 有十二指肠溃疡病					
45. 担心工作					
46. 有口腔溃疡					
47. 为小事而烦厌					
48. 呼吸急促					
49. 觉得胸部紧迫					
50. 很难做决定					

计算总分：总是、经常、有时、很少、从未分别记4分、3分、2分、1分、0分。一般而言，43～65分，表示压力适中；低于43分，表示压力过小，需要适度增加压力；高于65分，表示压力过大，需要适当减小压力。

二、回避或远离应激源

邮轮服务人员在工作和生活中所出现的一些不良刺激和负性事件是不以个人主观意志为转移的，也就是说不仅仅依靠我们的主观努力就能够得到改善。在这样的情况下，我们所需要做的就是尽量不去接触这样的刺激，努力避开这样的应激源，而不是去改变那些让我们感到不满和愤怒的事物。例如，邮轮服务人员在邮轮上所感受到的噪声，是无法避免的，因此，邮轮服务人员只能戴上耳塞以减小听到的噪声，收获内心的平静。

三、适当进行心理解压

应激，即便是本能反应，也足以让我们身心俱疲。在应激情境下，我们需要减轻焦虑和紧张，否则持续性的应激会逐步叠加不适，迟早会让我们垮掉。因此，邮轮服务人员可以使用适当的方式来维持身心平衡。

（一）情绪调节

现实生活中，大多数邮轮服务人员都有自己调节情绪的方法。有的人会把烦闷写出来，有的人会把焦虑跑出来，有的人会把烦躁击出来，有的人会把抑郁哭出来。此外，听音乐也是一种不错的选择。一首轻柔的乐曲可以使人心旷神怡，消除疲劳。音乐对缓解常见的紧张、烦躁、抑郁等负性情绪有比较好的效果。经研究人员观察和邮轮服务人员的体验反馈，适宜的乐曲、歌曲有抚慰邮轮服务人员心灵、改善心理应激、消除压力、促进身心松弛和情绪平稳的神奇功效。如选择一些温和舒缓的经典歌曲或纯音乐，可以改善邮轮服务人员在邮轮上孤独寂寞的心境，产生愉悦的情感体验，可较好地缓解身心疲劳，让邮轮服务人员的情绪随着音乐渐渐地放松，调整恢复到比较祥和、安静的状态。

同时，倾诉不仅能把情绪宣泄出来，若能找到好的听众，个体还能感受到被理解和接纳。它是人们维持心理平衡的需要。心理倾诉法是邮轮服务人员心理干预的首选方法，也是干预过程中的首要步骤。在遇到不愉快的事情时，邮轮服务人员可在同伴中选择自己认为合适的对象，敞开心扉主动倾诉自己遇到的问题和感受，或借助邮件、微信、微博、QQ等平台，将感受、想法诉说给陆地上的朋友、亲人、爱人甚至陌生人听，这对减轻邮轮服务人员的心理应激反应、排遣在航的孤独无助感，有积极的作用。

M9-1　心理
应激的
调节方法

（二）放松身心

放松训练是一种通过训练，有意识地控制自身的生理和心理活动，降低唤醒水平，使生理和心理放松，从而改善或改变机体功能紊乱的心理保健方法。呼吸调整和肌肉渐进式放松训练，是以放松为主要目的的自我控制训练，目的在于缓解肌肉紧张，以应对情绪上的紧张、不安、焦虑或愤怒。通过肌肉的放松，达到精神的放松，以此应对工作和生活中的压力。在航期间，邮轮服务人员最为常见的心理反应是紧张不安、烦躁、焦虑、抑郁等，并容易造成不良情绪和不良心境下的人际关系紧张、易激惹、工作注意力下降、安全意识松懈等现象。而学习掌握放松的技巧，则可在很大程度上减轻在航邮轮服务人员以上情绪对行为的影响。采用背景音乐加指导语引导的呼吸调整和自上而下的肌肉渐进式放松训练，可以让邮轮服务人员体会和比较身心紧张与放松的感觉。通过放松训练，学会自我放松调节的技巧，是邮轮服务人员缓解心理压力、消除工作疲劳的有效方法。

近年来，对冥想的研究和使用也较多。冥想是一种改变意识的形式，它通过获得深度的宁静状态而增强自我知觉和良好状态。冥想的形式是多种多样的，如集中式冥想、物体冥想、呼吸冥想、颂歌冥想、开放式冥想等。

 拓展"心"思维 ....

五分钟冥想时间

邮轮服务人员工作比较繁忙，因此，可能无法进行时间较长的放松训练，而冥想的时间长短可以调节。专注于自身的冥想训练能够起到调节身心的作用。在应激状态下，即使进行五分钟的冥想训练，也会让你恢复良好状态。若想达到这样的效果，我们可以尝试着这样做。

首先，放松你的身体。在安静的室内，自然端坐或者盘腿坐好，脊柱挺直，头颈保持端正，觉察一下全身的肌肉状态，记得放松。两手放在膝盖上，自然轻松地呼吸，慢慢地放下心中的杂念。

其次，注意你的呼吸。在第一步将身体放松之后，微闭双眼，将注意力放在你的呼吸吐纳上。轻轻地数着你的呼吸，吸气时默念"吸"，呼气时默念"呼"。在注意呼吸的过程中，你可能会被其他的思绪所影响，没有关系，不要慌张，当你察觉思绪被拉走时，试着重新将注意力拉回到呼吸上来。长期练习后，你的注意力便会越来越集中，杂念会越来越少。

最后，观察你的身体。在逐步让自己放松下来并且静下来之后，开始观察自己。这时，你是游离于自身之外的旁观者，你可以观察你的呼吸吐纳，感受小腹随着呼吸隆起和收缩，觉察杂念从何而来，又去向何处。这阶段的训练能够让你深度入静，持续放松身心。

冥想的训练重在坚持，一开始可能两分钟都很难坚持，这时不用担心，也不要放弃，因为即使练习的时候感觉不太好，对身体也还是会有促进作用的。它说明你在跟烦躁、焦虑、紧张等情绪做抗争，也会不断增强你的意志力。

....

（三）培养兴趣爱好

邮轮服务人员可培养广泛的兴趣爱好。有些邮轮服务人员觉得自己没有什么兴趣爱好，其实兴趣不是被找出来的，而是被创造出来的。无论是兴趣还是爱好，都需要在接触和深入的过程中，慢慢发现。我们需要善用好奇心，擦亮双眼，培养自己的兴趣爱好。这样就能丰富船上的生活，对心理起到很好的调节作用。

M9-2 培养
兴趣爱好
生活更加美好

（四）学习

学习也可以帮助我们缓解应激反应。例如，如果邮轮服务人员学习心理知识，那么当其处于应激状态时便可运用学习的内容积极应对。另外，学习语言也是非常必要的，是帮助消除应激源的重要项目之一。语言是文化的载体，邮轮服务人员进入全英文的环境中，需要学习并能够熟练运用英语，在此基础上，了解语言背后的文化差异。这样能够帮助邮轮服务人员减少或消除文化应激源。

（五）自我激励

邮轮服务人员要学会自我激励，培养良好的心理应变能力和遭遇挫折的耐受力。如果热爱航海事业，就可以通过激励正当的心理需要来调动和激发工作的积极性和自觉性，使自己积极、主动、有效地工作，这对航行的适应是极其重要而有效的。

四、重建认知

在应激系统模型中，认知系统是其中的重要一环。人对于事物的认知能够改变人对该事物的情绪体验和意志行为。认知干预便是根据"人的认知过程影响人的情绪和行为"的理论假设，通过改变或修正人的认知偏差，从而改变或改善人的心理状态和行为，使人的心理功能恢复正常。根据这一理论，对有情绪或行为问题的邮轮服务人员进行认知干预疏导的关键，在于矫正邮轮服务人员对应激事件的不合理认知，只要不合理的认知被纠正了，紊乱的情绪就会趋向稳定，行为便会有良好的改变，其心理问题也就解决了。通过心理疏导，与邮轮服务人员就确定或尚不能确定的应激源问题、情绪问题等进行交流与探讨。我们也需要充分意识到既然不能改变或消除船上不良的应激源，就要反省并改变自己对应激源的认知，认知改变了，便有了动力和不同的应对方式，从而产生适应的、平稳的情绪，更好地适应环境。干预试验表明，认知疏导可有效地缓解邮轮服务人员当时的负性情绪和躯体不适。

五、构建自己的社会支持系统

邮轮服务人员的社会支持系统中可包括但不仅限于朋友、同事、老师、家人。相关研究表明，邮轮服务人员获得社会支持的感知水平影响其心理健康水平。邮轮服务人员主观体验到的社会性支持水平越高，心理症状就越少。显然，社会支持对改善邮轮服务人员的心理健康状况是极为有益的。但由于职业的原因，邮轮服务人员与社会的交往很少。长期在封闭的远洋船上工作生活的远洋邮轮服务人员，渴望得到他人关爱、理解与支持的心理需要尤为强烈。因此，对在航邮轮服务人员而言，充分发挥邮轮服务人员同伴群体心理支持的功能，可以对其应激处境起到良好的减压或缓冲调节作用。在航邮轮服务人员遇到的问题大多是现实工作生活中的工作压力和人际关系处理中引发的问题。在特殊的情境下，来自邮轮服务人员同伴的心理支持，比来自家庭、单位、亲朋好友的社会支持更为及时有效。

六、学会时间管理

对应激源进行管理也是应激管理的重要策略，而应激源管理又常常与时间管理有关。时间管理是为了提高时间的利用率和有效率，而对时间进行合理的计划和控制，将日常事务有效并合理地安排在时间段中。邮轮服务人员的时间管理采用科学的手段，围绕邮轮服务人员工作、学习、生活各项事务及其进程，进行有计划、有系统地控制和调节，最终达到在有效的时间内自我实现的目的。常用的时间管理方法有四象限法则。

根据四象限法则，事情按照紧急和重要程度分为：重要且紧急的事情、重要但不紧急的事情、紧急但不重要的事情、不重要也不紧急的事情，如图 9-3 所示。邮轮服务人员的个人支配时间是有限的，利用四象限法则能够评估自己的时间，灵活且有序地安排工作、学习和生活的各项事宜。能够在一天内做好重要且紧急和重要但不紧急的事情就已经非常好了，可以给自己一个温暖的肯定。

图9-3　四象限法则

【回顾"心"历程】

（1）应激是人们在面对工作、责任、突发事件等刺激因素时所感受到的生理和心理上的唤醒、紧张的状态。

（2）那些能引起应激的各种具有刺激性的事物称为应激源。

（3）应激反应是指个体在应激源的刺激下所产生的各种生物、情绪、认知、行为方面的变化，常被称为应激的身心反应。

（4）应激对健康有消极作用和积极作用。

（5）邮轮服务人员的应激包括工作的特殊环境的身心应激特点、应激对不同人格特质邮轮服务人员的影响。

（6）邮轮服务人员的应激管理方法有提升自身觉察能力，回避或远离应激源，适当进行心理解压，重建认知，构建自己的社会支持系统，学会时间管理。

【检验"心"本领】

（1）（简答题）什么是应激？

（2）（简答题）什么是应激源？

（3）（简答题）应激与健康的关系是怎样的？

（4）（简答题）邮轮服务人员面临应激源的种类有哪些？

（5）（简答题）邮轮服务人员应激管理的方法有哪些？

【迸发"心"能量】

生命的波澜

活动目的：

肯定自我价值及生命的意义，设计自己未来的生命历程。

活动准备：

表格、白纸、画笔。

活动过程：

（1）团体指导者先说明练习内容（见表格），然后让团体成员自行填写，10分钟后大家一起分享交流。小组交流中，每个人都拿出自己的表格给其他人看，边展示边说明，注意自己与他人的反应。

过去三件有意义的事	未来想做的三件事
1.	1.
2.	2.
3.	3.

（2）由团体指导者画出自己的生命曲线做示范，并根据曲线讲述自己从出生到现在生命中的波澜和转折；团体成员拿出笔和纸各自画出自己的生命曲线，可以以年龄和上学的时间为界绘制自己到目前为止的生命曲线，继而描绘自己未来的生命曲线或方向。绘制完毕后各位成员在小组内进行讲述，并说出未来的生命曲线或方向。一位成员讲述的时候其他成员用心聆听。

活动分享：

每个曲线转折或者高低不同的地方代表了什么？高曲线的时候是什么状态？低曲线的时候是什么状态？失去了什么？对那些得到与失去的看法如何？

【充盈"心"智慧】

[1]　贾福军，侯彩兰.心理应激与创伤评估手册.北京：人民卫生出版社，2009.

[2]　赵静波，尹绍雅.创伤后应激障碍.北京：中国医药科技出版社，2019.

[3]　杨慧芳，张长征.创伤后应激障碍与认知.北京：中央编译出版社，2021.

[4]　（美）亚历克斯·洛伊德.如果记忆能修复.北京：中信出版社，2020.

[5]　张松，郑琳娜.解读海员心——心理健康100问.北京：人民交通出版社，2015.

第十章 邮轮服务人员异常心理

启航 "心" 征程

大多数时候，我们每个人都能自如地控制自己的思维、感受和行为，以实现自我价值。但在某些时候，我们可能发现自己无法像大多数人一样思考、感受和活动。我们或多或少都有过这样的不良体验。异常心理和行为离我们并不遥远，它就发生在我们身边。了解它、接纳它，是帮助我们更好生活的重要因素。

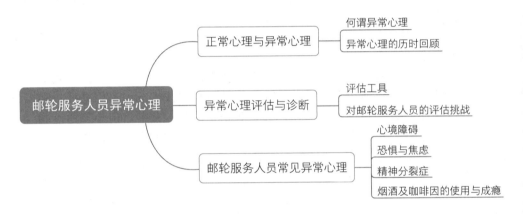

学习目标

1. 了解正常心理与异常心理的区别。
2. 认识邮轮服务人员常见异常心理。

素质目标

提高邮轮服务人员健康意识。

第一节　正常心理与异常心理

一、何谓异常心理

（一）异常心理是一个相对概念

正常或异常往往是一组相对的概念，没有绝对的异常心理，也不存在绝对的正常心理。大多数情况下，我们都可以在心理正常者身上找到异常的心理成分，同样，我们也可以在心理异常者身上发现正常的心理成分，并且在一定条件下，二者还能相互转化。

在我们对异常下定义之前，请思考以下几个问题：

1. 与众不同＝异常心理？

小罗是位非常严谨的邮轮服务人员，他的严谨不仅表现在工作上，也表现在生活的方方面面。每次离岸工作前，小罗总会一遍遍检查家里各个房间的门窗是否锁好、电源和天然气闸是否关闭、贵重物品是否放好等，这常常花费他将近 1 个小时的时间。朋友常嘲笑小罗："你又不是家财万贯，没人会处心积虑潜入你家来偷东西的！"而小罗却不以为意，他并不对自己谨慎的行为感到痛苦，相反，这么做能确保他安安心心上船工作。

小罗在离家前反复检查屋子的行为和大多数人不太一样，看起来很像强迫症患者的重复行为，但强迫症患者的重复行为往往是一种仪式性动作，用来消除和缓解他们强迫性思维带来的焦虑，他们往往会感到明显的个人痛苦。但小罗并没感到自己的行为带来了什么不好影响——除了总是让一起出发的朋友久等，那么仅仅依据行为的与众不同就认定为异常就显得太狭隘了。

2. 个体痛苦＝异常心理？

忙完一天的工作，真真终于可以躺下歇歇了，刚拿起手机便看到家人发来的奶奶过世的消息，真真突感晴天霹雳，瞬间泪如雨下、泣不成声。真真在奶奶的照顾下长大，奶奶是她最尊敬且最重要的家人之一，也是真真选择邮轮工作后最牵挂的人。在得知奶奶离世后的几天里，真真吃不下睡不好，工作上也总是犯错，整个人浑浑噩噩，甚至还出现了幻觉——看到了慈祥的奶奶。

重要亲人的离世往往会给个体带来巨大的悲痛，悲痛不仅带来情绪上的强烈负性体验，还可能在一定时间内影响个体的认知和社会功能，如真真看到已经去世的奶奶，这在认知层面上属于幻觉，但它是在人过度悲伤和没有得到充分休息时产生的错误知觉体验，属于正常的异常体验，和精神病性的幻觉是不同的。同样，悲痛所引起的负性情绪与抑郁症的负性情绪也不同，真真的悲痛是有明确原因的，而抑郁症患者长期的抑郁情绪却不一定有明确诱因，尤其是抑郁复发时，患者往往表示自己也不知道为什么情绪又变得低落了。

3. 功能受损＝异常心理？

功能受损是心理学中一个常用名词，意为个体在生活中的某一领域受到损害，而无法正常生活、学习或工作。

娜娜身高 1.65 米，在邮轮工作的第一年里，体重从 60 公斤减少到 50 公斤。娜娜刚上船时对饮食极度不适应，由于每天吃得少，加上工作强度大，娜娜短短一个月时间瘦了一圈。同事们都夸她变瘦了，娜娜也更喜欢镜子中苗条的自己，于是她决定继续减重。娜娜每天都吃很少的食物，尤其严格控制碳水化合物的摄入，有时感到非常饥饿她会暴饮暴食一顿，然后催吐。长时间的营养摄入不足，导致娜娜常无法专心工作，而且随着时间推移，娜娜逐渐对自己的暴食和催吐行为感到羞耻，但却难以克制。她不想再恢复过去的身材，也总认为自己还不够苗条。

可以看到，娜娜对苗条的概念不同于大多数人的概念，她始终认为自己不够瘦（虽然她的BMI值已低于18.5），而且持续地减重已影响到日常工作，在一定程度上，娜娜的这一行为已经造成社会功能受损，且有可能属于进食障碍。

当今社会有着对个人态度和行为的广泛社会规范标准，人们也会有意无意去用这些标准衡量对与错、好与坏、正常与异常。而且，尽管异常心理明确包括四个关键特征：偏离社会规范、个体痛苦、功能受损、功能障碍，但任何时候都不能单独用其中一个特征来判断是否为异常心理。

（二）异常心理是一个动态概念

需要提醒的是，在本章中讨论的所有异常心理是在当代社会文化背景下，被认为是心理障碍的问题。这就意味着，随着时间流逝、社会发展，本章讨论的心理障碍也许在未来某个时候就不再被认为是心理障碍，对异常心理的定义也同样会随着时间而改变。

 拓展"心"思维

心理疾病的被污名化

"如果我骨折了，妈妈会送我去医院，同学会主动照顾我。而如果我得了抑郁症，妈妈会反对我服用医生开的处方药，她认为我只是矫情，而朋友会鼓励我，让我别想太多，振作点、开心点。"

任何一个身体器官生病时，人们都知道去看医生和遵医嘱，并会得到合理的照顾和安慰。而心理生病时，很多时候被认为是自己的问题——经不起事、矫情、多愁善感等，甚至还会遭到他人的嫌弃。为什么心理疾病得不到正确的对待？很大一部分原因来自心理问题的被污名化。

我们可以从两个方面来理解"心理问题的被污名化"：

第一，来自外界的社会污名。社会的发展、心理疾病和心理健康知识的普及，虽然在一定程度上提高了人们对心理知识的了解程度，但依然有不少人对心理疾病存在固化的、错误的认知和偏见。比如，如果一个人被诊断为精神分裂症，他的邻居们可能开始议论纷纷，并认为其是危险的存在，即使他们也不确定到底哪里危险。有的邻居会称他为"神经病"，并告诉自己的家人要远离他甚至他的家人。

第二，内化的病耻感。当患者感知或想象外界对自己心理疾病的偏见后，便会产生患病的羞耻感，他们会因生病而感到自责、丢人。

心理问题的被污名化现象导致许多已严重受困于心理问题的个体，害怕和不愿去求助，他们可能担心如果别人知道自己去看心理医生或精神科大夫，会对他有不好的评价。在更多家庭中，就算患者本身有求助意愿，但他的家人也可能会阻止，他们会认为心理问题是能够自行解决的，而且去看心理医生是件丢脸的事，他们不想承受来自他人的异样眼光。

然而，任何事物被接受和正确对待都需要一定的时间。在医学并不发达的曾经，许多生理疾病也曾被污名化，比如，肺结核曾被视为意志薄弱、生活无节制的表现，癌症曾被视为邪恶与野蛮的化身，乙肝患者更是经历过在教育和就业方面的种种歧视。相信随着科学的进步、知识的普及，各类疾病——无论生理疾病还是心理疾病，最终都会被正确对待。

二、异常心理的历时回顾

（一）超自然理论

史前时期以及中世纪很长一段时间，异常心理被认为是受到神的干预，或是邪魔附身、诅咒，以及个人罪孽的苦果等。比如早期鬼神学认为邪恶的灵魂能附着在个体身上，并控制他的思维和行动，而驱魔仪式——鞭笞、绝食等则是治疗手段。

（二）生物学理论

早在公元前5世纪，现代医学之父希波克拉底表示人体由四种基本体液组成：血液、黏液、黑胆汁、黄胆汁。所有的疾病，包括异常心理和行为，都源于体液的失衡。比如血液过多会让人情绪无常，黏液过多会导致思维迟钝，黑胆汁过多的人容易抑郁，黄胆汁过多则导致焦虑和愤怒。

《黄帝内经》中也对异常心理进行了描述和解释。《黄帝内经》讲究阴阳，认为阴阳彼此对抗却互为依存。健康的人往往是阴阳平衡的，当阴阳失调，疾病就会产生，包括精神疾病，如狂症就是阴衰阳盛造成的。

（三）心理学理论

直到19世纪，神经学家简·马汀·夏科支持通过催眠治疗癔症，维也纳内科医生约瑟夫·布洛伊尔通过催眠唤起癔症患者遗忘的经历——早年的创伤和压力，来达到治愈的目的。他和同事西格蒙德·弗洛伊德合作出版的《癔症研究》一书，标志着开始用心理学理论来解释异常心理或行为。

从此，心理学理论开始了它的蓬勃发展之路，从精神分析到行为主义，再到认知革命以及人本主义。现在大多数心理医生或精神科大夫倾向于使用"生物—心理—社会观点"来看待异常心理。"生物—心理—社会观点"强调异常行为由多种因素导致，而且对不同的个体，每种因素的重要性都不同。例如它用"素质—应激"模型来解释异常心理的发生：当个体具备产生某种精神障碍的生物学或心理学基础时，若出现一个能引起他痛苦或功能失调的环境刺激——这个刺激可能是生物的、心理的或社会的，那么就很可能引发某种精神障碍。

第二节　异常心理评估与诊断

艾艾是邮轮服务专业的大三学生，辅导员从艾艾室友那里得知，他最近情绪和行为都很怪异，还常常自言自语。辅导员找到艾艾询问他是否有心事，并表示希望给他提供力所能及的帮助。艾艾突然凑到辅导员耳旁，悄声说道："我的时间不多，只能简单和你说说。有人在暗中监视我，我现在还不确定对方是谁，但可以肯定的是他们想从我这获得一些秘密消息。"随后艾艾还表示他现在还不能将他的发现公布，因为这样他亲密的室友将会有危险。同时艾艾坚信就在昨晚他熟睡时，对方已悄悄潜入寝室，并将窃听器装在了电源插座里。

评估和诊断是对异常心理研究和治疗至关重要的第一步。在艾艾的案例中，心理治疗师或精神科医生要通过专业评估判断艾艾是否符合精神分裂症或做作性障碍等诊断标准。一个合理的诊断能帮助患者和他的家庭认识到症状出现的原因，并制定一个恰当的治疗和护理方案，这会让患者和家属得到很大的安慰。

一、评估工具

1. 临床访谈

一次临床访谈往往能收集到大部分的评估信息，这些信息大致可分为五类：

（1）外表和行为。个体的着装和仪表往往在一定程度上反映出其一般社会功能是否完好，因此临床工作者常常会关注来访者的衣着是否合适、仪表是否得体等，还会注意个体的行为是否符合大众标准，比如明显的焦虑不安可能是焦虑障碍的表现。

（2）思维。包括来访者说话的语速、连贯性、逻辑性等。

（3）情感。比如，来访者看起来是开心的还是沮丧的？是抑郁的还是躁狂的？他所表现出来的情绪和情境是否相符？

（4）智力。比如，来访者对语言的理解是否符合其年龄特点？他是否存在记忆或注意方面的困扰？

（5）定向。来访者能不能正确地说当前的时间、地点？能不能知道他正在做什么、他是谁、其他人是谁？等等。

2. 心理测验

（1）人格测验。用于评估个体健康水平、自我概念、个人信念、处世态度和易感性等。目前来看临床评估运用最广泛的是明尼苏达多项人格问卷（MMPI），它被翻译成100多种文字，在50多个国家和地区使用。

（2）智力测验。当怀疑个体存在智力迟钝或有脑损伤时，往往使用智力测验来获得相关信息。智力测验的使用一直存在争议，一些心理学家强调，个体的智力不仅体现在语言能力和分析能力上，也体现在社交技能、艺术技能等方面，而应用最为广泛的智力测验量表，如斯坦福—比奈智力量表、韦氏智力量表等，都只评估了个体的语言能力和分析能力。

（3）神经心理测验。即通过一套简单或复杂任务的完成情况，来判断个体认知功能是否可能存在损害，如在阿尔茨海默病的临床诊断上常会使用神经心理测验。近年来，临床评估越来越多地将神经心理测验同脑成像技术结合来探测脑功能失调，尤其是帮助找到受影响行为所对应脑区的精确位置。

（4）心理功能一般测验。一般用于评估参与测验群体的整体心理功能和心理健康水平。如常用的症状自评量表（SCL-90），它适用于16岁以上的个体，能协助评估者从情绪、思维、人际关系等十个维度了解个体心理健康水平，是当前临床使用最广泛的心理健康测试量表之一。

（5）特定症状测验。当我们需要对一个特定症状，如抑郁或焦虑，进行评估时，就需要用到特定症状测验。常见的有抑郁自评量表（SDS）、焦虑自评量表（SAS）、贝克抑郁量表（BDI）、贝克焦虑量表（BAI）等。

3. 心理生理评估

心理生理评估主要用于探究情绪或心理变化的脑和神经系统变化。例如，通过脑电图（EEG）来探测癫痫发作，以及对比不同个体在接受刺激或情绪唤醒时脑电图所展示的不同模式。另一种常用的心理生理测试为皮肤电反应（GSR），它则常被用于评估个体对特定刺激的不同情绪反应。

二、对邮轮服务人员的评估挑战

评估总是充满挑战的，对不同群体，甚至不同个体，其挑战都可能是不一样的。在这里，我们主要介绍对邮轮服务人员进行评估可能面临的两个特殊挑战。

第一，来自个体的评估阻抗。个体对提供评估信息的阻抗可能是评估中的最大挑战，这些阻抗有的由于个体本身拒绝接受评估，有的由于个体想展现最好的自己。例如，当一位邮轮服务人员因为主管担心其行为而被迫去进行 EAP 心理咨询时，他可能为证明自己没有问题而只表现出好的一面，甚至对评估者撒谎。

第二，评估的文化差异。邮轮服务人员一般来自各个国家，他们都有不同的文化背景，当评估者和被评估的邮轮服务人员存在很大的文化差异时，评估工作将面临更多挑战。比如，双方在语言上不通，或许双方都使用英语，但可能很难用非母语描述一些复杂的情绪或感知情绪，那么这可能就会导致评估偏差。

第三节　邮轮服务人员常见异常心理

需要提醒大家的是，在学习本节内容时，你或许发现许多诊断标准中描述的症状自己曾经或正在经历着，你可能感到疑惑或担忧——"我是不是病了？"然而，心理诊断是一个专业且复杂的过程，不仅要关注个体的症状是否符合某项精神障碍的诊断标准，还要关注症状出现的背景以及持续时长，更重要的是，这些症状是否引发了个体明显的痛苦感受以及社会功能的损害。如果真的担心自己可能患有某种精神障碍，应寻求专业人士——心理医生或精神科大夫的帮助。

一、心境障碍

（一）抑郁症

临床个案：安安。

今天是安安把自己关在卧室，既不吃饭、娱乐，也不与朋友交流的第三天了。自合同结束下船以来，安安总感到不快乐，常莫名其妙地悲伤，认为自己很失败。安安告诉朋友，他几乎每天都感到疲惫，即使已经睡了足够长的时间。近几天随着天气变冷，安安的情绪似乎变得更糟，他拒绝去上外语培训课，因为无法集中注意力；他也不去吃饭，因为不觉得饥饿；甚至同朋友交谈都让他感到很费劲。不到二十天时间，安安已经瘦了一圈。

抑郁症的核心症状是与任何原因都不相称的抑郁心境，他们深感悲伤, 体验不到快乐，一位抑郁症患者曾这么描述他的情感体验："以前我也会像别人一样，时不时感到郁闷和不快乐。但这次完全不一样，这种绝望的、难以忍受的痛苦，已经超出了我已有的知识和想象力。"

通常，抑郁症患者还会出现睡眠或饮食的紊乱，他们看起来可能无精打采、魂不守舍，一些抑郁症患者还会充满负罪感和绝望感，严重的时候，他们可能会自残。以下是《精神障碍诊断与统计手册》中关于抑郁症的诊断标准：①在持续至少 2 周的时

M10-1　看
CBT如何治疗
抑郁症

间中，几乎每天都是抑郁心境或丧失快乐。②以下症状中，只有 4 项占据每天大部分时间，且持续至少 2 周：失眠或睡眠过多，神经运动型激越或迟滞，疲惫或精力下降，过度内疚或无价值感，难以集中注意力、思考或做决定，反复出现死亡或自杀想法。

抑郁症常共病物质滥用障碍，如酗酒；共病焦虑障碍，如惊恐发作；以及共病进食障碍。但很难明确到底是抑郁症导致了其他心理障碍，还是其他心理障碍导致了抑郁症。同样，抑郁症的具体患病原因也很难明确，通常采用素质—应激模型来解释。一个人如果被确诊为抑郁症，那么他可能具备比其他人更高的易感素质，比如他可能存在某些神经递质系统的功能紊乱，或大脑中负责情绪感受和调节的系统异常；他也可能长期缺乏社会支持，或者存在对自己、世界和未来消极的认知模式。在这些易感素质下，也许一次较强的压力生活事件就触发了抑郁。

虽然抑郁症发病率和复发率都很高，且给个体和社会带来很大的痛苦和损失，但幸运的是，一旦开始接受治疗，他们的症状便会得到显著缓解，而且复发率也会降低。研究发现，同时采用药物治疗和心理治疗的患者比仅接受药物治疗或心理治疗的患者，症状改善更多。

 拓展"心"思维

一份家庭作业

认知行为疗法（CBT）被越来越广泛地用于抑郁症的治疗，它目标明确、疗程短，通常 6 ～ 12 周即可完成一套阶段目标。CBT 通过帮助个体识别他们习以为常的消极自动化思维，以更开阔的视野来看待生活中的具体问题，从而达到改变情绪、摆脱抑郁的目的。以下表格来自一位正在接受认知行为疗法的抑郁症患者的家庭作业。

自动思维记录表

日期	客观事件	我的情绪	自动化思维
11月2日	主管生气了	担心、焦虑、悲伤	是因为我做错什么了吗？唉，如果我总让他生气，那我职业生涯就要完蛋了
11月3日	男朋友不想视频	悲伤	我又胖又丑
11月5日	同事被主管批评了	焦虑	下次肯定要批评我了
11月7日	男朋友说他要出差一周	悲伤、挫败、担心	他可能和别人恋爱了，可能马上就要跟我分手了
11月8日	同事送给我一支口红	有些高兴，但主要还是悲伤	她可能觉得我不会化妆，而且她肯定觉得这支口红颜色不好看才给我

在认知行为治疗中，治疗师会通过布置家庭作业的方式，让个体将他们体验到负性情绪时产生的想法记录下来，然后在下一次治疗时，一起探讨这些思维的真实性。

（二）双相障碍

临床个案：小伟。

"第一次发病时，我还在上高中。我觉得世界充满快乐和希望，我每天忙于各种课外活动和社交，我感到精力前从未有得充沛，思维前所未有得清晰。曾经困难的数学题，我突然能够凭直觉把它们全都解答出来；曾经难以开口的英语，我也突然能用它进行演讲，虽然我的同学常告诉我，我讲得太快了，以至于他们听不懂我在

说什么。我还开始对未来做各种宏伟的计划。可突然间，一切似乎戛然而止，我整个人就像被掏空了，头脑也变得混乱。我再也找不到任何让我感到快乐的事情，我认为自己一无是处，愚蠢至极！我不想做任何一件事，因为我太累了，我希望自己死去，但我甚至连去死的力气都没有。"

小伟描述的正是双相障碍的症状——躁狂和抑郁交替出现。他们在躁狂发作期，几乎每天都感到精力充沛、情绪高涨或容易被激怒，并在以下至少 3 个项目中，表现出相对于平常的明显改变：①自尊心膨胀或夸大；②睡眠需求降低；③异常健谈且言语急促；④思维奔逸；⑤分心，注意力很容易分散；⑥目标导向或非目标导向活动增多；⑦过度参与某些可能带来痛苦后果的活动，如过度消费、鲁莽驾驶等。在持续至少 4 天的躁狂后，个体可能突然间又陷入深深的抑郁。虽然无抑郁发作，也可被诊断为双相障碍，但临床案例上，没有任何抑郁症状的躁狂并不多见。

双相障碍大多发生于青少年后期或成年早期，常共病某种焦虑障碍。和抑郁症一样，双相障碍个体常面临人际关系的问题。虽然目前不能确定双相障碍同遗传因子是什么关系，但众多研究发现，其与遗传呈高度相关：双相障碍患者的直系亲属患双相障碍或抑郁症的比例是其他人的 5 ~ 10 倍。在对同卵双生子的研究中，如果一方患有双相障碍，那么另一方患此障碍的概率比普通人高 45 ~ 75 倍。

对双相障碍的治疗往往采用药物联合心理治疗模式，双相障碍个体除了会服用抗抑郁药物，也会服用心境稳定剂，如锂盐或抗惊厥药物来防止和缓解躁狂症状。在心理治疗上，对双相障碍患者来说，效果较明显的主要为心理教育法、认知疗法和家庭治疗。其中家庭治疗常用于患双相障碍的青少年，家庭成员通过学习疾病相关知识，接受沟通和问题解决技巧训练，以减少家庭环境中的人际冲突，从而减少双相障碍个体在家庭中的应激。

培养"心"力量

双相障碍与创造力

许多人认为，躁狂使人精力充沛且思如泉涌，使人情绪高涨且坚定果断，而且总能将看似不相关的事物建立联系，这一切都是创造力极好的源泉。历史上也不乏一些被认为可能患有双相障碍的伟大人士，在其躁狂发作期间取得了卓越成就。

英国前首相温斯顿·丘吉尔被认为患有严重的双相障碍，在抑郁发作期，他饱受煎熬，他说："心中的抑郁就像只黑狗，一有机会就咬住我不放。"后来"黑狗"也成为抑郁症的代名词。但在躁狂期间，丘吉尔为战争的胜利和国内矛盾的解决制定了众多英明大胆的策略，并且在贯彻执行上充满信心、毅力和精力。

二、恐惧与焦虑

还记得自己最近一次感到恐惧或焦虑是什么时候吗？或许是登上邮轮的第一天，你可能有些紧张和担心，甚至可能希望回到原来熟悉的环境中去。也或许是前不久的一次社交活动时，你被朋友带到人群中却感到无所适从，你感到脸红心跳加速，手脚不知如何摆放，希望赶紧离开。

在判断情境是否具有威胁性、威胁所引起的恐惧程度以及所引发的行为反应上，不同的个体差别很大。当恐惧与当前情境的威胁性不相称时，这种恐惧是适应不良的，例如，生活在和平地区的个体因为害怕被抢劫而不敢出门。如果威胁的情境消失，个体依然长时间体验着恐惧，那么这就是焦虑。接下来，我们将介绍以焦虑为主要特征的三种心理障碍。

M10-2 走进 PTSD

（一）创伤后应激障碍（简称 PTSD）

临床个案：山姆。

"我永远都无法忘记那一天！当时我正在十楼办公桌前忙着整理文件，突然一阵巨响，后来我才知道那是第一架飞机的撞击。我不知道发生了什么，只知道有人大喊'快跑，爆炸了'，然后我跟着人群往楼梯跑。我跑出大楼后，仰头回望，面前的一切让我惊呆了——大楼顶部火光冲天，而滚滚浓烟正迅速朝我扑来。我站在原地，脑子一片空白。接着，我亲眼看到第二架飞机又撞了上去，我的胳膊突然被人抓起，在一片飞溅的泥土和玻璃中，我被拉着跑开。所有人都跌跌撞撞奋力跑着，他们满身尘土。在距离大楼足够远的地方，人们慢慢停了下来。而眼前的景象让我难以置信——双塔倒了，许多人被坍塌的大楼掩埋，有人在尖叫，有人在哭泣。直到今天，那些景象仍清晰地保留在我脑子里，特别是入睡时，它们就像潮水般涌入我脑子，我甚至还能闻到烟尘的味道。我无法正常睡觉，也无法正常上班。我常盯着墙面或天花板发呆，似乎看见正在倒塌的世贸双塔。同事们会抱怨我对他们说的话没回应，然而我并没有听到有人对我说话。我经常觉得自己像生活在气泡里，周围的一切都是如此虚幻。"

山姆是美国"9·11"世贸中心恐怖袭击的一位幸存者，他表现出了许多 PTSD 的典型症状。实际上，"9·11"事件后，表现出像山姆这样症状的人非常多，不仅包括世贸大楼里的幸存者，还有附近的居民、参与营救的工作人员等。他们大多被噩梦或闪回困扰，存在过度的警觉，比如听到警笛声就会心惊肉跳等。

关于 PTSD 的诊断标准较为复杂，大致来看，需要包括以下 5 个方面症状：①个体或亲身经历或目睹了创伤性事件（通常是死亡、严重创伤或性暴力），或得知创伤性事件发生在亲密的人身上，或长期工作于创伤性事件发生的环境中（如灾难的营救人员）。②个体以不同的方式反复体验着创伤性事件，比如一些相关记忆突然闯入脑海、反复做噩梦、闪回等。③持续回避让他们想起创伤性事件的任何场所、活动及人。④认知和心境的负性改变。他们可能发生分离性遗忘，或过度责备自己或他人，可能像山姆那样体验着无法缓解的痛苦，变得麻木和退缩，甚至出现解离症状。⑤过度警觉。PTSD 患者总会警惕创伤事件的再次发生，那些唤起他相关回忆的声音或影像能立即让他们极度恐慌并产生逃跑反应。许多患者还会出现易激惹、失眠，甚至自我毁灭行为。

 拓展"心"思维

PTSD的治疗

对 PTSD 的治疗，一般包括药物治疗和心理治疗。其中，选择性 5-羟色胺再摄取抑制剂（SSRIs）是目前临床发现最有效的治疗药物之一。而心理治疗一般为暴露疗法，通常会使用想象暴露。研究表明，暴露疗法的效果，尤其是持续性效果比药物治疗好。但暴露治疗本身对患者和治疗师都是一件非常困难的事，它要

求个体再次暴露于最害怕的事件中，鼓励其直面创伤，并通过获得控制感来消除恐惧和焦虑。

（二）社交焦虑障碍（又称"社交恐惧症"）

临床个案：小林。

小林是一位刚进入大学的邮轮服务专业新生。他很反感和其他同学一起乘坐电梯上下教学楼和宿舍，他觉得别人都在注视他，并默默对他的衣着打扮和行为举动评头论足。虽然住在 8 楼，如果不是不得不乘坐电梯，小林更愿意爬楼梯。除了上课和吃饭，小林很少去其他地方，他害怕遇到熟悉的人，也害怕在陌生人面前表现得愚蠢。然而，最近的一项课程活动，让小林无法再安静地独自待在自己的世界里。老师要求每位同学都加入课程活动小组，并且每节课都有很多小组讨论和分享环节，这让小林感到非常艰难。于是他开始寻找各种理由请假不上课，甚至产生了退学的想法。

虽然不少人都表示自己在和陌生人打交道或进入不熟悉的情境时会紧张和害羞，但社交焦虑障碍患者表现为在社交情境中极为焦虑，他们极度害怕自己在公共场合出丑，或者被他人批评和拒绝。当不得不面临社交情境时，他们可能会脸红、出汗、发抖、眩晕，甚至惊恐发作。像小林一样，他们认为自己的紧张会被人看到，并被评价为愚蠢无能。社交恐惧症患者可能会拒绝在公共场合吃东西，因为担心产生咀嚼的声音或其他尴尬的事情发生，也可能避免当众写字，因为担心被人看到他发抖的手。

社交焦虑障碍一般开始于青少年时期，如果症状已经出现却不加以治疗，很可能长期存在甚至越来越严重。虽然大量临床报告显示，认知行为疗法对社交恐惧症的治疗效果非常好，但遗憾的是，大多数患者并不会主动寻求治疗。

拓展"心"思维

认知行为团体治疗对话实录

治疗师：所以，你的自动思维是"我不懂得如何交谈"，对吗？

小吉：对，我总是把好好的一件事给搞砸。

治疗师：好。让我们看看其他团体成员对此有什么看法。大家谁和小吉单独交流过，或者看过他和别人交流的情景？

小艾：上星期团体治疗结束后，我们一起去停车场开车，在路上我们聊了会儿。

（其他几位成员也陆续表示有类似的交谈）

治疗师：听起来你和团体里的许多人都有过交流。

小吉：也许吧。

治疗师：大家可以说说你们的感受吗？你们的谈话进行得怎么样？小吉表现怎么样？

小丽：挺好呀！她问了我的车的情况，因为她打算换辆新的，我们主要聊的就是这个。

（其他成员也提供了类似的回复）

治疗师：这么看来，小吉，其他人好像并不认同你"不懂得如何交谈"这个评价。

小吉：嗯，好像是的，可能因为我总是太紧张了，从没注意过其实有时候和别人的交流也还是挺顺利的。

（三）强迫症（简称 OCD）

临床个案：小亚。

小亚是独生女，有一个非常爱整洁的妈妈，但她强调自己并未感到苦恼，一家人在一起还是很快乐幸福的。小亚第一次发病是在大二那年，男友因移情别恋而与其分手，小亚受到了很大的打击和伤害。从那以后，她便开始害怕触摸几乎所有的东西，尤其是门把手、电梯按钮、公共餐具。她说病菌到处都是，她害怕被传染，但她无法说明为什么会因为接触这些物品而被传染。为了缓解不适感，小亚开始进行很多强迫性仪式行为，为了顺利按时上课，她可能得每天 5 点就起床，然后花 2～3 小时反复清洗各种东西。小亚意识到自己的行为不合理，但当尝试不再这么做时，每次都以失败告终。

强迫症的特点是具有强迫观念或强迫行为，虽然我们许多人也会脑子突然冒出一些想法，或者盘旋着一些挥之不去的思想，但这些想法通常都是暂时的。强迫观念是指一种持续的、不受控制的、闯入性的想法、意向或观点。而这些想法、意向或观点通常是不合理的，对小亚和其他强迫症患者而言，强迫观念的力量很大，以至于他们的正常生活会受到严重干扰。常见的强迫观念包括对污染恐惧、攻击冲动、对称或秩序。强迫行为是个体为缓解强迫观念带来的焦虑所进行的反复的、过多的行为或心理活动。小亚每天花 2～3 小时反复清洗这一仪式行为就符合强迫行为定义。通常，患者明白这些行为是不必要的，但他们依然不得不这么做，常见的强迫行为有清洁、排序、检查、计数等。

在一定程度上，我们可以将强迫观念和强迫行为之间的联系认为是"幻想"导致的。许多强迫症患者认为，按一定的流程重复某种行为能帮助自己或他人避开灾难，而如果不这么去做，灾难则会降临，虽然他们往往自己也解释不了为什么灾难会降临。比如，某个患者坚信自己必须在出门时先迈左脚，然后双脚落地跳 100 下，他才能安全出门，否则他和他的家人都将遭遇不幸。

研究发现强迫症有中等程度的遗传性。从生物学角度看，脑回路的异常可能会导致强迫症，这些脑区富含 5- 羟色胺，而调节 5- 羟色胺水平的药物也被证明对治疗强迫症是有效的。另外，暴露与反应阻止疗法（ERP）也是一种有效治疗强迫症的心理疗法。

三、精神分裂症

如果哪天你走在大街上，感觉一切似乎都与现实不相称，你看到了并不存在的事物，听到了自己脑子里的声音，或许还坚信自己此刻的想法已出现在每个人的手机新闻头条里，所有人都知道了你的想法。如果你无法区分真实和虚幻，那么你很可能患了精神病。

临床个案：小石。

"我的世界不知从什么时候开始，突然就变得很糟糕了。生活好像不再受我控制，更可怕的是，我自己也似乎不再受我控制！我没法专心学习，也睡不着觉，我不想在宿舍待着，因为我总感觉室友们在议论我，而且我确实能听到他们在议论我。我很害怕，我把这些告诉妈妈，妈妈给我申请了校外走读，我住在了离学校不远的姐姐家。但事情并没有好转，我甚至不敢出门。当我偷偷从窗户往外望时，似乎能听到外面的人在大喊着要杀死我。我总能闻到自己身上一股臭味，即使我每天洗3次澡，那股让人恶心的气味还是没法消除。我很绝望，而且我的记忆也越来越糟糕，我似乎记不住任何事情……"

小石最终被诊断为精神分裂症，这是一种复杂的，涉及思维、情绪和行为错乱的精神疾病。在形式多样的精神病中，精神分裂症是最严重，也是最令人困惑的。精神分裂症患者会表现出所有或部分精神病性症状（随后我们将具体介绍精神病性症状表现），但不同个体的表现形式不一样，轻重程度也不一样。有时候，精神分裂症患者能清晰思考和正常交流；而有时候他们与现实脱离，思维、语言变得混乱，甚至生活无法自理。下文对精神分裂症所表现的精神病性症状做详细描述。

（一）阳性症状

1. 妄想

"很多天后，我才意识到就在补牙的那天，医生在我口腔里植入了一块芯片，具体原因我还没调查清楚，但我已从身边种种迹象中确定，我被监视了！小区里的早餐店老板已经用一种我还不知道的手段连接上了我的电脑，以此来监控我的一举一动。"

这种违背现实的、错误且坚定的想法就是妄想。妄想是精神分裂症中常见的症状表现，在一项调查研究中，超过一半的精神分裂症患者都有如上所述的被害妄想，它是妄想类型中最常见的一种。被害妄想个体会坚定认为自己正在遭受某种监视或迫害，而对方也许是他们认识的人，也可能是他们从未接触过的权威机构。

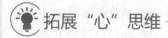 拓展 "心" 思维 ┄┄┄┄┄┄┄┄┄┄┄┄┄┄┄┄┄┄┄┄┄┄

常见的妄想类型

关系妄想：相信一些偶然事件或评论是直接针对自己的，比如认为下雨是因为自己前一分钟的意念，而公交迟到是为了让自己好好吃完早餐。

夸大妄想：相信自己具备超乎寻常的能力，或者自己是特别的人物，比如认为自己是白娘子转世，能使用法术。

钟情妄想：错误地坚信另一个人爱着自己，比如毫无证据地相信隔壁老王、楼下老张都钟情于自己。

躯体妄想：认为自己身体的某个部位或器官出现了不切实际的异常，比如认为有只猫钻进了自己的肚子，或者自己的肠子被蛇给代替了。

思维插入妄想：认为自己的思维被外部力量控制，比如相信对手在自己脑子里植入了一块芯片，使得一些不属于自己的思维被植入。

┄┄

2. 幻觉

"大部分时间，我不敢看任何人，因为他们看起来太恐怖了！他们的脸是扭曲的，还有长长的獠牙，像是要吃掉我！我也害怕一个人，因为我总听到两个很恐怖

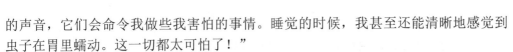
的声音，它们会命令我做些我害怕的事情。睡觉的时候，我甚至还能清晰地感觉到虫子在胃里蠕动。这一切都太可怕了！"

在我们紧张、疲劳或受酒精等物质影响时，可能会短暂看到不存在的物体，听到现实中没有的声音，而这并不能被认为得了精神分裂症。与大多数偶尔体验到的幻觉相比，精神分裂症患者的幻觉更为离奇和古怪，而且它不由睡眠不足、应激、酒精、药物等因素造成。

听幻觉是最为普遍的幻觉，患者可能认为他们听到了来自头脑中或外部的他人声音，而这些声音往往是具有批评和威胁性的。患者可能会与这些声音交流，就像在与真实的人交流一样。有心理学家认为，幻听可能是患者错误地将自己的声音当作了别人的声音，一些神经影像学研究也证实了这一点。第二常见的幻觉是视幻觉，它常伴随幻听同时出现，比如，患者可能看到有个人站在墙角，告诉他只有去死才是最好的方式。

3. 言语和思维紊乱

精神分裂症患者在与人对话时，可能会表现得语无伦次，他们常常从一个话题毫无征兆地跳到另一个完全不相关的话题上，同时他们也难以组织思维说出让对方理解的言语。以下是一段具有言语和思维紊乱症状的精神分裂症患者与治疗师的对话。

治疗师：最近会感到紧张或者害怕吗？

患者：没有，我买了一些土豆。

治疗师：你说你买了一些土豆？

患者：是的，土豆。

治疗师：那我们来谈谈土豆吧！它意味着什么吗？

患者：土豆就是一个神经性皮炎患者的转变。他曾经有一些土豆，然后发生了一些事情。看，窗户是玻璃的，天上不下雨，但我还是和小慧出门了。

治疗师：小慧是谁？

患者：有小美、阿木、小格，太多了。

治疗师：他们都是谁？你认识他们吗？

患者：废物！他们并不想获得真理！

治疗师：这是什么意思？

患者：我就说了，我没法离开这儿。我想买件衣服，我有裤子，但它们太大了，这就是我想买衣服的原因。

4. 紊乱或紧张症的行为

人们刻板印象中对精神分裂症患者的恐惧一般都来自其紊乱的行为表现。患者可能没有任何征兆地突然大喊大叫或者破口大骂。而这些异常的行为可能由妄想或幻觉造成。比如，一个有被害妄想的个体感到有杀手在追赶他，所以他拼命奔跑并尖叫。紧张症的表现很多，从参加耗费巨大体能的疯狂活动，到保持一种奇怪姿势一动不动。现在由于药物治疗的效果，紧张症已经很少见了。

（二）阴性症状

精神分裂症的核心阴性症状有情感受限（如很少或几乎没有情绪表达）、意志减退（如对事情缺乏动机和毅力，包括不关心个人卫生和仪表）、社交退缩（如缺乏与他人接触的欲望）。虽然阳性症状给人的感觉比阴性症状更严重，但事实上，阴性症状持续时间往往更长，也更难以治疗，预后也不佳。

（三）病因与治疗

对家族和双生子的研究证实精神分裂症和基因遗传有关，如果个体的父亲或母亲患有精神分裂症，他在一生中发展为精神分裂症的风险会比较高。在对精神分裂症患者的脑结构和脑功能的检查中发现，患者往往表现出大脑皮质区的功能异常，尤其是前额叶皮层和海马，以及有明显的脑室扩大。对患者的回顾性研究发现，许多精神分裂症个体的母亲经历过妊娠期（尤其是妊娠第 4 ～ 12 周）病毒感染或分娩并发症，如围产期缺氧等。另外，一些神经递质的改变可能也与精神分裂症有关，如多巴胺、5- 羟色胺、谷氨酸等。

在治疗上，一般以药物治疗为主，但无论是第一代药物，如吩噻嗪类，还是第二代药物，如氯氮平、利培酮等，都存在一定的副作用，而且这些药物并不对所有患者起效，对于某些患者，某种药物可能只能起部分作用，甚至完全没作用。但无论如何药物治疗依然是治疗精神分裂症的主要途径。另外，心理社会治疗也可以在一定程度上帮助患者学习社会技能、改善家庭互动，以及减少应激带来的冲击，从而降低疾病的复发率。

四、烟酒及咖啡因的使用与成瘾

物质使用文化在全世界都源远流长，人们用咖啡或茶叶提神，用烟草制品或酒精饮品社交及放松，用阿片类物质减少疼痛等。在最初使用这些物质时，人们并没有意识到它可能带来依赖或滥用。尽管现在物质成瘾群体已经非常庞大，但并不是所有使用过可能导致成瘾物质的人都会对它上瘾。为什么有些人能够将物质使用合理控制在社交娱乐或止痛范围内，而有些人却一发不可收拾地被某些物质牢牢拴住呢？

一般来说，成瘾的发生和社会及心理因素相关，如因社交而吸烟，因失恋而饮酒等；而成瘾的发生和维持则与生理因素更密切，如酒精会激活大脑的奖赏中枢，刺激多巴胺分泌水平提高，使得再次喝酒的行为增加。而存在于亚洲部分人群中的乙醛脱氢酶基因变异会导致酒精在体内代谢不足，从而出现脸红、心慌等许多不适的饮酒反应。相对来说，他们发生酒精依赖或成瘾的概率就较低。

（一）烟草

烟草原产于南美洲，哥伦布一行到达美洲后，没找到预想的黄金，却意外发现了印第安人吸食的烟草，于是，烟草在 15 世纪被带到欧洲，16 世纪传入我国。现在，我国已成为世界最大的烟草生产国和消费国之一，其中大部分吸烟者为男性，这可能和他们把吸烟当作一种社交手段有关。

烟草中导致成瘾的物质是尼古丁，它通过激活大脑神经通路，刺激多巴胺神经元来强化其带来的体验。吸烟对健康的危害已被众多研究证实。烟草燃烧过程中产生的有害物质可能和口腔疾病、呼吸道疾病、消化道疾病、心血管疾病以及癌症有很大相关。

许多"烟民"都有过戒烟的念头或尝试，但往往感到非常困难，这其中有生理因素，如尼古丁的戒断反应让人难以忍受；也有心理因素，比如对有焦虑、害羞、自卑等性格特点的个体来说，吸烟可能是其缓解不良情绪的一种手段，突然从生活中清除这种行为，往往导致更高水平的焦虑。

对于烟草重度依赖个体，如果条件允许，同时使用药物治疗、戒烟劝导和心理治疗往往效果较好。此外，中医在戒烟治疗中也有一定的作用，比如通过针灸、穴位按摩等方法，帮助戒烟个体缓解焦虑情绪、克服戒断症状等。

（二）酒精

当前，我国酒精饮品消费增长速度很快，且还在持续增长中，饮酒相关问题可能将成为我国重要的公共卫生问题之一。少量饮酒的确使人放松和自信，但即使仅喝一小杯葡萄酒，个体的注意力、协调性，以及反应时间也会受到影响，而且随着摄入量的增加，欣快感可能消失不见，替代而来的可能是抑郁、疲倦、睡眠扰乱等症状。

醉酒对人健康的危害是非常大的。醉酒后首先损害的是大脑前额叶功能，于是醉酒者可能作出冲动性决定或攻击性行为。同时由于对大脑皮层的抑制，以及皮层下结构控制的降低，容易出现反应变慢、情绪释放等。酒精对顶叶和颞叶功能的影响也很大，如顶叶受损导致空间感下降、颞叶受损干扰记忆力等。临床发现，长期大量饮酒与高血压、心脏病、癌症、营养不良、痴呆等高度相关。

酒精依赖者在戒酒过程中可能会出现一系列不适，如震颤、恶心、出汗、情绪不稳定、强烈渴望饮酒等，这些症状可轻可重，与个体差异和依赖程度有关。

 拓展"心"思维

短期干预技术对酒精依赖者的治疗

对于不是很严重的酒精成瘾者，短期干预技术可在短时间内增强个体戒酒动机以及减少饮酒量。下面是一段短期干预技术治疗的对话。

治疗师：你肝功能异常，心脏也偏大，说明喝酒已经让你的身体器官受到了损害。

患者：哎呀，我真不觉得我喝了很多酒，我身边很多同事都比我喝得多，不过我老婆总说我是个酒鬼。

治疗师：人和人是有个体差异的。现在的问题是，你的身体出了问题，不是别人的身体出了问题。你要认真考虑下戒酒这个问题了。

患者：但我从二十来岁就开始喝酒了，我没觉得喝酒有多大影响啊，而且很多工作上的事情，不喝酒不行啊。

治疗师：嗯，这可能是个很好的借口。但我想说，戒酒成功的人很多，不喝酒把工作办好的人也很多，关键是有没有戒酒的决心。你可以把喝酒和戒酒的好处与坏处分别在纸上列出来，然后再做决定。

（患者按指示在纸上列出了各自的好处与坏处）

患者：还是戒了好，那我要怎么戒呢？

（治疗师与患者讨论戒酒的方法，以及可能遇到的阻碍和应对方式）

患者：谢谢！我已经决定要戒酒了！再不戒酒，身体就完了。

治疗师：这很好，我知道做这个决定对你来说并不容易，最让人高兴的是，以前是你老婆逼你戒酒，而现在是你自己主动要戒酒。

　　患者：对，您太了解我了。说实话，其实我现在还挺忐忑，不知道到底能不能戒掉。

　　治疗师：你说过，你曾经因为肺炎成功戒掉了吸烟，你可以把这个成功经验用在戒酒上。虽然你肯定会面临许多困难，但我相信你能行。

　　患者：确实，戒烟那段日子是我最困难的时候，但也是我做得最有意义、最有成就感的事！

（三）咖啡因

　　咖啡因可能是世界上最受欢迎的成瘾物质，在咖啡、茶、软饮料、巧克力制品以及一些感冒药中，都包含咖啡因。咖啡因属于兴奋类物质，它会刺激中枢神经系统，让人食欲和睡眠需求降低，但感到快乐、有力、精力充沛。

　　对于一位健康成年人，每日咖啡因摄入建议不超过400mg，这是一个什么概念呢？一杯中杯星巴克美式咖啡中咖啡因含量为150mg，一罐红牛中咖啡因含量为80mg，一罐可口可乐中咖啡因含量为35mg。但不同个体对咖啡因的感受性是不一样的，比如有的人在适量摄入咖啡后，会感到神清气爽、心情愉悦；而有的人即使少量饮用，也会感到心慌、焦躁，或者失眠。如果一个人长期每天摄入一定量的咖啡因，如长期喝茶，突然将茶移出日常生活，他可能会经历一段时间的戒断反应，如疲倦、焦虑、易怒，以及一些感冒症状，这些症状一般在两周后自行缓解。

【回顾"心"历程】

　　（1）异常心理是一个相对概念，大多数情况下，我们都可以在心理正常者身上找到异常的心理成分，同样，我们也可以在心理异常者身上发现正常的心理成分。异常心理包括四个关键特征，即偏离社会规范、个体痛苦、功能受损、功能障碍。

　　（2）人们对异常心理的认识经历了很长一段历史，包括超自然理论、生物学理论、心理学理论。

　　（3）评估和诊断是对异常心理研究和治疗至关重要的第一步。对邮轮服务人员的评估，可能面临来自个体阻抗以及文化差异的挑战。

　　（4）邮轮服务人员常见异常心理有：心境障碍、恐惧与焦虑、精神分裂症、烟酒及咖啡因的使用与成瘾。

【检验"心"本领】

　　（1）（判断题）大多数经历压力生活事件的个体都会得抑郁症。（　　）

　　（2）（判断题）无论什么时候，只要产生了幻觉，那么这个人就可以被认为患有精神病。（　　）

　　（3）（判断题）对酒量好的人而言，喝酒不会对身体健康造成影响。（　　）

【迸发"心"能量】

诺亚方舟

活动目的：

探索生命价值，珍惜生命，感恩生命。

活动时间：

15 分钟。

活动准备：

白纸、笔。

活动过程：

如果今天就是世界末日，你拥有一艘能帮你摆脱末日灾难的船，但船的空间有限，你可以带人、物，但只能带 5 种。现在，请将这 5 种一一写在白纸上。突然，你的船出现了一些故障，为了让它继续航行，你不得不将带上来的人或物一一扔下，抛弃的过程也许让你非常难受，但你不得不这么做。现在，请选择 1 样并在纸上画掉他 / 它，然后重复这个过程，直到剩下最后 1 种。

活动分享：

你留下的最后 1 种是什么？为何最终留下的是他 / 它？

【充盈"心"智慧】

[1] （美）洛莉·戈特利布. 也许你该找个人聊聊. 张含笑译. 上海：上海文化出版社，2021.

[2] （英）罗伯特·戴博德. 蛤蟆先生去看心理医生. 陈赢译. 天津：天津人民出版社，2020.

[3] 曾奇峰. 你不知道的自己. 北京：北京联合出版有限公司，2018.

[4] （澳）格雷姆·考恩. 我战胜了抑郁症. 凌春秀译. 北京：人民邮电出版社，2021.

第十一章　邮轮服务人员心理求助与助人

 启航"心"征程

　　布琳·布朗在演讲《脆弱的力量》中说："当我们有脆弱的情绪时，很多人用消极的方式强行否认、压抑、逃避它们。这些情绪不会自动消失，而是藏在身体里，积蓄更大的能量，让我们真正地陷入一种恶性循环。"事实上，我们每个人的心理能量是有限的，很多时候我们需要使用这些有限的能量来应对未来多方面的无限挑战，而在此过程中也偶尔会有我们无法应对的时候。我们尝试着自我排解，也尝试着寻求亲友的帮助却依然束手无策。这种情境下，不妨合理使用专业心理服务，让专业力量陪伴自己度过这段艰难的时光。本章让我们一起了解一下识别心理求助的信号与方法，心理助人的方式方法以及邮轮服务人员心理咨询与治疗。学会觉察自己和他人的心理状况，并运用适当的求助方式以得到有效的帮助。

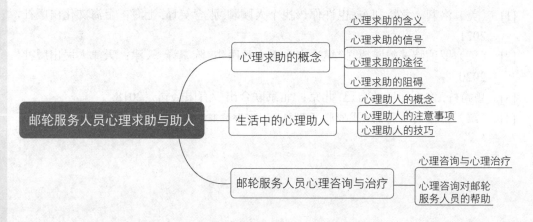

 学习目标

　　1. 了解心理求助的概念，掌握心理助人的技巧。

　　2. 了解心理咨询知识，提升自我觉察能力，及时寻求心理帮助。

 素质目标

　　主动关注自我心理健康状况，培养敢于求助和乐于助人的积极心态。

第一节　心理求助的概念

在学习和生活中，我们常常会遇到关于亲情、友情、爱情等方面的情感困惑，关于对自尊、自卑、自我怀疑及自我实现的成长焦虑，关于学习困难、惯性拖延、手机成瘾等具体行为的改变欲求……每个人都可能遇到心里不舒服的时候，有时我们难过几天，在家人和好友的陪伴下就可以调整状态，恢复阳光与快乐；但有时，我们需要借助他人的力量，陪伴、帮助、引导我们走出阴霾。

一、心理求助的含义

心理求助指的是客观上存在心理困扰者以解决问题或解除痛苦为目的向个人以外的力量寻求帮助的过程。从定义上来看，心理求助包含三个要素：

首先，心理求助的个体是客观上存在心理困扰的人。心理困扰包括一般的心理困扰、发展性的心理问题以及达到诊断标准的心理障碍。一般来说，个体的心理困扰程度越重，越需要得到帮助。

其次，在此强调的是心理求助。也就是说，个体是以解决问题或解除心理痛苦为目的进行求助。出于其他目的的求助不属于心理求助，例如，因为经济困难而向外寻求经济支持。

最后，个体寻求的是来自外界的帮助。外界的帮助可以分为专业和非专业两类。非专业的助人者可以是父母、朋友、师长甚至陌生人等；专业的助人者可以是受过专业训练的社会工作者、心理咨询师、心理治疗师等。

二、心理求助的信号

在高速发展的社会中，虽然我们享受到了更好的物质生活，可是，快节奏的生活会让我们感觉很累，这种累也可以说是因为我们心理的压力造成的，比如你身体开始出现一些不适的症状，经常失眠、胸闷、感冒、肠胃不好等。你怀疑自己是不是得了什么病，但检查结果却告诉你一切正常。但是不知道从什么时候起你开始感到头晕，记忆力下降，注意力不集中，工作效率低下，你付出得很多，然而收获得却很少。你一直以为只要多付出，就一定会成功，可是，事实似乎并不是这样的。你很累，很想停下脚步休息一下，但是，仿佛有种力量在推着你不停往前走。你已经很久没有过快乐体验了，相反，以下体验却经常与你相伴。

烦恼——呈弥散状飘浮在心中，挥之不去，找不到具体的原因；压抑——一种难受的沉重感，心中好像有块石头压着，感到很委屈，有释放的冲动；抑郁——对什么都不感兴趣，对生命有较强的无意义感，感受爱和关怀的能力减弱；强迫——重复做或想某件事，明知没必要，但不这样又很难受；紧张——躯体和思维的僵硬状态，在考试或重要活动前更加明显；易激惹——容易被别人善意的玩笑所伤害，有时会在家人面前为一点小事大发脾气，事后又很后悔自责。这些症状很少单独存在，大多的时候会混在一起并发生作用。让你痛苦的是，以前从来不用担心的事现在却成了问题；与人交往时不自觉地紧张、被动、放不开、喜欢沉默；怕事情出错，难以做决定，很小的问题都会让你左右为难、举棋不定；不会拒绝别人，把别人的需要当成自己的需要，尽管经常会为此感到委屈；回避交往，喜欢一个人单独待着，脑子里很乱，闲不下来，多想一些虚幻的、不着边际的事；易伤感，过于偏爱伤感音乐、伤感文字。如果你的表现和以上描述完全一致或大部分一致，并且持续时间在两周以上，那么你就需要提高警惕了。

有人说，身心状况就像弹簧，我们施加的压力越大，它所反弹出的病症就越多。平日里，由于我们学习、工作繁忙，忽略了自身的身心健康，久而久之，我们的身心状况开始出现紊乱，对我们发出了"求救"信号。具体可出现：

（一）生理信号

（1）当你处于压力之下时，头疼的频率和程度不断增加。

（2）肌肉紧张，尤其是发生在头部、颈部、肩部和背部的紧张，是一种早期预警信号。

（3）皮肤对压力特别敏感。皮肤干燥、有斑点和刺痛都是典型的反应征兆。有些会出现皮肤过敏的症状。

（4）消化系统问题，如胃痛、消化不良或溃疡扩散，都是你未能妥善处理压力相关问题的预警信号。

（5）心悸和胸部疼痛也经常是与压力有关的。

（二）情绪信号

（1）容易烦躁或喜怒无常通常说明你处于压力之下。

（2）消沉和经常性的忧愁是压力影响了你对生活展望的结果。

（3）丧失信心和自负自大是压力超过自己处理能力的结果。

（4）如果感觉精力枯竭且缺乏积极性，这可能是对你要求过多的缘故。

（5）疏远感情是无力应付的结果。

（三）认知信号

（1）缺乏注意力经常是大脑中要处理的事情太多造成的。

（2）优柔寡断，即使是对最无关紧张的事情也一样，是压力的一种典型征兆。

（3）压力将影响记忆力。你将发现忘记了许多事情、数字、朋友的名字和通常记得的地方。

（4）压力削弱判断力，导致错误地做出某些决定，并造成某些过错。

（5）持续性地对自己及周围环境持消极态度，这可能是未能处理好周围人对你的要求的标志。

（四）行为信号

（1）睡眠易受打扰，无论是失眠还是睡眠时间的不断增长，都是你正在受到压力的确定信号。

（2）比平时更频繁地饮酒及抽烟，这是企图寻找短暂精神放松的表现。

（3）性欲减少是承受压力的常见征兆。它可以加重你的烦恼和忧虑，导致你从一种可以获得支持的关系中退出。

（4）从朋友和家庭的陪伴或同事的友谊中退出，这通常意味着你感觉到对这种关系无法应对。

（5）如果发现自己很难放松，经常烦躁和坐立不安，你很可能正处于压力之下。

探究"心"奥秘

我需要心理求助吗?

出现下列这5种情况之一,你可能需要心理求助。

1. 你正处于重大事件的变故中

正在经历特定的痛苦事件,如亲人的死亡、分手或失业;有自卑倾向,经常有贬低自己或被别人贬低的情况;经常会想自己是什么、自己来到这个世界是为了什么、往后要怎么走这类问题。

2. 你想要改善自己的人际关系

如果你经常觉得自己的人际关系有问题,或者容易和人产生矛盾,或者觉得容易让人误解。无论是和伴侣、家人、同事,还是其他人在一起的时候,你都觉得和他们进行沟通并不容易。

3. 你容易感到"被困住了"

如果你发现自己容易长时间处于不能振作的情绪中,或者觉得生活很难向前,或者觉得经常处于人生的十字路口而不知道如何选择,这些就是你"被困住"的感觉,你进退两难、束手无策。

4. 一些小事就能激怒你

你是否比以前更容易烦躁?你周围的人总是惹恼你吗?还是这些人或事比以前让你更容易恼火?答案为肯定的话,就预示着你心理可能有一些异常。此时进行心理求助,也许能够帮助你理清这些情绪,并用更有效的方式来疏导这些愤怒或懊恼的感受。

5. 你感到疲倦,很难"平静"

你是否感觉被生活压倒了?或者生活中最近发生的事情让你有些难以承受?有时候你自己也不知道怎么去表达。向外寻求心理帮助可以让你减轻这种负担。

人的心理状况受主客观因素的影响,会有波动起伏,出现心理困扰、心理问题,甚至心理障碍。可喜的是,精神医学、心理治疗、心理健康教育发展到今天,已经为心理康复提供了很好的条件。必要的积极的心理求助是自助行为,也是强者的行为,因为你有勇气面对问题,渴望改变现状,并为之努力。

三、心理求助的途径

在人的一生中,我们会经历很多次感冒,感冒后我们通常会选择睡觉、跑步、多喝水的方式来自愈;如果仍没有缓解,会选择吃感冒药;如果吃了感冒药还不见好转,通常我们会选择看医生,让医生帮助我们诊断和治疗。心理问题如同感冒,每个人都可能遇到一些艰难时刻,我们会感到孤独、无助、彷徨、痛苦,尝试使用很多方式方法调节后依然无法解决,这时你可以尝试以下方法:一是求助于长辈,过来人的生活经验丰富,跟他们沟通一下,能解决很多问题;二是求助于朋友,他们可能不一定能解决你的问题,但是可以帮你分担心中的痛苦;三是求助于网络;

四是寻求专业的心理帮助。有些求助者虽有求助动机但苦于找不到合适的机构以获得专业帮助，下面介绍几种可获得专业心理帮助的资源：

一是校园内资源。随着国家对心理健康问题的重视，一般来说，高校都设有专业心理咨询中心或心理健康教育中心，可为在校求助者提供免费的心理服务。

二是社会资源。如果我们现在已经离开学校进入工作岗位，有部分企业会为员工提供 EAP 服务，该服务通过专业人员对组织进行诊断建议、对员工及其直系亲属提供专业指导、培训和咨询，帮助解决员工及其家庭成员的各种心理和行为问题。另外，目前也有一些正规的心理服务机构和平台，通过线上、线下等形式进行心理咨询和治疗。需要注意的是，社会资源的质量良莠不齐，我们需要谨慎选择。

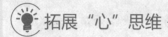
拓展"心"思维

常见的社会心理服务资源

一、免费的社会服务机构

免费的社会服务机构一般隶属于高校的研究中心或者公益机构，如"12355"青少年服务台、湖北省高校心理健康专家服务队等。

二、医疗类资源：各大医院的心理门诊

当心理问题比较严重，怀疑是某种心理障碍时，可以前往精神科专科医院或综合医院的精神科就诊。以武汉为例，精神疾病专科医院有武汉市精神卫生中心，综合医院的精神科有湖北省人民医院精神科。

M11-1　社会
支持系统

四、心理求助的阻碍

当有心理困扰却不能自己解决时，并不是所有人都会立即向外寻求帮助。正如前文所提到的，心理求助是一个过程。在这个过程中，有人即使非常痛苦，却依旧裹足不前，独自承受着伤痛。阻碍心理求助的原因主要可归纳为三种：一是认为心理求助是无用的，二是认为心理求助是可耻的，三是认为心理求助是软弱的。

认为心理求助是无用的心理困扰者，内心会存有"我跟别人讲了，别人也理解不了"的认知，觉得即使说出来也不会被理解，最后还是要自己来做决定，自己来执行，还有可能被听者反感，干脆不求助。其实，在这里需要澄清两点：第一，个体是自己心理健康的责任人，需要为自己的心理健康状况、心理成长负责；第二，大量的研究表明心理求助是能够促进个体心理健康、幸福生活的。换句话说，心理求助是有效的。如果我们能够找到匹配的资源，无疑是能够有效帮助个体的心理成长的。

认为心理求助是可耻的心理困扰者，内心会有类似"心理问题是可耻的，如果被别人知道了，那真是太丢脸了"的声音。这由于公众对心理问题的认知评价基本是负面的，如表现怪异、为人孤僻、思想有问题等。事实上，在人的成长中，出现心理困扰是非常正常的事情，公众之所以会认为它不正常是因为存在着偏见。而同时，这样的偏见也会给个体带来羞耻感，可谓是雪上加霜。因此，我们需要破除偏见，正视自己的心理状态，并及时寻求帮助。

认为心理求助是软弱的心理困扰者，内心会有"我真是太差劲了""我怎么这么矫情""我为什么这么脆弱"的感受。其实人都是希望被温暖、期望有依靠的，这是人的真实需要。因此，当这种软弱无力感出现时，不妨停下来，看看自己，听听自己的声音，也许你也想要给自己一个温暖的拥抱。同时，从另一个角度来说，你愿意承认自己的软弱去向外求助，难道不是另一种勇敢的表现吗？

第二节　生活中的心理助人

日常生活中的助人行为是比较普遍的，如帮助别人提重物、搀扶老人过马路等。而心理助人又是什么呢？其实它也悄然发生在我们的生活中，只是我们有时候会忽略它。

一、心理助人的概念

某些人在一定条件下有能力协助他人处理生活中的问题，例如在社会中，咨询师、精神病医生、心理学家、社会工作者都扮演着正式助人者的角色，协助人们处理生活中令人苦恼的问题。助人专业中还存在第二梯队，尽管他们还称不上是正式意义上的助人者，但他们却要不时地帮助人们处理危机与痛苦，这类人包括机构的顾问、牙医、普通医生、律师、护士、教师、经理、主管、警官和其他服务行业的从业者。尽管这些人只是他们本行业的专家，但他们仍然被期待着能帮助他们的服务对象处理各种问题。

除了上述各种专业工作者之外，助人者还可以包括那些正试图帮助遭遇问题的亲属、朋友、熟人、陌生人和他们自己的人。这些都是心理助人者，他们都在做着心理助人的事情。

事实上，心理助人的概念并不统一。希尔从助人过程出发，将其定义为一个人帮助另一个人探索情感、获得领悟，并使他在生活中作出改变。心理学家认为心理助人指发生在有情绪困扰的个体与尽力缓解这个困扰的个体之间的沟通。由此，我们将心理助人定义为专业或非专业人员帮助另一个人探索情感、领悟生活、获得成长，使之能够相信自己的力量并作出改变的过程。

事实上，非专业心理助人通常发生在朋友之间，这样的资源更容易获得，而且在你来我往的支持、陪伴和理解之中，也能增进双方的关系。同时，非专业心理助人对困扰程度为轻到中度的受助者来说是非常有效的，甚至不亚于专业心理助人。而对于困扰程度更为严重的受助者，心理咨询、心理治疗等专业帮助是必要的，在受助过程中，家人、朋友等的接纳、理解和陪伴也能起到辅助的作用。

二、心理助人的注意事项

近期，小B因为失恋特别难受，于是找小A倾诉，小A耐心地听着小B的诉说，感受着小B的感受。小A希望能用自己的方式来开导小B，可是小B依旧沉浸于悲伤情绪不能自拔。小A看着日渐消瘦的小B，痛心不已。可每每想到小B怎么还没有走出失恋的阴影又有种恨铁不成钢的感觉，恨不得立马把小B从悲伤的情绪中拽出来。

这样的例子并不少见。在助人过程中，不少人希望受助者能够快点改变。这虽然是好的愿望，但也会给受助者带来压力。在心理助人的过程中，我们也需要注意以下三点：

（一）助人的动机

一般来说，助人者在帮助他人的过程中，也在满足自己的需求。例如，"如果我帮助这个人，这个人也确实有所改变，过得更好，那么证明我能够影响别人，我的成就感得到了满足。"就像小 A 希望立刻把小 B 从阴霾里拉出来一样。但是这种来自助人者的迫切愿望是否会给受助者带来伤害呢？这到底是在帮助受助者还是在满足自己的需求呢？当助人者满足自己的动机强过帮助他人的动机时，帮助很有可能会带来伤害。因此，在助人的过程中，我们需要反思自己的助人动机，确保自己的动机是以帮助他人为先的，这样才能真正帮助到他人。

（二）责任的归属

古话说"授人以鱼不如授人以渔"，心理自助的目的就是要助人自助，帮助他人看清自己的资源，寻找潜在的能力，最终提升受助者的自助能力。在助人关系中，受助者会有依赖助人者的倾向，包括希望助人者提供方式方法，甚至帮助完成某些事务，而助人者也会不自觉地承担越来越多的责任。其实，助人者与受助者就像天平的两端，如果一方过于依赖另一方就会减轻或逃避自己所需要承担的责任，而被依赖的一方习惯这种方式后就会承担越来越重的责任，那么天平就会失衡。当助人者无法给受助者提供所需时，受助者会依旧不知所措。因此，在助人的过程中，助人者也要时刻注意是否承担了太多的责任，并将心理健康的责任主体定位于受助者。

（三）助人的方式

多数情况下，以合作方式帮助受助者的助人行为是有效的。合作指的是受助者和助人者在不存在明显或隐性对抗的情况下，共同去完成一件事情，具体表现为助人者能够站在受助者的立场去感受受助者的感受，并且陪伴受助者寻找其自身的资源以及合适的解决方案，同时，受助者也积极主动地投入其中。两者之间的关系较为平等，相互影响，共同作用，试图达到共同的目标。

若助人方式是存在对抗的，那么助人的效果是非常有限的，甚至有可能给受助者带来伤害。明显的对抗，例如争吵，即受助者和助人者都各执己见，表达异议。隐性的对抗，例如拉扯，即助人者提出建议，受助者虽不认同但并没有明确地表达出来，或转移话题或礼貌感谢，并未给予正面反馈。

在助人过程中，我们需要清楚反思自己的助人动机、责任归属以及助人方式，做好助人的准备，有效避免伤害他人或自己。

三、心理助人的技巧

心理助人的过程中，助人者有时会提供建议、支持等，但有时也会不自觉地批评或者岔开话题。到底如何帮助他人是有效的呢？研究发现同感、温暖、真诚的助人关系可能是心理助人的主要起效因素。那么当我们成为助人者的时候，如何做到这些以让受助者感受到有温度、被支持呢？

（一）同感

同感又称为同理，"设身处地"和"感同身受"两者合并在一起能够很好地表达出同感的含义。在同感中，助人者与受助者"活在一起"，站在受助者的立场上，用受助者的眼光、角度、心情来感受其当下的感受。例如，对于受助者描述的某个人，比如他的领导，助人者不再以客观的身份去看待这个人，而是看到受助者内心领导的样子——不近人情的、暴躁的、喜欢抢功劳的，同时感受受助者内心对领导的感受——讨厌的、令人害怕的、让人有苦难言的、被压抑的。然后，助人者再将这些感受到的内容表达给受助者。

在同感时，助人者也需要注意以下几点：

（1）转换角度。事实上，要求一个人完全以另一个人的视角看待世界、感受情感是不太可能的，毕竟每个人的价值观、生活经历、兴趣、爱好都不一样。助人者需要做到的是以关切、体察的态度来对待受助者，而不是简单地告诉对方"我理解""我懂了"。

（2）倾听。听受助者诉说的过程中，不仅要留意说出来的信息，还要留意未表达出来的信息，即"言外之意"。例如，小C说"他把我甩了，我现在才知道，我不漂亮、不温柔、不可爱，我算是没指望了"。诚然，小C讲到了她被抛弃的事实，但是仔细琢磨会发现小C还表达了她非常伤心，觉得自己没有魅力且因此感到沮丧和绝望。

（3）表达与反馈。助人者将自己感受到的内容整理后表达给受助者，在表达完后，留意受助者的反馈，确定自己是否真的了解受助者的感受。

（二）温暖

温暖，即能让受助者感受到温度，愿意与之亲近，愿意表达更多。要做到温暖，助人者需要注意以下几点：

（1）少评价。不少受助者对自己是不满的，他们会对自己有很多的要求，当达不到这些要求的时候，就会在内心产生各种各样的冲突，折磨自己。在这种情况下，他们对别人的评价是非常敏感的，也会根据别人的反馈来评价自己。因此，如果总是给予评价，如"你这样做是不对的""就是因为你胆小啊，你勇敢点就好了"，这样更会打击受助者的自信。助人者需要以肯定的态度，接纳和关怀受助者，让对方感受到温暖。

（2）少打断。在听受助者讲述时，有些助人者对自己不能赞同的部分，如价值观、道德等，会表现为打断受助者。例如，一位陷入多角恋的受助者在表达困惑时，助人者可能因为道德观不同，不愿继续听下去而打断受助者。同样的，当受助者内心极度痛苦、不断哭泣时，助人者也可能说出"不要哭了"来打断受助者。频繁地打断受助者，会影响其表达，也会让其感觉被越推越远。

（3）专注于受助者。有些时候，助人者的思绪会紧贴受助者，但有些时候，助人者会走神，或者不耐烦等，表现为不想要听受助者讲什么，或者听到反馈后不聚焦于受助者而是转移话题。这样也会让受助者感到自己的问题并未受到关注，助人者也并不想要知道发生了什么，于是影响其表达欲望和求助体验。

（三）真诚

真诚意味着没有虚假和做作，真诚能够缩短助人者和受助者之间的距离并有助于形成有效的帮助关系。同时，助人者的真诚也能为受助者提供一个榜样，使其尝试着不加修饰地、不隐藏地、真实地与助人者交流，自然地表达出自己的喜怒哀乐，感受自己真实的样子，使不清晰的部分逐渐清晰和准确，探索真正的自我。

通过这些助人技能，助人者能与受助者建立良好的合作关系，朝着同一个目标前进，陪伴受助者心理成长。在深入理解受助者的基础上，再适时地推动受助者发生改变。需要注意推动的节点，在受助者自身有所领悟的情况下，助人者的稍稍推动便能令改变有效地发生。

同时，在助人过程中，助人者也需要考虑、评估自己的助人意愿和助人能力，比如"我是否愿意给予帮助""我是否有能力帮助他（她）""如果我不能真正地帮助他（她），那么谁可以来帮助他（她）""我是否需要把他（她）转介给其他更有能力的助人者或专业人员"等，从而给受助者提供更为有效的帮助。

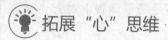

拓展"心"思维

助人三阶段模式

助人过程包括让当事人"沉下去"了解自己，然后"浮出来"融入世界，能够更好地应对困难。助人三阶段模式是一个运用助人技术，引导当事人探索其问题，更好地理解这些问题，并在生活中作出相应改变的框架。

1. 探索阶段

在探索阶段，助人者与受助者之间要营造良好的氛围，发展出合作关系。助人者鼓励受助者讲述自己的故事，帮助其探讨自己的想法和情感，促进情感唤醒，并且积极地去了解受助者。在探索阶段，最重要的是给受助者提供一个表达情感、彻底思考自己问题的机会。同时，助人者的耐心倾听可以让受助者更容易检查自己的问题。通常受助者独自思考自己的问题时会因有防御和焦虑而受到阻碍，从而停在原地，没有获得领悟也无法作出改变。

探索阶段也给助人者提供了深入了解受助者的机会。很多时候，助人者和受助者之间需要来回地澄清，才能让助人者弄清楚受助者的真实感受。因此，如果助人者主观地认为自己了解受助者的问题，明白受助者应该如何解决，就可能会远离受助者的真实情感，也可能会将自己的价值观强加于受助者。

2. 领悟阶段

在领悟阶段，助人者与受助者更好地合作以使受助者进行更深入的探索，更好地了解自己的想法、情感和行为。领悟是重要的，因为它可以帮助受助者从新的视角看待事物并使他承担一定的责任，从而解决自己的问题。

当受助者领悟后，改变就更容易发生了。例如，小 D 了解了自己与他人疏远是由于母亲对自己不恰当的教育方式而形成的不安全依恋关系。自此，小 D 也更容易与他人建立良好的关系了。因此，即使理解不那么完美，也可以引导以后的行为。领悟也会让改变更持久，因为它给受助者提供了一个透过表面看本质的模板，帮助他作出较好的选择。

虽然人们可以自己获得领悟，但从一位体贴的助人者那里聆听新观点，并获得反馈，可以使受助者培养更深层次的自我觉察。助人者不仅要保持共情同感与合作的状态，偶尔还可以尝试挑战受助者的观点，试探性地提出自己的想法，并且运用自己的经验从新的角度看待受助者的问题，也许会令受助者茅塞顿开。当然，助人者的观点不一定百分百正确，也并不一定百分百适合受助者，但是能给受助者提供值得思考的选择。

3. 行动阶段

在行动阶段，助人者和受助者一起探讨改变在受助者生活中的意义，一起运用"脑力激荡法"讨论不同的改变方法并确定可行的方案。在有些情况下，助人者会教授受助者一些改变的方法，如如何冥想、如何放松等。在此过程中，助人者可以观察、跟踪受助者的变化，辅助受助者探索关于行动的想法和感受并做积极改变。

心理分析理论家认为领悟可以自然地引导行动，因此助人者不用刻意去鼓励受助者改变。这对于部分受助者是可行的，但还有部分受助者虽然有领悟，但是缺乏相应的动力，此时需要助人者的推动。因为没有相应的行动，领悟也将转瞬即逝。

第三节 邮轮服务人员心理咨询与治疗

随着生活节奏的加快，工作压力的增大，邮轮服务人员群体的心理问题越来越突出，而心理问题导致的精神疾病和恶言相加、暴力相向、回避人群等行为时有发生，不得不引起邮轮公司的警觉和重视。而当邮轮服务人员产生心理困扰且自身的力量和非专业心理助人力量不能给予有效的帮助时，就需要考虑专业心理助人的力量了，即心理咨询和治疗。对于心理咨询和治疗这个相对陌生的领域，邮轮服务人员需要先去了解它们，知道它们的作用，然后再去使用它们。

一、心理咨询与心理治疗

（一）心理咨询与心理治疗的异同

心理咨询与心理治疗虽然在表述上有所不同，但实质上两者是本质相同的专业助人活动。它们是咨询师或治疗师运用专业的心理学理论和技术帮助当事人解决心理问题的专业活动。两者依凭同样的心理理论，应用同样的策略和技巧，如倾听、解释、澄清、支持等。

但两者也有不同之处：①两者服务的对象同中有异。在传统中，心理咨询面向的是有心理困扰的正常人，他们表现出来的困难主要是现实生活中的适应和发展问题，如环境适应问题、生涯规划问题、人际关系问题等。而心理治疗的对象主要是心理障碍患者，如精神病人、人格障碍者、品行障碍者或遭受心理创伤的人等。②提供服务者的受训背景可能有所不同。心理咨询服务的提供者以咨询师、临床心理学家以及社会工作者为主，而心理治疗服务的提供者以精神科医生、临床心理学家为主。因此，其服务的场所也有所不同：心理治疗主要在医疗机构中进行，心理咨询则在心理咨询机构中进行。③两者帮助特点同中有异。心理咨询侧重于帮助当事人获得信息，学习新的适应技能，解决所面临的工作、学习和生活问题；心理治疗则侧重于矫正、领悟、训练、重建，帮助病人改造人格，矫正行为方式。两者的差异具体可见表11-1。

表11-1　心理咨询与心理治疗的差异

项目	心理咨询	心理治疗
接受帮助者	称作"当事人"，主要是在适应和发展上产生困难的正常人	称为"病人"，主要有：①（康复期的）精神病人；②人格障碍者或品行障碍者；③遭受心理创伤的人
给予帮助者	①咨询师，在心理学系、教育心理学系或临床心理学系接受训练；②临床心理学家，在临床心理学系接受训练；③社会工作者，在社会学习或社会工作系接受训练	①精神科医生，主要在医学院接受训练；②临床心理学家，主要在心理学系或临床心理学系接受训练
障碍的性质	正常人在适应和发展方面的障碍，如人际关系问题、学业和学习问题、升学就业问题、婚姻家庭问题	人格障碍、行为障碍、心身疾病、性心理异常、处在缓解期的某些精神障碍
干预的特点	强调教育的原则和发展的原则，重视当事人理性的作用，重视发掘、利用当事人潜在的积极力量，使其自己解决问题，用时较短，会谈从一次到数十次不等	强调人格的改造、行为方式的矫正，重视症状的消除，有的治疗体系（如心理动力学和行为治疗）不重视病人理性的作用，费时较长，从数周到数年不等

心理咨询和心理治疗在很大程度上互相重叠、相通，助人的目的、机制大同小异，因此可以放在一起讨论。后续的内容将两者混合使用，不另作区分。

（二）心理咨询的误区

相较于非专业助人，心理咨询、心理治疗这一类的专业助人被使用得相对有限。这可能有多方面的原因，如心理困扰并不严重、心理咨询涉及费用等。但也有不少求助者因为对心理咨询的不了解而产生偏见，或对心理咨询抱有过高或过低的期待，阻碍其求助的步伐。

误区一：痛苦无法忍受时才寻求咨询帮助

如同机器出现小故障，及时处理总比放着不管继续使用的损失小。心理困扰如果得不到及时的解决，会随时间愈演愈烈，比如轻度抑郁可能演变为中度抑郁，中度抑郁可能演变为重度抑郁；不仅程度会加深，对生活的影响也会加大，如影响人际交往、学业，甚至身体健康。当这些强烈的负面情绪持续超过两周，影响正常生活、工作时，就要考虑尽早地求助咨询师，不要发展到无法挽回的地步。亲人亡故、重大疾病、意外、失恋、重大学业受挫等高压力事件，往往会引发极大的痛苦感受，很多时候这类事件已远远超出自身应对能力的范畴，此时更不能期待自我修复，而要及时寻求专业帮助。

误区二：心理咨询就是谈话聊天

会谈是心理咨询的主要形式，它和漫无目的地聊天有着本质的不同。咨询师秉持中立的原则，运用心理学的专业知识和方法，通过倾听、共情等方式进入对方的精神世界，帮助求助者从深层次觉察和发生改变，促进个性发展和潜能开发，促进身心健康。另外，心理咨询除了谈话的方式还有其他手段，如心理测验、催眠、冥想、绘画、沙盘等。

误区三：心理咨询就是给出建议

心理咨询的目的是助人自助，一般情况下咨询师不会直接给出建议，而是和求助者一起探索，激发其改变的动力，让其看到自己的资源、一点一滴的进步。求助者在咨询师的陪伴下靠自己的力量走出困境，提升应对能力，获得心灵上的成长。咨询结束后，在未来的现实生活中遇到类似困扰时，求助者能够不依赖咨询师独立地去面对和解决。

误区四：一次心理咨询就能解决问题

心理问题通常不是一两天形成的，在走进咨询室之前求助者的问题已经随着时间慢慢累积，想通过一两次咨询就把烦恼解决是不现实的。有的求助者，比如有学业焦虑的求助者，往往迫切希望早日回到心理平衡状态，提升学习效率，当短期看不到成效时，焦虑感就会陡然上升。求助者要给自己改变的时间，成长是一个极其缓慢的过程，不可能一蹴而就。

同时，求助者需要调整自己对咨询次数的期待，如果期待通过一次咨询就能解决自己的困扰，那么如果一两次咨询之后没有明显的改善，便会认为心理咨询没有任何效果，咨询也会没有动力。在咨询之初，求助者可与咨询师讨论咨询的次数，预计在几次咨询内达成咨询目标。限期心理咨询的目的是彼此有事先的计划与了解，在一定的期限内尽量努力，力求完成计划。

误区五：心理咨询就是思想教育工作

心理咨询与思想工作有联系，但这是两门不同的学科，不能混为一谈。

（1）关系的不同。心理咨询中咨询师会接纳求助者，与求助者共同探讨，共同解决问题。咨询师不是简单的说教和批评，更不会做道德的判断，而是通过咨询中双方的讨论使求助者认识自我，开发自我，激励自我，增长生活智慧。

（2）方法不同。一般做思想工作都是采用灌输式，按照社会准则对个人行为进行规范并且实施具体措施，如在家庭教育中，两代人之间出现矛盾时，劝解者往往会要求孩子听父母的；单位工作中有问题时，往往要求员工服从领导；这样谈话的结果是孩子和员工感到委屈和不公平，在行为上表现为孩子更逆反、员工会跳槽等；在情绪上表现为郁闷、焦虑、失眠等。而心理咨询师首先要向求助者了解事情的全过程，在了解的基础上理解并关注求助者内心的感受，与求助者共情，采取的是人本主义的关怀。心理咨询师在心理咨询中会运用心理学的科学理论，对人的行为、情绪、动机、需求进行深入的研究，帮助求助者找到产生郁闷情绪和不被人理解行为在潜意识中的原因，了解自己的潜能和真实需求，走出心灵的误区。

培养"心"力量

假如古代有心理咨询师

宋词是一个时代的象征，词中之龙辛弃疾就是宋代词人的代表。

文武双全的辛弃疾目睹了宋朝官场上的黑暗，他将人间比喻为臭腐场，深深厌恶官场黑暗现实，不愿与之同流合污，于是借酒消愁。闲居10年后，他被重新起用后不久又被罢官，此后又是整整8年的闲退生涯。

如果在辛弃疾闲退生涯中，除了用诗词寄情，还能够寻求心理咨询师的协助，或身边有学过心理咨询的朋友，可以用心倾听他的职场失意，或许历史又是另一番模样。

二、心理咨询对邮轮服务人员的帮助

正如上文所述，心理咨询是能够提供专业帮助的力量，邮轮服务人员若能善用心理咨询，就能够有效地保障心理的健康成长与发展。

（一）邮轮服务人员心理咨询的内容

1. 职业适应问题

由于邮轮服务人员工作环境的特殊性，职业的适应所带来的心理困扰并不少，包括身体的不适症状以及心理的不适应，且两者又可相互影响，如身体的不适也会导致情绪低落、精神不振、焦虑等，而心理的不良状态又能加剧身体上的不良反应，如失眠、食欲不振、头疼等。这些不良因素如不能及时排除，就有可能产生更深层次的心理行为问题。因此，这一情况应该成为心理咨询关注的问题。

M11-2　你好，新海乘！

2. 人际关系问题

与陆地人群的人际关系有很大的差别，邮轮服务人员长期在船上工作，经常远离繁华而嘈杂的城市，由十几个人或几十个人形成一个小的社会群体，在这个特殊的"小社会"中，单调、孤独的海上生活使他们更希望得到邮轮群体的关心、照顾，建立和维持良好的人际关系，但由于邮轮服务人员流动性大，而且风俗习惯和志趣不一会引起一些心理冲突，这些都增加了协调人际关系的难度。由于邮轮的空间有限，邮轮服务人员在工作以外的时间仍旧过着群体生活，不管对群体成员的好恶程度如何，每天都要见面甚至同住一个房间，在这种情况下，人际关系对每一个邮轮服务人员的重要性是不言而喻的。如果有的邮轮服务人员人际关系不和谐，每天与同事低头不见抬头见，无法逃避，则会产生孤独、焦虑、烦躁等不安情绪，久而久之就容易出现心理问题。另外，家庭关系处理、亲密关系的建立和维系均可影响邮轮服务人员的心理状态。因此，构建和谐的人际关系应成为邮轮服务人员心理咨询和心理治疗的重要内容。

3. 职业发展与职业倦怠问题

一般情况下，工作几个月后，新鲜感消失，邮轮服务人员的情绪就会不稳定，生理活动指标趋于下降，表现为易急躁、易兴奋、头痛、睡眠障碍以及体力与脑力劳动能力下降等，疲劳感持续，履职能力下降，人际关系紧张，与家庭、配偶的正常交往中断，面临家庭或情感上的挫折，职业倦怠感十分明显，消极的心理将越来越重。他们会对邮轮服务岗位失去热情，甚至开始厌恶、恐惧，也更容易产生职业倦怠，进而引发对职业发展的思考。对职业发展的困惑以及职业倦怠的处理也可成为邮轮服务人员心理咨询的重要内容。

4. 应激事件的处理

突发的应激事件，如海难事故、传染病感染等，或多或少会对邮轮服务人员产生心理影响。心理咨询也可对其进行相应的处理。

（二）心理咨询的益处

针对邮轮服务人员的不同心理困扰，心理咨询可提供以下帮助：

1. 缓解消极情绪

一般来说，当邮轮服务人员感受到了强烈的消极情绪时，更能够推动个体去寻求帮助，特别是专业帮助。在日常生活中，邮轮服务人员有自己处理消极情绪的方法，如运动、倾诉、唱歌等。但心理咨询可以帮助邮轮服务人员探索隐藏在情绪之下的认知体系、价值取向等深层原因，学习管理情绪的方法，并从中获得宣泄情绪的机会。

2. 产生理解和领悟

通过心理咨询师或心理治疗师的陪伴，邮轮服务人员能更加清晰地看到真实的自己、事件的全貌，从而产生领悟。例如，不断地向人表白的小 H 终于发现自己跟这些人表白并不是真的喜欢她们，而是希望能够通过别人的认可来确定自己的价值和魅力。有此领悟之后，小 H 也逐渐放下了表白的执着，转而更加关注自己内心的成长。

3. 有效地解决问题

消极情绪的释放，理解和领悟的产生都能给予邮轮服务人员解决问题的信心和动力。而心理咨询或心理治疗所提供的调节情绪的方式、沟通的技巧、表达自我的技能等，也能帮助邮轮服务人员更好地表达自己、增强自我调控能力。

（三）有效使用心理咨询

对于没有接触过心理咨询的邮轮服务人员而言，心理咨询的概念是模糊的，自己需要在咨询里做些什么也是不清晰的。为了让心理咨询更有效，也可以做如下准备：

1. 咨询前的准备

（1）有主动求助的欲望。心理咨询就像一场双人舞，心理咨询师或心理治疗师一个人舞得再好，作为当事人的邮轮服务人员不为所动也无法达到既定的目标。也就是说，若当事人本身无求助动机、沟通和改变的欲望，那么咨询效果会大打折扣。

（2）减少不必要的担心。有心理困扰的邮轮服务人员在求助专业帮助的过程中，因为担心信息会被泄露，担心不被心理咨询师喜欢等而隐瞒自己的真实情况，这样并不利于心理咨询师来了解当事人的全貌，进而理解当事人的感受。人就像一幅拼图，通过会谈展现在心理咨询师或心理治疗师面前的，可能是当事人的一个或几个碎片，心理咨询师或心理治疗师需要根据这些碎片来体会和理解当事人的感受并同当事人一起寻找其他碎片，最终拼出真正的图画。若当事人给出的信息是有隐瞒的、模糊的，那么也会影响心理咨询的效果。

事实上，心理咨询师和心理治疗师也会有相应的伦理约束，包括保密、善行、责任、诚信等，所以，邮轮服务人员作为来访者，可减少不必要的担心。

（3）选择匹配的咨询师。跟选择医生一样，选择匹配的咨询师也不是一件容易的事情。每个心理咨询师或心理治疗师的受训背景、职业经历、擅长领域、咨询流派都有所差异。在专业上尽量选择有职业资质、受过专业训练的心理咨询师或心理治疗师来帮助自己。同时，求助的邮轮服务人员也需要考虑自己的偏好，如咨询师的性别、年龄、外貌、婚姻状况等，选择符合自己偏好的咨询师也更利于咨询的开展。

2. 咨询中的尝试

（1）遵守设置。心理咨询或心理治疗是一项专业助人活动，因此会有相应的设置，如咨询时间、咨询间隔、费用等的设置。

（2）真诚表达。有时候面对真实的自己并不是一件容易的事情，但真实表达自己的感受，能帮助心理咨询师或心理治疗师更好地理解自己。

（3）合理期待，适度坚持。心理咨询不是万能的，也并不是一锤子买卖，很多时候它是一个连续的过程。因此，在咨询效果和进程没有达到预期时，可以停下来，与心理咨询师或心理治疗师讨论目前的情况并调整后续的方案。

在咨询中，如果感到咨询停滞不前，没有进展，可以跟心理咨询师或心理治疗师沟通，表达当下的感受并尝试解决。这样也给了心理咨询师或心理治疗师一次检视的机会。

3. 咨询后的配合

在会谈结束时，有些理论流派的心理咨询师或心理治疗师会给当事人布置适当的家庭作业，以达到强化巩固咨询效果的目的。通过完成家庭作业，当事人可以在现实生活中将所获得的领悟付诸行动，做新的尝试，有助于达到理想的咨询效果。

当然，邮轮服务人员也不用按照上述描述做一个完美的当事人。了解自己的求助欲望，勇敢地迈出向外求助的那一步，真实地表达自己，并抱有想要改变的心态和行为就已经非常难得了。

【回顾"心"历程】

（1）心理求助指的是客观上存在心理困扰者以解决问题或解除痛苦为目的向个人以外的力量寻求帮助的过程。

（2）阻碍心理求助的原因主要可归纳为三种：一是认为心理求助是无用的，二是认为心理求助是可耻的，三是认为心理求助是软弱的。

（3）心理助人的定义为专业或非专业人员帮助另一个人探索情感、领悟生活、获得成长，使之能够相信自己的力量并作出改变的过程。

（4）在助人过程中，我们需要清楚反思自己的助人动机、责任归属以及助人方式，做好助人的准备，有效避免伤害他人或自己。

（5）心理咨询和心理治疗是咨询师或治疗师运用专业的心理学理论和技术帮助当事人解决心理问题的专业活动。两者依凭同样的心理理论，应用同样的策略和技巧，但也有不同之处。

（6）心理咨询和心理治疗能够帮助邮轮服务人员缓解消极情绪，产生理解和领悟，并有效地解决问题。

【检验"心"本领】

（1）（简答题）心理咨询是什么？你能接受心理咨询吗？在什么情况下你会选择做心理咨询？

（2）（简答题）什么是助人？助人的技能有哪些？

（3）（简答题）在心理助人时，我们需要注意什么？

（4）（简答题）心理咨询与心理治疗的异同点有哪些？

（5）（简答题）心理咨询与心理治疗可以给邮轮服务人员提供的帮助有哪些？

（6）（简答题）如何成为一个合作的当事人？

【迸发"心"能量】

心灵之旅

活动目的：

（1）让学员们体会在某一环境下信任是如何建立的。

（2）让学员体会良好的沟通需要多替对方考虑，站在对方立场上思考问题。

活动时间：

10分钟。

活动准备：

眼罩，数量为学员总数的一半。

活动过程：

（1）学员们每2人组成一个小组。

（2）假设小组中的一人是"盲人"，必须戴上眼罩，另一人是健康人，他们要一起走完一段路程。这段路程培训师可以指示给健康人看。在整个过程中，健康人可以说话，但绝对不能用身体的任何部位接触"盲人"。

（3）走到规定地点后，给所有学员1分钟时间，"盲人"和健康人互换，规则不变。

活动分享：

（1）当你什么都看不见时，有什么感受？

（2）当了解对方感受后，你会怎样进行带领？

【充盈"心"智慧】

[1]　武志红. 和另一个自己谈谈心. 北京：中国友谊出版公司，2021.

[2]　（美）巴塞尔·范德考克. 身体从未忘记：心理创伤疗愈中的大脑、心智和身体. 李智译. 北京：机械工业出版社，2016.

[3]　邓旭阳，邓铸，华孟易. 心理自助36招. 南京：南京师范大学出版社，2020.

[4]　傅小兰. 中国国民心理健康发展报告. 北京：社会科学文献出版社，2021.

参考文献

[1] 李春艳. 健康管理与健康促进[M]. 武汉：武汉大学出版社，2019.

[2] 魏华，任政. 体育与健康[M].北京：航空工业出版社，2020.

[3] 云南省健康教育所. 中国公民健康素养66条图册[M]. 北京：中国医药科技出版社，2016.

[4] 刘骏飞. 企业员工工作场所欺凌与职业倦怠关系的实证研究[D]. 长沙：中南大学，2010.

[5] 梁宝勇，郭倩玉，郭良才等.关于应付的一些思考与实证研究[J].中国临床心理杂志，1999，7（3）：188-190.

[6] 刘光辉."大五"人格与应对方式对企业员工心理健康的影响研究[D]. 长沙：湖南师范大学，2010.

[7] 中国营养学会. 中国居民膳食指南2016[M]. 北京：人民卫生出版社，2016.

[8] Savickas Mark L. Career adaptability：An Integrative Construct for lifespan，life-space theory[J]. The Career Development quarterly，1997，45（3）：268-290.

[9] 方俐洛. 职业心理与成功求职[M]. 北京：机械工业出版社，2001.

[10] Savickas M L，Porfeli E J. Career adapt-abilities scale：Construction，reliability，and measurement equivalence across 13 countries[J]. Journal of Vocational Behavior，2021，80（3）：661-673.

[11] Savickas M L. The theory and practice of career construction[J]. Career development and counseling：Putting theory and research to work，2005，1：42-70.

[12] 杨春江，王玉婷，郭楠等.企业组织社会化策略对员工适应期知识共享行为的影响机理研究：组织匹配的中介作用[J].中国人力资源开发，2018，35（1）：19-26.

[13] Morrision E，W. Newcomers relationships：the role of social network ties during socialization[J]. Academy of Management Journal，2002，45（6）：49-116.

[14] 樊富珉. 心理咨询师核心能力之我见[J]. 心理学通讯，2018，1（3）：177-180.

[15] 董蕊，彭凯平，喻丰. 积极情绪之敬畏[J]. 心理科学进展，2013，21（11）：1996-2005.

[16] 辛普阳，闫国东，李晓玉.基于岗位特点的邮轮船员心理健康问题来源探析[J]. 中国水运（下半月），2020，20（2）：42-44.

[17] 苏健. 国际邮轮服务人才流失原因及其对策分析[J]. 度假旅游，2019（2）：16-17.

[18] 苏枫，钟志峰. 试论国际邮轮从业人员的心理调适策略[J]. 辽宁经济管理干部学院（辽宁经济职业技术学院学报），2014（5）：25-26，52.

[19] （美）理查德·格里格，菲利普·津巴多. 心理学与生活[M]. 王垒等译. 北京：人民邮电出版社，2003.

[20] （美）马歇尔·卢森堡. 非暴力沟通[M]. 阮胤华译. 北京：华夏出版社，2018.

[21] （美）阿尔伯特·埃利斯. 无条件接纳自己[M]. 刘清山译. 北京：机械工业出版社，2021.

[22] 黄远春，边仕英，陈小虎. 大学生心理健康教育[M]. 上海：同济大学出版社，2020.

[23] 郭常亮. 心理健康教育[M]. 北京：北京邮电大学出版社，2012.

[24] 张潮，杨晓蓉. 自助与成长：大学生心理健康教育[M]. 北京：教育教学出版社，2020.

[25] 夏翠翠. 高职大学生心理健康教育[M]. 北京：人民邮电出版社，2019.

[26] 郭芳英子. 海员人际交往能力提升社会工作支持研究——基于XYS公司海员个案工作实务[D]. 大连：大连海事大学，2020.

[27] 王燕. 中国海员心理健康状况及其影响因素[J]. 吉首大学学报（社会科学版），2010，31（5）：

119-123.

[28] 钟向. 大学生挫折管理与辅导[M]. 北京：北京师范大学出版社，2010.

[29] 陶国富，王祥兴. 大学生挫折心理[M]. 上海：立信会计出版社，2006.

[30] 王越. 探索提高客运服务人员心理健康的途径[J]. 黑龙江科技信息，2011（17）：121.

[31] 叶红. 论酒店员工的挫折及其应对策略[J]. 北方经贸，2011（11）：109-111.

[32] 王芳，潘峻岭，熊燕红等. 积极心态 幸福成长：高职学生心理健康教育[M]. 武汉：华中师范大学出版社，2021.

[33] （美）罗伯特·斯滕伯格，凯琳·斯腾伯格. 爱情心理学[M]. 李朝旭等译. 北京：世界图书出版公司，2010.

[34] （美）罗伯特·斯滕伯格. 爱情是一个故事：斯滕伯格爱情新论[M]. 何媛译. 北京：世界图书出版公司，2017.

[35] （美）艾里希·弗洛姆. 爱的艺术[M]. 刘福堂译. 上海：上海译文出版社，2018.

[36] （美）罗兰·米勒. 亲密关系[M]. 王伟平译. 北京：人民邮电出版社，2015.

[37] （美）西格蒙德·弗洛伊德. 性学三论[M]. 徐胤译. 杭州：浙江文艺出版社，2015.

[38] 李静. 影响海员心理健康的因素及心理援助对策[J]. 航海教育研究，2010，27（2）：105-108.

[39] 周元丽. 远洋船员心理干预的研究[J]. 青岛远洋船员学院学报，2006（1）：1-3，6.

[40] 葛元骏，孙小蒙. 青年船员心理问题现状与干预策略研究[J]. 陕西青年职业学院学报，2013（3）：61-64.

[41] 吴建松. 高温矿井作业人员热应激预测评价[M]. 北京：应急管理出版社，2017.

[42] （美）苏珊·诺伦-霍克西玛. 变态心理学[M]. 邹丹等译. 北京：人民邮电出版社，2017.

[43] （美）克林. 变态心理学[M]. 王建平等译. 北京：中国轻工业出版社，2016.

[44] （美）德博拉·C. 贝德尔. 变态心理学[M]. 袁立壮译. 北京：机械工业出版社，2016.

[45] 陆林. 沈渔邨精神病学[M]. 第6版. 北京：人民卫生出版社，2018.

[46] 美国精神医学学会. 精神障碍诊断与统计手册（5版）[M]. 北京：北京大学出版社，2016.

[47] 江光荣，夏勉. 心理求助行为：研究现状及阶段—决策模型[J].心理科学进展，2006，14（6）：888-894.

[48] 江光荣. 大学生心理健康[M]. 武汉：华中师范大学出版社，2018.

[49] 江光荣. 心理咨询的理论与实务[M]. 第2版. 北京：高等教育出版社，2012.

[50] 樊富珉. 结构式团体辅导与咨询应用实例[M]. 北京：高等教育出版社，2015.

[51] 中国心理学会. 中国心理学会临床与咨询心理学专业机构和专业人员注册标准[J]. 心理学报，2007（5）：942-946.